I0831686

Hellmuth von Gerlach

Briefe und Telegramme Wilhelms II. an Nikolaus II.

Salzwasser

Hellmuth von Gerlach

Briefe und Telegramme Wilhelms II. an Nikolaus II.

1. Auflage | ISBN: 978-3-84607-792-4

Erscheinungsort: Paderborn, Deutschland

Erscheinungsjahr: 2015

Salzwasser Verlag GmbH, Paderborn.

Nachdruck des Originals aus 1920.

BRIEFE UND TELEGRAMME WILHELMS II. AN NIKOLAUS II.

⟨1894 – 1914⟩

HERAUSGEGEBEN
VON
HELLMUTH VON GERLACH

Einführung.

I.

Die Briefe Wilhelms II. an Nikolaus II., die die ganze Zeit vom Regierungsantritt des Zaren bis zum Weltkrieg umfassen, sind in englischer Sprache geschrieben. Die Originale haben mir nicht vorgelegen. Der Ort ihrer Aufbewahrung hinderte mich an der Vergleichung der Abschriften mit den Originalen. Die Stelle, von der sie dem Verlage übermittelt worden sind, bürgt jedoch für ihre Echtheit wie für die Gewissenhaftigkeit der Übersetzung. Übrigens spricht auch ihr Inhalt selbst überzeugend für ihre Authentizität. Von kleinen Unebenheiten des Stils, Auslassungen einzelner Wörter, nebensächlichen Irrtümern usw., läßt sich, da die Originale zurzeit nicht zugänglich sind, nicht feststellen, ob sie dem Übersetzer oder dem Briefschreiber zur Last fallen. Diese Inkorrektheiten sind jedoch offensichtlich so nebensächlich, daß sie die Bedeutung der Publikation in keiner Weise beeinträchtigen können.

Diese Publikation stellt natürlich nicht ein in sich abgeschlossenes historisches Gemälde dar. Dazu fehlen die Briefe, die Wilhelm II. während des gleichen Zeitraums an andere Staatsoberhäupter und sonstige politische Persönlichkeiten gerichtet hat. Es fehlen vor allem auch die Antworten des Zaren. Sie wenigstens hätten längst zur Veröffentlichung bereit liegen können, wenn in den ersten Revolutionstagen nicht schwere Unterlassungssünden vorgekommen wären. Im Drang der Geschäfte versäumte die neue deutsche Regierung, sofort die Beschlagnahme der gesamten Korrespondenz zu verfügen, die sich in den Schlössern Wilhelms II. und der anderen Mitglieder des Hohenzollernhauses, wie in den Wohnungen der maßgebenden Männer des alten Regimes befand. Einige Mitglieder des Berliner Soldatenrats versuchten, auf eigene Faust vorzugehen. Sie fuhren nach Potsdam und wollten dort die in den Schlössern befindlichen Schriftstücke beschlagnahmen. Aber der Potsdamer Soldatenrat, in dem reaktionäre Offiziere sich den ausschlaggebenden Einfluß zu sichern verstanden hatten, verhinderte diese Maßnahme. Es standen mehr als 100 Kisten vollgepackt zum Abtransport nach Holland bereit. Sie enthielten auch den Inhalt der Schreibtische, soweit er nicht verbrannt war. Der Potsdamer Soldatenrat erlaubte der Kaiserin, diese Kisten mit unkontrolliertem Inhalt mitzunehmen. Womit wohl für alle Zeit die Hoffnung begraben werden muß, die wichtigsten Schriftstücke aus dem Besitze Wilhelms II. an die Öffentlichkeit gelangen zu sehen, was natürlich im Interesse der vollen historischen Wahrheit sehr zu bedauern ist.

Immerhin bietet auch das unvollständige Material, das hiermit der Öffentlichkeit übergeben wird, das größte Interesse. Insofern es — von den Telegrammen abgesehen — anscheinend den gesamten schriftlichen Verkehr Wilhelms II. mit Nikolaus II. darstellt, ist es doch ein in sich abgeschlossenes Ganzes. Auf 20 Jahre Weltgeschichte fällt manches aufklärende Streiflicht. Viele Vorgänge, deren Wirkungen die ganze Welt und das deutsche Volk insbesondere zu spüren bekamen, finden erst durch diese Korrespondenz ihre psychologische Begründung. Eine ganze Reihe völlig unbekannter oder doch nur in ihren Umrissen bekannter oder gar nur vermuteter politischer Aktionen wird klargelegt. Vor allem wird auch das Letzte dargeboten, was noch fehlte, um das Charakterbild des früheren Kaisers endgültig zu fixieren.

II.

Die Veröffentlichungen der letzten Monate, insbesondere die von Eckardstein, von Tirpitz, von Czernin und von Otto Hammann, haben schon ein ziemlich deutliches Porträt Wilhelms II. ergeben. Aber alle diese Männer sind doch nur amtlich mit ihm in Berührung gekommen. Sie hatten mit ihm als Kaiser, nicht als Menschen zu tun.

Die Briefe an den Zaren ergeben ein Bild von „Guillaume II. intime". Gewiß, der Herrscher schreibt an den Herrscher. Aber es schreibt doch auch der Freund an den Freund. Ich weiß nicht, ob Wilhelm II. bei seinem maßlosen Selbstgefühl wirklicher Freundschaft fähig war. Aber wenn er überhaupt geneigt war, jemand sein Inneres zu öffnen, so noch am ersten dem Manne, der ihm einerseits nach seinen Jahren und verwandtschaftlich nahe stand, und den er andererseits als völlig gleichberechtigt und gleichgestimmt ansah. Der Autokrat von Zarskoje Selo war der einzige Mensch, dem der would-be-Autokrat von Potsdam sein Herz ausschütten konnte, ohne sich etwas zu vergeben. Bei dem überwältigenden Gefühl von seiner erhabenen Stellung hätte der Gleichgestimmte zum Gleichgestimmten allein nie so offen gesprochen, wenn es sich nicht gleichzeitig um den Gleichgestellten gehandelt hätte.

Nie hat Wilhelm II. natürlich im entferntesten an die Möglichkeit gedacht, daß seine Briefe an den Zaren je an die Öffentlichkeit gelangen würden. Darum gibt er sich in ihnen wirklich so, wie er war. Dieser Eindruck verläßt einen bei der Lektüre nie. Gewiß, selbst hier posiert er wer weiß wie oft. Stellen natürlichsten Empfindens wechseln ab mit solchen geschwollener Phrasenhaftigkeit. Kaum hat er sich im Hausrock produziert, so stülpt er schon wieder den Stahlhelm mit dem silbernen Adler auf den Kopf und schwingt den Marschallstab. Aber das ist nun einmal sein wahres Ich. Dieser Mann m u ß posieren. Das Unnatürliche ist ihm zur zweiten Natur geworden.

III.

Der Urgrund seines Wesens — falls man bei einem so oberflächlichen Sanguiniker überhaupt von Urgrund sprechen darf — ist r o m a n t i s c h e M y s t i k. Er fühlt sich als das auserwählte Rüstzeug Gottes. Als er einst in feierlicher Rede in Königsberg sich als das „Instrument des Himmels“ bezeichnet hatte, da war das nicht eine bloße Phrase „in usum publici“. Das war wirklich seine innerste Überzeugung. Immer wieder kommt er in seinen Briefen darauf zurück, daß der Zar und er von Gott berufen seien, Vorkämpfer des christlichen Glaubens zu sein.

In diesem Lichte wird ihm der Krieg Rußlands gegen Japan zum heiligen Glaubenskrieg. Er meint, Europa müsse dem Zaren dankbar sein, weil er so rasch begriffen habe, daß „die große Zukunft für Rußland in der Zivilisierung Asiens und in der Verteidigung des Heiligen Kreuzes und der alten christlichen europäischen Kultur gegen die Einfälle der Mongolen und des Buddhismus liege". Von den sehr materiellen Gründen, die allein zum russisch-japanischen Kriege geführt haben, weiß er nichts oder will er nichts wissen. Er sieht nur die Notwendigkeit „des vereinigten Widerstandes aller europäischen Mächte gegen den Einfall des Buddhismus, des Heidentums und des Barbarismus zur Verteidigung des Heiligen Kreuzes". Bei diesem Kampf ist der Zar der Bannerträger. „Das ist die große Aufgabe, welche der Himmel für Dich geschaffen hat." Wilhelm aber hält es für seine Aufgabe, in diesem vermeintlichen Glaubenskriege Rußland den Rücken frei zu halten.

Sein Glaubenseifer begnügt sich nicht mit der Abwehr des eingebildeten Angriffs der — religiös bekanntlich meist völlig indifferenten — Japaner auf das Christentum. Wo es sich um den Glauben handelt, da empfiehlt er sogar die Offensive. Er will nicht bloß den „Einfall des Buddhismus" abwehren. Er wünscht die „Christianisierung des fernen Ostens". Zur Verdeutlichung dieser seiner Pläne schickt er dem Zaren eine Zeichnung, welche „die symbolischen Figuren Rußlands und Deutschlands als Schildwachen am Gelben Meere darstellt, um das Evangelium der Wahrheit und des Lichts im fernen Osten zu proklamieren".

Im Widerspruch mit diesem christlichen Fanatismus scheint es zu stehen, daß er sich andererseits als Schutzherr der 300 Millionen Mohammedaner bekennt, dem Sultan Abdul Hamid, dem Veranstalter der armenischen Massenabschlachtungen, mit ausgesprochener Sympathie begegnet, immer wieder beim Streit zwischen den

Türken und den von ihnen unterdrückten christlichen Völkern für die Türkei eintritt. Aber Logik ist nun einmal keine Eigenschaft, die mit Mystik parallel zu gehen pflegt.

IV.

Direkt aus der Wurzel der religiösen Mystik wächst das verstiegene *dynastische Bewußtsein* Wilhelms II. empor. „Wir christlichen Könige und Kaiser haben eine heilige Pflicht, die uns vom Himmel auferlegt ist, nämlich das ‚von-Gottes-Gnaden-Prinzip‘ aufrechtzuerhalten.“ Oberster Gesichtspunkt bei allen seinen politischen Betrachtungen und Plänen ist der: habe ich es mit demokratischen oder royalistischen Völkern zu tun?

Im tiefsten Innern widerstrebt es ihm, sich näher mit Personen einzulassen, die nicht von „Gottes Gnaden“ sind. „Loubet und Delcassé sind zweifellos erfahrene Staatsmänner, aber da sie nicht Fürsten oder Kaiser sind, so kann ich sie in einer *Vertrauenssache* wie diese, nicht auf den gleichen Fuß wie Dich, mein Vetter und Freund, stellen.“ Er kennt das Bündnis zwischen Rußland und Frankreich. Es muß ihm im höchsten Maße unsympathisch sein. Aber er findet sich damit ab, indem er an der Fiktion festhält, daß Frankreich so eine Art Vasall Rußlands sei, ein Instrument des Zaren. Es hat ihn sehr beruhigt, daß Alexander III. ihm einst angeblich versichert hat, er sei gegen die Republik und wolle das Königtum in Frankreich wieder herstellen.

Unbequeme Tatsachen, z. B. daß ein Zar in Reval die Marseillaise stehend angehört hat, übergeht er mit Stillschweigen. Es liegt ja überhaupt in seiner sanguinischen Natur, die am liebsten nur Angenehmes sähe, daß er fast alles, was ihm nicht paßt, zu ignorieren versucht und vielfach anscheinend sogar wirklich sofort vergißt.

Passieren Dinge, die ihm als zu große Intimität zwischen Russen und republikanischen Franzosen erscheinen, so warnt er:

„Nicht die Tatsache, daß es sich hier um einen ‚Rapport' oder eine Freundschaft zwischen Rußland und Frankreich handelt, macht einen unruhig — denn jeder Herrscher ist alleiniger Herr der Interessen seines Landes und richtet seine Politik demgemäß ein —, sondern die Gefahr, die unserem monarchischen Prinzip dadurch erwächst, daß man die Republik durch die Form, in der sich diese Freundschaft zeigt, auf ein Piedestal erhebt. Die ständige Anwesenheit von Fürsten, Großherzögen, Staatsmännern, Generalen in Gala bei den Truppenrevuen, Begräbnissen, Diners, Wettrennen mit dem Haupt der Republik oder in seiner Umgebung läßt Republikaner wie diese glauben, daß sie äußerst ehrenwerte Leute sind, mit welchen Fürsten zusammengehen und im Innern fühlen können."

Das Bündnis Rußlands mit Frankreich also stört ihn weiter nicht. Aber um keinen Preis dürfen Vertreter Rußlands sich so benehmen, daß die Republikaner auf den Gedanken kommen könnten, sie seien ehrenwerte Männer, mit denen Fürsten zusammengehen und im Innern fühlen könnten! Denn das wäre ja eine Gefahr für das monarchische Prinzip.

Der tiefste Grund, der ihn immer wieder zu Rußland hintreibt und von jeder Annäherung an England abhält, ist das Gefühl, daß außer dem Sultan eigentlich nur der Zar das wahre monarchische Prinzip verkörpert.

Deutschland und Rußland müssen soviel wie möglich vereinigt werden, denn „diese Vereinigung würde ein mächtiges Bollwerk für die Aufrechterhaltung des Friedens und der monarchischen Institution bedeuten".

Als ernsthafte monarchische Institutionen sieht er nur die Staaten an, wo nicht das Parlament, sondern der Monarch ausschlaggebend ist. Das Sympathische am Zarentum ist ihm gerade sein autokratischer Charakter. Deshalb rät er in der Not der russischen Revolution dem Zaren zwar zu allerlei Konzessionen, aber er warnt vor Konstituante und Nationalversammlung, vor Versammlungs- und Pressefreiheit. Zweck seiner ganzen Reformvorschläge ist nur „die Exekutive ein für allemal dem autokratischen Zaren zu erhalten".

V.

Hand in Hand mit der Erhebung der Monarchie auf eine weltentrückte Höhe geht die Behandlung aller „Diener" der Monarchie ganz von oben herab. Ausländern wird ja hie und da ein Wort gespendet, das ihrer Bedeutung einigermaßen gerecht wird. Über den Grafen Witte z. B. fallen Ausdrücke, die erkennen lassen, daß der Kaiser für seine Größe ein gewisses Verständnis hat. Aber es sind doch ganz seltene Ausnahmefälle, wo er sich von dem Aberglauben frei machen kann, als wenn die wahre Weisheit eigentlich nur auf den Thronen zu finden sei.

Nikolaus II., dessen nur sehr durchschnittliche Begabung der ganzen Welt wahrhaftig kein Geheimnis war, wird immer wieder mit Lobsprüchen wegen seiner staatsmännischen Weisheit bedacht. Regierungsakte, die ihm nur die Not der Revolution abgepreßt hat, oder die ganz gewiß nicht auf sein Konto, sondern auf das kluger Ratgeber zu buchen sind, werden ihm ausschließlich gutgeschrieben. Weil Nikolaus einmal vorübergehend auf einer Vergnügungsreise in Japan war, deshalb hält Wilhelm es für selbstverständlich, daß der Zar weit besser als Kuropatkin beurteilen könne, wie man militärisch richtig gegen die Japaner zu operieren habe.

Das höchste Lob, das Wilhelm II. seinen eigenen Staatsmännern und Offizieren zu spenden weiß, ist, daß sie „treue Diener ihres kaiserlichen Herrn" und „absolut verläßlich" seien. Samt und sonders erscheinen sie nur als Werkzeuge. Er „instruiert" den Reichskanzler, wie er im Reichstag zu sprechen habe. Eine Anerkennung geistiger Leistungen seiner Handlanger findet sich nirgends.

Psychologisch sehr aufschlußreich sind die Äußerungen über Bismarck in dem Brief vom 12. November 1896. Man braucht kein Bismarckianer zu sein, um die Art und Weise peinlichst zu empfinden, wie hier ein Monarch ohne sonderliche Verdienste über den „unbotmäßigen Mann mit dem gemeinen Charakter" loszieht, der doch immerhin einige staatsmännische Qualitäten gezeigt hatte. Es ist einfach ein Wutausbruch über den Mann, der es gewagt hatte, nicht nur andere Meinungen zu haben, sondern auch zu äußern, als sein „kaiserlicher Herr", obwohl er doch nur einfacher Reichskanzler war.

Wilhelm II. war eben nicht imstande, jemandem, den er als seinen persönlichen Gegner betrachtete, auch nur eine Spur von gerechter Würdigung entgegenzubringen.

VI.

Wer die Monarchie überschätzt, muß die Demokratie unterschätzen. Aber Wilhelm II. mißachtet die Demokratie nicht nur, er haßt sie. Und zweifelhaft kann es nur sein, ob nicht noch größer als sein Haß gegen sie, die Furcht vor ihr ist.

Besondere Abneigung bringt er natürlich den Franzosen entgegen, nicht bloß wegen ihrer gegenwärtigen politischen Verfassung, sondern namentlich auch wegen ihrer Vergangenheit.

„Die französische Republik stammt aus der Quelle der großen französischen Revolution und propagiert ihre Ideen und muß es tun. Vergiß nicht, daß Jaurès — es ist nicht seine persönliche Schuld — auf dem Thron des Königs und der Königin von Frankreich von Gottes Gnaden sitzt, welche die französischen Revolutionäre geköpft haben. Das Blut Ihrer Majestäten klebt noch an dem Lande. Niki, nimm mein Wort, der Fluch Gottes hat jenes Volk für ewig getroffen."

Wenn er auf die Republikaner im allgemeinen oder bestimmte Republikaner zu sprechen kommt, so übersteigt der Ausdruck seines Hasses manchmal alle Grenzen. Die Republikaner sind ihm „von Natur Revolutionäre und werden ganz folgerichtig als Leute behandelt, die erschossen oder gehängt werden müssen". Frankreich ist ihm eine „Republik elender Bürgerlicher". Und die französischen Radikalen, wie Clémenceau, kennzeichnet er als „Lumpenpack und Pöbel".

Fast ebenso groß wie gegen Frankreich ist seine Abneigung gegen England. Die englische Monarchie besagt ihm natürlich nichts, da sie ja „unter der absoluten Herrschaft dieser hitzköpfigen Parlamente" steht. Es empört ihn, daß die Engländer „gegen Zartum und Imperialismus für Aufklärung und Liberalismus" kämpfen. Denn damit „propagieren sie die Revolution".

Dieselbe scharfe Kritik wie den Franzosen und Engländern, wird den deutschen Parteien zuteil, die anders wollen als S. M. „Mein Reichstag beträgt sich so schlimm wie nur möglich. Er schwankt hin und her zwischen Sozialisten, die von den Juden aufgehetzt werden, und den ultramontanen Katholiken, beides Parteien, die möglichst bald verdienten, gehängt zu werden, soweit ich es beurteilen kann."

Auf feine Unterscheidungen läßt sich Wilhelm nicht ein. Anarchismus, Nihilismus und Republikanismus nennt er widerholt in einem Atem, als wenn es sich um wesensgleiche Dinge handle. Er hat sich anscheinend mit den Programmen der verschiedenen Parteien der Linken niemals auch nur oberflächlich beschäftigt. Für ihn ist alles, was nicht unbedingt royalistisch ist, eine einzige massa perditionis, gegen die mit ihm gemeinsam anzukämpfen er immer wieder seinen „Kollegen" Niki beschwört.

VII.

Das „distinguo" ist zweifellos die allerschwächste Seite in Wilhelms Charakter. Er schematisiert, er generalisiert, er bleibt immer an der Oberfläche haften. Das macht, e r t r e i b t n i e m i t d e r r a t i o, s o n d e r n i m m e r n u r m i t d e m G e f ü h l P o l i t i k, wenigstens, soweit es sein eigenes Land und seine eigene Person direkt angeht.

Handelt es sich um Dinge, die andere in erster Linie betreffen, so vermag er sich zeitweise von seinem unerhörten Subjektivismus zu befreien. Ist er doch ein in gewisser Beziehung begabter Mensch mit rascher Auffassung und vielseitigen Interessen.

Das Memorandum über die Zustände Rußlands während der Revolution und des letzten Teils des japanischen Krieges enthält manche zutreffende Beobachtung, manchen guten Ratschlag. Ich weiß nicht, ob es wirklich aus seiner eigenen Feder geflossen ist. Eine so zusammenhängende Arbeit, die eine gewisse Konzentration voraussetzt, widerspricht eigentlich seinem sprunghaft nervösen Naturell. Aber jedenfalls hat er sich ihren Inhalt zu eigen gemacht. Und da fragt man sich: Weshalb konnte der Kaiser niemals die Verhältnisse in seinem eigenen Land und die Stimmung seines eigenen Volkes so richtig beurteilen, wie es hier einem fremden Volk und fremden Verhältnissen gegenüber der Fall war?

Er konnte es nicht, weil er zwar allen anderen Menschen, ausnahmsweise sogar seinem Thronkollegen Nikolaus gegenüber kritisch sein konnte, nur nicht sich selbst gegenüber. Seine eigene Meinung über sich selbst war eben derart, daß hier der Psychologe die Feder aus der Hand legen muß, um dem Psychiater das weitere zu überlassen.

VIII.

Nicht Zweckmäßigkeitserwägungen, sondern Gefühlsregungen bestimmten ausschließlich die gesamte äußere Politik Wilhelms. Mag passieren, was will, mag die russische Politik einen für Deutschland noch so ungünstigen Kurs einschlagen, an der unlöslichen Zusammengehörigkeit von Rußland und Deutschland hält er fest. Zar und Kaiser müssen zusammen bleiben. Das verlangt das dynastische Interesse.

Frankreich dagegen haßt er. An diesem Lande klebt das Blut seines Königspaares. Der Fluch Gottes hat es getroffen. Es ist republikanisch und freimaurerisch. Es kann ihm zwar gestattet werden, gewissermaßen als Hilfsvolk, geführt von Rußland, die Kontinentalallianz gegen England zu verstärken. Aber niemals wird es als ein den monarchischen Mächten gleichberechtigter Faktor behandelt.

Japan haßt er. Aus religiösen wie aus Rassegründen. Mal sind es die „Buddhisten", mal die „Gelben", gegen die er sich besonders heftig entladet. Die fixe Idee, dem europäischen Christentum drohe ein neuer Mongoleneinfall, verläßt ihn nicht. In seiner Phantasie sieht er schon 20—30 Millionen gutbewaffneter Chinesen — die Chinesen sind bekanntlich so ziemlich das unkriegerischste Volk der Erde — unter japanischer Führung gegen Europa marschieren.

England haßt er. England hat mit den „Gelben" ein Bündnis geschlossen. England ist parlamentarisch regiert. Englands rein von Handelsinteressen und sonstigen Verstandsmomenten diktierte Realpolitik bedeutet psychologisch eine ständige Herausforderung für seine mystische Illusionspolitik.

Deshalb schlägt jeder Versuch Englands, mit Deutschland zu besseren Beziehungen zu kommen, fehl. Die Veröffentlichungen des letzten Jahres, insbesondere die des Botschaftsrats Freiherrn v. Eckardstein, des Regierungsrats Martin, des Wirkl. Geheimrats Hammann, haben den Beweis erbracht, daß seit 1899 England wieder und wieder an Deutschland herangetreten ist, um ein Bündnis, eine Entente oder wenigstens eine Verständigung herbeizuführen. Die Briefe Wilhelms II. beweisen, daß in der Beziehung noch weit mehr geschehen ist, als bisher bekannt war.

Der Brief vom 30. Mai 1898 ist wohl das wichtigste Aktenstück der ganzen Sammlung. Aus ihm geht hervor, daß schon Ostern 1898 England ein direktes Bündnisangebot an Deutschland ergehen ließ. Als zunächst keine Antwort erfolgte, wurde das Angebot dringend erneuert. „Auf meinen Befehl wurde kühl und dilatorisch in farbloser Weise geantwortet.“ Daraufhin wurde das Ansuchen zum dritten Male erneuert, und war „von enormen Anerbieten begleitet, die eine weite und große Zukunft für mein Land eröffneten“. Wilhelm wagt es diesmal doch nicht, ohne weiteres wieder „kühl und farblos“ zu antworten. Er wendet sich um Rat an Nikolaus. Aber man merkt diesem Briefe an, wie er danach lechzt, von Rußland, das damals noch der geborene Gegner Englands in Asien war, in seinem Wunsch nach Ablehnung des englischen Angebots bestärkt zu werden. Welchen Gefallen ihm natürlich Nikolaus auch getan hat.

IX.

Mit Rußland gegen England! Das war das Leitmotiv der auswärtigen Politik Wilhelms. Allerdings, Rußland war der Verbündete Frankreichs. Und zwischen Frankreich und England bestanden, von vorübergehenden Trübungen wie beim Faschoda-Zwischenfall abgesehen, sehr gute Beziehungen. Aber solche kleinen praktischen Hindernisse stören einen großen Phantasten weiter nicht.

Unsere verantwortlichen Staatsmänner haben immer so getan, als hätten sie die englischen Bündnisangebote vor allem deshalb ablehnen müssen, weil sie sich nicht einem Sturm der „öffentlichen Meinung“ in Deutschland aussetzen dürften. Es ist wesentlich, daß jetzt festgestellt ist, daß die Seele des Widerstandes gegen ein Bündnis mit England, das den Weltfrieden natürlich absolut gesichert hätte, der Kaiser selbst war.

Wilhelm II. geht auf Grund seiner dynastischen Voreingenommenheit immer davon aus, daß bei der russisch-französischen Allianz der Zar die ausschlaggebende Stelle sei. Wenn Rußland will, muß Frankreich! Der Gedanke, daß beide Reiche innerhalb ihrer Allianz sich das Gleichgewicht halten, ja daß unter Umständen die Führung sogar bei der „Republik“ liegen könne, kommt ihm gar nicht. Er meint, wenn er nur den Zaren für eine Idee gewonnen habe, dann folge alles weitere einschließlich Frankreichs von selbst.

Während des russisch-japanischen Krieges ist die deutsch-russische Intimität am größten. Das heißt, ohne jede Gegenleistung deckt der Kaiser dem Zaren den Rücken und unterbreitet ihm einen gegen England diktierten Bündnisvertrag. Immer in der Annahme, daß, wenn Nikolaus nur wolle, Frankreich von selber auch kommen werde.

Unter welchen phantastischen Voraussetzungen Wilhelm seine Politik trieb, dafür liefert einen sprechenden Beweis eine Veröffentlichung Iswolskys während des Weltkrieges in der französischen Presse. Sie bezieht sich — ich kann nur nach dem Gedächtnis zitieren — auf jene deutsch-russischen Bündnisverhandlungen. Der Kaiser sprach gelegentlich auch mit Iswolsky darüber und erklärte, daß Frankreich sich wohl ohne weiteres anschließen werde. Iswolsky machte den Kaiser in vorsichtigster Form darauf aufmerksam, daß zwischen

Frankreich und Deutschland doch noch ein kleines Hindernis liege. Als der Kaiser überrascht fragte: „Welches?" erwiderte Iswolsky: „Elsaß-Lothringen". Worauf der Kaiser sehr bestimmt: „Das ist beseitigt! In der Marokkofrage habe ich Frankreich den Handschuh hingeworfen, es hat ihn nicht aufgenommen. Damit hat es bekundet, daß es auf Elsaß-Lothringen verzichtet hat."

Für jeden Politiker waren Zweibund und Dreibund These und Antithese. Für Wilhelm II. vereinigte sich These und Antithese zur Synthese „Wilhelm-Nikolaus". In seinem Brief vom 27. Juli 1906 phantasierte er von der Verbindung der Doppelallianz mit der Tripleallianz zur Quintupleallianz. Der „große Block der Mächte Rußland, Deutschland, Frankreich, Österreich, Italien" werde auch „die kleinen Körper, Holland, Belgien, Dänemark, Schweden anziehen".

Gelegentlich bezeichnet Wilhelm sogar die Franzosen als „unsere Alliierten". So sehr verwischt sich in seinem Gehirn Wunsch mit Wirklichkeit.

Zweck der von ihm angestrebten Kontinentalallianz war die völlige Kaltstellung Englands. Er bezeichnet es selbst als Aufgabe der Quintupleallianz „alle unbotmäßigen Nachbarn in Ruhe zu halten und selbst mit Gewalt ihnen den Frieden aufzuerlegen".

Der angeblich von Eduard VII. betriebenen Politik der Einkreisung Deutschlands steht also nach dem Zeugnis des Deutschen Kaisers selbst in Wahrheit die von Wilhelm II. betriebene Politik der völligen Isolierung Englands, seiner Auskreisung, gegenüber.

X.

Zahllos sind die Stellen in den Briefen, die den Wunsch des Kaisers nach Erhaltung des Friedens bekunden. Sie sind zweifellos ehrlich gemeint. Soviel Wilhelm in seinen öffentlichen Kundgebungen auch mit der gepanzerten Faust gedroht und mit dem Säbel gerasselt hat, so zweifelte doch längst niemand, der ihn kannte, daran, daß er kein Held, sondern nur ein Wortheld sei. Er wollte keinen Krieg. Wenigstens legte er keinen Wert auf einen von ihm selbst zu führenden Krieg.

Aber er war nicht etwa Kriegsgegner aus pazifistischer Gesinnung heraus. Es ist charakteristisch, daß in dem ganzen Briefwechsel sich nicht einmal eine Anspielung auf den wichtigsten Akt im Leben Nikolaus II. findet, auf sein Friedensmanifest, das die Haager Konferenzen im Gefolge hatte. Auch hat Wilhelm gegen den russisch-japanischen Krieg gar nichts einzuwenden. Im Gegenteil, er idealisiert diesen Krieg mit seiner sehr nüchtern materialistischen Grundlage in einen Glaubens- und Rassekrieg um. Und einmal spricht er England gegenüber nicht etwa davon, daß man die Kriegsursachen ausschalten, sondern nur davon, daß man den Krieg „verschieben" müsse. Auch konstruiert er zu Rußlands Gunsten ein „Gesetz der Ausdehnung". Er war eben nicht p r i n z i p i e l l e r Kriegsgegner. Und spielte außerdem ständig mit der Kriegsgefahr. In der Einbildung befangen, daß England den Krieg gegen Rußland wolle, stachelte er am 17. XII. 1904 den Zaren an, „um die englische Frechheit und Anmaßung abzukühlen, militärische Demonstrationen an der Grenze von Afghanistan und Persien zu veranstalten und, falls die russischen Streitkräfte zu einem wirklichen Angriff auf Indien nicht genügen, von Persien her einen Druck auf die indische Grenze auszuüben".

Hätte der Zar diesen freundschaftlichen Rat des Friedenskaisers befolgt, so wäre natürlich sofort der Krieg zwischen England und Rußland und damit vielleicht schon 1904 der Weltkrieg dagewesen. Aber diese Folge machte sich Wilhelm wahrscheinlich nicht klar, so wenig wie er sich am 5. Juli 1914 klar machte, was die von ihm an Österreich-Ungarn erteilte Blankovollmacht gegen Serbien für Konsequenzen haben müsse.

XI.

Das ist der stärkste Eindruck, den man aus den Briefen Wilhelms II. erhält. Er ist ein Mann, der sich über die Tragweite seiner Worte und Handlungen nicht im klaren ist. Was dem ferner Stehenden als dolus erscheinen muß, ist bei ihm immer nur als culpa anzusehen. Er ist ein geeigneteres Objekt für den Gerichtsarzt als für den Richter. Und weil dem so ist, darum ist die Korrespondenz Wilhelms II. weniger eine Anklage gegen den Monarchen als gegen die Monarchie als solche. Eine so pathologische Natur wie Wilhelm II. konnte mehr als 25 Jahre die letzte Entscheidung über die Geschicke eines großen Volkes treffen! Eine Staatsform, die so etwas möglich machte, ist mit Recht dem Untergang verfallen.

Berlin, im Januar 1920

Hellmuth v. Gerlach.

Potsdam, 5. I. 1895.

Mein lieber Niki![1]

Dein lieber Brief, den Knorring mir überbrachte, enthielt sehr interessante, aber auch sehr traurige Nachrichten. Ich bin Dir für Deine Erklärungen sehr dankbar und verstehe voll die Gründe, die Dich zu Deiner Entscheidung, den Grafen Schuwaloff betreffend, veranlassen. Gleichzeitig kann ich Dir versichern, daß ich den Verlust des trefflichen Paul schmerzlich empfinde, welcher der einzige Gesandte in Berlin war, mit dem ich auf wirklich vertrautem Fuße stand, und der mir ein „ami intime“ war, soweit ein Nichtdeutscher solchen Namen verdienen konnte. Ich werde ihn wirklich sehr vermissen. Er verdient voll das Lob, das Du ihm in Deinem Handschreiben erteilt hast. Die nahen und innigen Beziehungen unserer Höfe und Völker konnten von niemand besser als von ihm gewahrt werden. Ich hoffe vertrauensvoll, daß der Mann, den Du ausersehen willst, um seinen Posten auszufüllen, die Fähigkeit besitzt, sein Werk in gleichem Sinne und mit der gleichen Wahrhaftigkeit und Offenheit des Charakters, wie sie Schuwaloff eigen ist, fortzusetzen, da die Beziehungen unserer beiden Länder zu einander auf traditionellen Grundlagen ruhen, ganz anders wie zu anderen Nationen, und ihren bestimmenden Einfluß auf die Welt ausüben werden. Mit den Worten Deines lieben Vaters möchte ich „Schweinitz durch Werder“[2] ersetzt sehen, und

[1] Nikolaus II., geb. 19. 5. 1868, Zar seit 1. 11. 1894, vermählt mit Alexandra Feodorowna (Prinzessin Alix von Hessen und bei Rhein) seit 27. 11. 1894. Kinder: Olga (16. 11. 95), Tatiana (11. 6. 97) Maria (27. 6. 99), Anastasia (18. 6. 01), Alexei Nikolajewitsch (12. 8. 04).

[2] Von Schweinitz und von Werder waren preußische Generale, die als persönliche Adjutanten beim Zaren fungiert und in Petersburg dasselbe Vertrauen wie in Berlin genossen hatten.

wenn ich gleichzeitig einen Wunsch ausdrücken könnte, so wäre es der, daß Du, wenn möglich, entweder Pahlen, Richter oder Staal zum Ersatz wählen würdest.

Nun laß mich Dir ein glückliches neues Jahr an der Seite Deines geliebten Engels Alix wünschen. Möge es ein Jahr des Friedens und des Glückes sein! Meine Weihnachtsgabe wird Dich hoffentlich erfreuen; es ist ein Album mit Photos von der „Fahnenweihe" in Berlin. In der Hoffnung, daß wir uns bald einmal irgendwo in diesem Jahre treffen, verbleibe ich

Dein wohlgesinnter Freund

Willy.

Kaltenbronn-Schwarzwald, 26. IV. 1895.

Liebster Niki!

Da Fürst Radolin [1] bald nach Petersburg reist, sende ich Dir diese wenigen Zeilen durch ihn. Er ist mein trefflicher und warmer Freund, der sich in der schwierigen Aufgabe als Papas Oberhofmeister während seiner kurzen Regierung bewährt hat und allen Versuchungen der Intrigue, von welcher Seite sie auch kommen mochten, standhaft gegenüber geblieben ist. Du kannst volles und unverhülltes Vertrauen in ihn setzen; seine Diskretion ist sprichwörtlich. Er brennt darauf, in allem, was in seiner Macht steht, uns beiden zu Gefallen zu sein und das traditionelle Band, das unsere Familien und unsere Länder seit fast einem Jahrhundert verknüpft, noch enger zu knüpfen. Er haßt die Polen und hat nichts mehr mit ihnen zu tun, oder ist so wenig an ihnen interessiert wie an den Sandwich-Isulanern.

Ich danke Dir aufrichtig für die ausgezeichnete Art,

[1] Deutscher Botschafter in Petersburg.

mit der Du die vereinigte Aktion Europas zur Wahrung seiner Interessen in Japan eingeleitet hast. Es war hohe Zeit, daß energische Schritte ergriffen wurden, und es wird einen ausgezeichneten Eindruck in Japan wie anderwärts machen. Es zeigt klar, wie notwendig es ist, daß wir zusammenhalten müssen, und ebenso daß es eine Grundlage gemeinsamer Interessen gibt, auf welcher alle europäischen Nationen in gemeinsamer Tätigkeit für die Wohlfahrt aller arbeiten können, wie es sich in der Anhängerschaft Frankreichs an uns beide gezeigt hat. Möge die Überzeugung bestehen, daß dies geschehen kann, ohne an die Ehre einer Nation zu rühren. Möge der Gedanke immer festere Wurzel schlagen, dann wird unzweifelhaft die Furcht vor einem Kriege in Europa sich mehr und mehr zerstreuen. Die freundliche und überaus wertvolle Botschaft, welche Du mir durch Osten-Sacken[1] unter Vermittlung des Grafen Eulenburg[2] in Wien gesandt hast, ist mir ein sichtbarer Beweis Deiner treuen Gesinnung und Aufrichtigkeit. Ich werde sicherlich alles tun, was in meiner Macht steht, um Europa ruhig zu halten und auch den Rücken Rußlands so zu decken, daß niemand Deine Aktion gegen den fernen Osten[3] stören soll. Denn es ist klar: die große Zukunftsaufgabe für Rußland liegt darin, den asiatischen Kontinent zu zivilisieren und Europa vor den Einfällen der

[1] Wurde 1895 russischer Botschafter in Berlin als Nachfolger des Grafen Schuwaloff.

[2] Graf, später Fürst Philipp Eulenburg, Botschafter.

[3] Der Zar hatte Wilhelm II. eingeladen, sich an den Maßnahmen zum Schutze Chinas zu beteiligen, stellte dabei die Erlaubnis, einen festen Stützpunkt oder eine Kohlenstation in China zu besetzen, in Aussicht. Darauf hin kam es zu einer Verständigung zwischen Deutschland, Rußland und Frankreich in der ostasiatischen Frage gegen Japan. Japan mußte damals Port Arthur, das es im Krieg gegen China erobert hatte, aufgeben.

großen gelben Rasse zu verteidigen. Hierbei wirst Du mich immer auf Deiner Seite finden, bereit, Dir zu helfen, so gut ich es nur kann. Du hast diesen Ruf der Vorsehung wohl verstanden und hast den richtigen Moment rasch ergriffen. Er ist von ungeheurem politischen und historischen Wert; möge es zum Guten ausschlagen! Ich werde mit Interesse die weitere Entwicklung unserer Aktion erwarten und hoffe, daß gerade so, wie es Dir angenehm sein wird, die Frage eventueller Annexionen von Landteilen oder Gebieten für Rußland zu regeln, Du auch freundlich darauf achten wirst, daß Deutschland ebenfalls irgendwo einen Hafen erwerben kann, wo es Dich nicht „geniert". Da die Norweger [1] sich in einem Zustand befinden, der an Tollheit grenzt, so befürchte ich, daß ich meine Sommerreise dorthin nicht unternehmen kann, sondern an der schwedischen Küste der Ostsee werde kreuzen müssen. Sollten wir in diesem Falle nicht irgendwo mit unseren beiden Jachten zusammentreffen können, um dort, wo es Dir paßt, ein ruhiges, kleines Gespräch miteinander zu führen? Es wäre zu nett. Nun lebe wohl, liebster Niki, meinen herzlichsten Gruß an Alix und ehrfurchtsvolle Empfehlung an Deine Mutter [2] für immer Dein sehr ergebener und wohlgesinnter Freund Willy.

Radolin ist in alle meine Ideen, wie ich sie Dir eben entwickelte, völlig „eingeweiht".

Stora-Sundby, den 10. VII. 1895.

Liebster Niki!

Meine Reise in Schweden und an seinen Küsten

[1] Norwegen hatte die Union mit Schweden gelöst.

[2] Verw. Kaiserin Maria Feodorowna, geb. Prinzessin Dagmar von Dänemark, Tochter Friedrichs VIII. von Dänemark.

bringt mich Deinen Küsten und Deinem „buen retiro“ gegenüber, und ich kann diesen Augenblick, in dem ich, nur wenige Meilen von Dir entfernt, die Gewässer kreuze, nicht vorübergehen lassen, ohne Dir eine Zeile zu senden, um Dir zu sagen, daß es mir nicht unangenehm wäre, Dich auf der salzigen Flut zu treffen. Laß mich Dir mit aller meiner Herzlichkeit noch einmal dafür danken, daß Du jene prächtigen Schiffe gesandt hast, welche so geschickt und machtvoll die russische Flotte in Kiel[1] repräsentierten. Alexei[2] war die Freundlichkeit und Leutseligkeit selbst. Er tat alles, was er konnte, um den Verkehr mit unseren russischen Kameraden in jeder Beziehung so zu gestalten, wie man es nur wünschen konnte. Deine gütige Erlaubnis, ihn à la suite unserer Marine zu führen, machte meine Offiziere sehr stolz und schien ihm ein Vergnügen zu bereiten. Ich hatte die gute Gelegenheit zu einem ziemlich ernsten Gespräch (die ostasiatischen Angelegenheiten) mit Alexei und seinem guten alten Baron Schilling, der ein sehr guter Freund meines Großvaters war. Er wird, wie ich annehme, Dir schon darüber Bericht erstattet haben. Es freute mich, ihm zeigen zu können, wie unsere Interessen im fernen Osten miteinander verbunden sind, daß meine Schiffe schon den Augenblick herbeisehnten, die Deinigen im Notfall zu unterstützen, wenn die Lage bedenklich werden sollte. Europa müßte Dir dankbar sein, daß Du so rasch die große Zukunft für Rußland in der

[1] Eröffnung des Kaiser-Wilhelm-Kanals in Kiel, 19. Juni 95. Anwesend waren Flottenvertreter aller Länder, auch Rußlands und Frankreichs.

[2] Vizeadmiral Alexejew, später Befehlshaber der russischen Flotte im Stillen Ozean, Haupt der russischen Kriegspartei und Statthalter der Mandschurei.

Zivilisierung Asiens und in der Verteidigung des heiligen Kreuzes und der alten christlichen europäischen Kultur gegen die Einfälle der Mongolen und des Buddhismus begriffen hast, es müßte verstehen, daß Du, wenn Rußland mit dieser kolossalen Aufgabe beschäftigt wäre, den natürlichen Wunsch hättest, Europa ruhig zu sehen und Deinen Rücken frei zu haben, und daß es natürlich und zweifellos meine Aufgabe sein würde, dafür zu sorgen, daß niemand den Versuch macht, Dich dabei zu stören und Dich im Rücken von Europa her anzugreifen, solange Du damit beschäftigt bist, Deine große Aufgabe zu erfüllen, welche der Himmel für Dich geschaffen hat. Dies war so sicher wie das Amen in der Kirche! — Nun hat sich ein Zwischenfall ereignet, den ich Dir erzählen sollte, da ich ganz sicher bin, daß er sich ohne Kenntnis Alexeis ereignet hat, der aber unter unseren Offizieren bekannt wurde und einen sehr peinlichen Eindruck hinterlassen hat. An Bord des Großjaschtschy, jenes Schiffes, auf dem ich Admiral Skrydlow und seine Kapitäne einlud, den Kanal zu passieren, schifften sich zwei Ingenieuroffiziere heimlich ein, die unseren Behörden nicht gemeldet waren. Der älteste von ihnen war Oberst Bubnow. Beide nahmen in Begleitung eines Leutnants, der für diesen Zweck sich eingeübt hatte und einen großen Apparat mit sich führte, Photographien unserer Forts und Batterien auf und machten sich Notizen und Skizzen während der ganzen Fahrt, und als schließlich Skrydlow sah, daß mein Marineattaché ziemlich erstaunt war, ganz fremde Leute auf dem Schiff zu sehen, wurden sie ihm als zwei Direktoren der Wasserwerke und Wasserwege vorgestellt. In Kiel war Bubnows Betragen so verdächtig, daß Polizei und Gendarmen ihm folgten. Er ging in voller Uniform und bewegte sich an den Befestigungswerken, was strengstens für Fremde verboten ist.

Nun, ich denke, es ist nicht ganz passend, wenn man als Gast zu einem solchen Fest in einem fremden Lande eingeladen ist, das einem ohne jede Zurückhaltung seine Pforten öffnet und einen in seinen Kriegshafen einläßt, die Gastfreundschaft derart zu mißbrauchen, um Deinen Freund auszuspionieren zu versuchen und das dazu noch unter einem angemaßten Range. Die Folge ist, daß dies die Leute mit russischen Kriegsschiffen sehr vorsichtig machen wird und unfreundliche Gefühle weckt, was ich so sehr bedaure und was hoffentlich wieder gut gemacht wird. Entschuldige bitte, daß ich diese Angelegenheit erwähne, aber ich dachte, es wäre besser, sie Dir direkt mitzuteilen, anstatt darüber diplomatische Noten usw. zu schicken, da Du weißt, wie ich für Dich und Rußland fühle. Aber ich möchte jede Schwierigkeit, welche auftreten könnte, um die Bande unserer Völker zu lockern, überwinden, bevor sie Wurzeln schlägt. Lebe wohl, liebster Niki, meine herzlichsten Wünsche an Alix mit dem Wunsche für einen ruhigen Sommer und einen hübschen kleinen Knaben.

Dein immer wohlgesinnter Freund und Vetter

Willy.

Jagdhaus Rominten, den 6. IX. 1895.

Liebster Niki!

Mein Onkel Reichskanzler [1], der mir über den freundlichen und sympathischen Empfang, den er von Deiner

[1] Fürst Chlodwig Hohenlohe, Reichskanzler nach Caprivis Ausscheiden 26. 10. 94. Es wurde seit seinem Eintritt in die Regierung wieder mehr Wert auf die Beziehungen zu Rußland als zu England gelegt.

Seite hatte, berichtete, ist ganz von Deiner Art eingenommen und hat einen tiefen Eindruck von Deiner Kenntnis über die politische Situation und von der ruhigen, besonnenen Weise, mit der Du die interessanten Fragen beurteilst, mitgenommen. Er erzählte mir auch, daß Du den Wunsch ausgedrückt hättest, daß ich weiter die Gewohnheiten fortsetzen möchte, welche wir begonnen haben, nämlich Dir zu schreiben, wenn ich meinte, daß dafür Gelegenheit sei, und ich tue es also mit Vergnügen. Die Lage im fernen Osten hat Dir die günstige Gelegenheit zur Unterhaltung darüber mit meinem Onkel gegeben. Ich danke Dir für Deine freundliche Art, mit der Du auf mein Zusammenarbeiten mit Rußland und die Koalitionsfrage angespielt hast. Die Entwicklung der Dinge im fernen Osten, namentlich ihre Gefahr für Europa und unseren christlichen Glauben, ist ein Gegenstand, der ständig mein Inneres bewegt, seitdem wir ihn zum erstenmal in diesem Frühling berührt haben. Schließlich haben meine Gedanken darüber eine bestimmte Form angenommen, und diese habe ich als Skizze zu Papier gebracht. Ich arbeitete sie mit einem Künstler[1], einem ersten Zeichner, aus, und nachdem sie fertiggestellt war, ist sie für die Öffentlichkeit graviert worden. Sie zeigt die europäischen Mächte, die durch ihre entsprechenden Genien dargestellt und von dem Erzengel Michael, der vom Himmel gesandt ist, zusammengerufen werden, um sich zum Widerstand gegen den Einfall des Buddhismus, des Heidentums und des Barbarismus zur Verteidigung des heiligen Kreuzes zu vereinen. Besonderer Nachdruck ist auf den ver-

[1] Maler Knackfuß. Es handelt sich um das bekannte Bild: Völker Europas, wahret eure heiligsten Güter!

einigten Widerstand *aller* europäischen Mächte gelegt, der gerade so gerecht wie notwendig auch gegen unsere gemeinsamen inneren Feinde, Anarchismus, Republikanismus und Nihilismus ist. Ich erlaube mir, Dir eine Gravure dieser Zeichnung zu schicken, mit der Bitte, sie als ein Zeichen meiner warmen und aufrichtigen Freundschaft für Dich und Rußland anzunehmen. Mitten in diese friedlichen Beschäftigungen und ruhigen Jagdvergnügen fallen erstaunliche Nachrichten, die ich aus Paris erhalten habe, daß nämlich die Budgetkommission der französischen Kammer bei der Erörterung des Militärbudgets vorschlägt, das 19. Armeekorps (Algerien und Tunis) zurückzurufen und ein neues Kontinentalkorps an *meiner westlichen Grenze* aufzustellen. Diese Zurückberufung ist bisher nur einmal, und zwar im Jahre 1870 erfolgt, als Frankreich gegen uns Krieg führte. Solch ein Plan in der Zeit tiefsten Friedens hat wie ein Donnerschlag in Deutschland gewirkt und eine tiefe Alarmstimmung hervorgerufen. Diese Stimmung hat sich durch die Tatsache verstärkt, daß der Vorschlag öffentlich bekannt geworden ist in dem Augenblick, als Fürst Lobanoff[1] und General Dragomiroff offiziell der Truppenschau der französischen Grenzarmee an der lothringischen Grenze unter dem frenetischen Beifall der „Grenzbevölkerung“ beiwohnten. Diese Armee, von der die französischen Zeitungen uns seit Wochen erzählen, soll für den ersten Einbruch in unser Grenzland im Revanchekrieg einmarschieren. Sie ist schon vier Armeekorps stark, gegen meine beiden Armeekorps (15 und 16). Das vorgeschlagene neue Korps

---

[1] Russischer Reichskanzler und nach Giers' Tode Minister des Äußeren (seit Juni 1895).

würde die bereits in der Überzahl befindlichen französischen Streitkräfte auf fünf Armeekorps verstärken und bedeutet eine Drohung so gut wie eine ernste Gefahr für mein Land. Hierauf muß ich jetzt ernsthaft mit Maßnahmen begegnen. Bei diesem Anlaß ereignete es sich gerade, daß Eure Offiziere dekoriert wurden und Fürst Lobanoff festlich gefeiert wurde, während die Ohren meines Attachés von nicht übermäßig angenehmen Bemerkungen länger wurden, welche die Leute hier unfreundlich fallen ließen, und die die Tatsachen in ein häßliches Licht setzten, als ob Rußland es gern sehe, daß Frankreich gegen Deutschland angriffslustig sei, in der Hoffnung, von ersterem Hilfe zu erhalten. Solch eine ernste Gefahr wird mich veranlassen, mein Heer dermaßen zu verstärken, um mit so furchtbaren Gegnern kämpfen zu können. So schwer auch die finanziellen Anstrengungen auf uns lasten würden, so würde mein Volk doch niemals einen Augenblick schwanken, um seiner Sicherheit Gewähr zu leisten, wenn es nötig wäre. Ich weiß ganz und gar, daß Du persönlich nicht im Traum daran denkst, uns anzugreifen, aber Du kannst doch nicht darüber erstaunt sein, daß die europäischen Mächte in Alarm geraten, wenn sie sehen, wie die Gegenwart Deiner Offiziere und hohen Beamten in Frankreich offiziell die leichtentzündlichen Franzosen zu einer bis zur Weißglut gehenden Leidenschaft anfacht, welche die Ursachen des Chauvinismus und der Revanche stärkt.

Gott weiß, daß ich alles, was in meiner Macht stand, um den europäischen Frieden zu wahren, getan habe. Aber wenn Frankreich, offen und geheim ermuntert, wie in diesem Falle, beginnt, alle Regeln der internationalen Höflichkeit und den Frieden in Friedenszeit zu verletzen, so wirst Du Dich, mein liebster Niki, eines schönen Tages selbst nolens volens plötzlich in den schrecklichsten aller Kriege, die Europa jemals gesehen hat, verwickelt finden. Einen Krieg, der infolge der durch ihn in Bewegung gesetzten Menschenmassen und durch die Geschichte vielleicht sich an Dich heftet, als ob Du die Ursache davon gewesen wärest. Bitte, sei nicht böse darüber, wenn ich vielleicht ganz ohne meine Absicht Dich verletze, aber ich denke, es ist meine Pflicht, unseren beiden Ländern und Dir, meinem Freund, gegenüber, es offen zu schreiben. Da Deine Abgeschlossenheit und Zurückgezogenheit Dir tiefe . . . . auferlegt hat, so siehst Du nicht die Menschen und verfolgst nicht im einzelnen, was h i n t e r d e n K u l i s s e n vorgeht.

Nun, ich besitze einige Erfahrung in politischen Dingen und sehe gewisse untrügliche Anzeichen, so daß ich mich beeile, im Namen des Friedens von Europa zu sprechen. Wenn Du zum Guten oder Schlimmen mit den Franzosen vereinigt bist, wohlan, so halte diese verfluchten Kerle im Zaum und laß sie still sitzen, wenn Du aber nicht mit ihnen verbündet bist, so dulde nicht, daß Deine Leute, die nach Frankreich gehen, die Franzosen glauben machen, daß Du mit ihnen verbündet bist. Laß sie sie nicht rücksichtslos machen und ihnen ihre Köpfe verdrehen, bis sie sie verloren haben und wir dann in Europa kämpfen müssen, anstatt gegen den Osten zu kämpfen. Denke an die furchtbare Verantwortlichkeit für das fürchterliche Blutvergießen. Nun lebe wohl, liebster Niki, mit herzlichsten Grüßen an die liebe Alix, und behalte mich lieb als

Deinen ergebenen und redlichen Freund und Vetter

W i l l y. I. R.

Neues Palais. Potsdam, 25. X. 1895.

Liebster Niki!

Die uns so herzlich erfreuende und unerwartete Ankunft Onkel Michaels[1], der soeben mit uns speiste, gibt mir die angenehme Gelegenheit, Dir für Deinen lieben Brief, den mir Moltke überbrachte, meinen wärmsten Dank auszusprechen. Moltke ist noch ganz voll von all Deiner Freundlichkeit und ganz entzückt von Dir und Deinen Zielen. Deine Ansichten über die Presse sind im allgemeinen genau die gleichen wie die meinigen. Sie bildete und bildet noch immer einen Teil meines Kummers, wir müssen mit schwerem Groll ihre Lügen und ihren Unsinn hören. Dennoch muß der Einfluß, den sie, horribile dictu, besitzt, aus den Köpfen der Leute der verschiedenen Rassen ausgetrieben werden, die von ihr gefüttert werden und sie lesen. Deine Untertanen und die meinigen sind langsamer in ihren Gedankengängen, nüchterner und ruhiger in ihren Schlußfolgerungen, welche sie ziehen, als beispielsweise die südlichen Völker oder die Franzosen. Die Romanen oder die gallischen Rassen werden viel leichter aufgeregt und beeinflußt und sind eher dazu geneigt, zu Folgerungen zu eilen und, einmal angefacht, viel gefährlicher für die Störung des Friedens als die teutonische oder russische Rasse. In England wiederum ist die Presse mehr das Mundstück der öffentlichen Meinung als auf dem Kontinent und handelt mehr nach den Interessen ihres Landes.

Lobanoffs Besuch hat mich sehr interessiert. Er ist unzweifelhaft ein sehr fähiger Diplomat, ein blendender Plauderer. Was er mir bezüglich Frankreichs erzählte,

[1] Großfürst Michael, Großonkel des Zaren (Bruder Alexanders II.).

war sehr beruhigend. Ich dachte, es sei richtig, ganz offen mit ihm über Frankreich zu sprechen, da er mir erzählte, daß Du mit ihm in Verbindung seiest. In dieser Beziehung gab ich mir Mühe, ihm zu zeigen, daß ich nicht wünsche, mißverstanden zu werden. Nicht die Tatsache, daß es sich hier um einen „Rapport" oder eine Freundschaft zwischen Rußland und Frankreich handelt, macht einen unruhig — denn jeder Herrscher ist alleiniger Herr der Interessen seines Landes und richtet seine Politik demgemäß ein —, sondern die Gefahr, die unserem monarchischen Prinzip dadurch erwächst, daß man die Republik durch die Form, in der sich diese Freundschaft zeigt, auf ein Piedestal erhebt. Die ständige Anwesenheit von Fürsten, Großherzögen, Staatsmännern, Generalen in Gala bei den Truppenrevuen, Begräbnissen, Diners, Wettrennen mit dem Haupt der Republik oder in seiner Umgebung läßt Republikaner wie diese glauben, daß sie äußerst ehrenwerte Leute sind, mit welchen Fürsten zusammengehen und im Innern fühlen können. Was würde aber nun daheim in unsern Ländern die Folge sein? Die Republikaner sind von Natur Revolutionäre und werden ganz folgerichtig als Leute, die erschossen oder gehenkt werden müssen, behandelt. Sie sagen unseren übrigen, loyal gesinnten Untertanen: Oh, wir sind nicht gefährliche böse Menschen, geht nach Frankreich, hier könnt ihr die Royalisten mit den Revolutionären zusammengehen sehen, warum sollte dasselbe auch nicht bei uns gehen? Die französische Republik stammt aus der Quelle der großen französischen Revolution und propagiert ihre Ideen und muß es tun. Vergiß nicht, daß Jaurès — es ist nicht seine persönliche Schuld — auf dem Thron des Königs und der Königin von Frankreich von Gottes Gnaden sitzt, welche die französischen Revolutionäre geköpft haben. Das Blut Ihrer Majestäten klebt noch an dem Lande. Betrachte es, ist es seitdem jemals glücklich oder wieder ruhig geworden? Ist es nicht von Blutvergießen zu Blutvergießen gewankt? Schritt es nicht in seinen großen Augenblicken von Krieg zu Krieg, bis es ganz Europa und Rußland in Ströme von Blut stürzte, bis es zuletzt die Kommune wieder über sich hatte? Niki, nimm mein Wort, der Fluch Gottes hat jenes Volk für ewig getroffen. Wir christlichen Könige und Kaiser haben eine heilige Pflicht, die uns vom Himmel auferlegt ist, nämlich das „Von-Gottes-Gnaden"-Prinzip aufrecht zu halten. Wir können gute Beziehungen zur französischen Republik haben, aber niemals mit ihr intim stehen. Ich fürchte immer, daß bei den häufigen und langen Besuchen in Frankreich Leute ohne Gesinnung republikanische Ideen einsaugen. Hier muß ich Dir ein Beispiel erzählen: Ich erinnere mich daran, wie vor wenigen Jahren ein Herr — kein Deutscher — mir voll von Schrecken davon sprach, daß er in einem eleganten Salon in Paris einen russischen General einem Franzosen auf die Frage, ob Rußland die deutsche Armee zerschmettern würde, antworten hörte: „Nein, wir werden völlig breitgeschlagen werden, aber was macht das, dann werden wir auch die Republik haben." Das ist, was ich für Dich, mein lieber Niki, fürchte. Vergiß nicht Skobelew[1] und seinen Plan, die ganze kaiserliche Familie bei einem Mahle auf einmal beiseite zu bringen. Darum sorge, daß Deine Generale die französische Republik nicht allzusehr lieben. Ver-

[1] Hervorragender russischer Sozialdemokrat, späteres Dumamitglied, kein Terrorist.

gib mir bitte, wenn ich so offen bin, aber ich wünsche, Du sähest, wie warm ich für Dich fühle und wie besorgt ich um Dich bin, und Du erkenntest voll meine Beweggründe.

Der nächste interessante Punkt waren die Nachrichten, welche mir Lobanoff über die Türkei überbrachte, daß er nämlich Grund hätte, England zu verdächtigen, daß es auf die Dardanellen begierig sei! Deshalb sei die armenische Frage wieder aufgelebt. Ich gestehe, daß ich von diesem Teil seiner Nachrichten äußerst betroffen war. Zweifellos ist seit Salisburys[1] Amtsantritt Englands auswärtige Politik äußerst dunkel und undurchsichtig geworden, und die sonderbare Art, in der die englische Flotte um die Dardanellen kreuzt, zeigt, daß dies etwas bedeutet. Aber wenn sie dies tun, so verletzen sie den Berliner Vertrag, und derartige Dinge zu tun, könnte ihnen nur mit Erlaubnis aller übrigen Signatarmächte zugestanden werden, welche diese aber niemals geben werden. Es scheint indessen, daß sie die eine oder andere Absicht haben, ihre Politik im Mittelmeer zu ändern, denn zwei Tage später gebrauchte Mallet[2], als er seinen Abschiedsbesuch bei unserm Auswärtigen Amt machte, sehr polternde Worte, daß Deutschland sich sehr schlecht gegenüber England in Afrika benommen habe; daß es so nicht so weitergehen könne, und daß, nachdem man die Franzosen durch Konzessionen in Ägypten losgeworden sei, man auf uns wieder achten

[1] Salisbury, drittes Ministerium 1895. Seine Politik hinderte doch nicht, daß Gladstone erneut gegen den von ihm gehaßten Sultan die englische Nation aufrief. Salisbury kam der erregten Meinung in England entgegen und schlug 1896 die Flottendemonstration vor, durch die der Sultan gezwungen werden sollte, Armenien Autonomie zu gewähren.

[2] Britischer Botschafter in Berlin.

müsse. Er war sogar so undiplomatisch, das Wort „Krieg“ auszusprechen. Er sagte, daß selbst England nicht davor zurückschrecken würde, mit mir Krieg anzufangen, wenn wir nicht in Afrika eins auf den Kopf gekriegt hätten. Ich antwortete dem Sinne nach, daß die Engländer sich in diesem Falle selbst lächerlich machten, wenn nicht jedem verhaßt. Wenn sie aber Streitigkeiten mit irgendeinem sonst anfangen wollen, so würde ich mir das merken und einen pommerschen Grenadier schicken, um ihnen zu helfen. Ich denke, das wird sie abkühlen. Es ist dasselbe, was ich zu Lobanoff sagte. Ich sagte ihm ferner, daß, wenn Rußland im fernen Osten ernstlich engagiert werden sollte, ich es für meine Pflicht ansehen würde, Dir den Rücken vor jedwedem in Europa freizuhalten und dafür zu sorgen, daß alles ruhig ist und daß sich nichts von anderer Seite ereignen würde, auch nicht von Frankreich, vorausgesetzt, daß ich nicht angegriffen würde. Er dankte mir dafür mit warmen Worten. Ich teile seine Furcht, daß Japan irgendein Einverständnis mit England hat; das sei der Grund, warum es so steifnackig sei.

Bevor ich meinen Brief schließe, laß mich Dir mein tiefgefühltes Beileid zum kommenden 1. November[1] aussprechen. Gott allein kann den Schmerz und den Kummer ermessen, der Dein Herz erfaßt im Gedenken an einen so lieben Vater, einen so ausgezeichneten und guten Mann, ganz wie es mein armer Vater gewesen ist. Darf ich Dir etwas sagen, was ich auf dem Herzen habe? Wenn ich an unsere nahen verwandtschaftlichen Beziehungen denke, möchtest Du dann nicht, da der ständige Austausch von Briefen und Botschaften immer unnötig unseren Gesandtschaftsapparat in Be-

[1] 1. November 1894 Todestag Alexanders III.

wegung setzt, die alte Gewohnheit unserer Vorväter erneuern, die sie seit fast einem Jahrhundert hatten, und wieder einen persönlichen Adjutanten haben, der unsern beiderseitigen Kabinetten zugestellt ist? Die mehr privaten und „intimen" Angelegenheiten könnten wie in alten Zeiten direkt durch diese Adjutanten gehen, was die Dinge viel einfacher macht. Ich werde mit Vergnügen jemand, dem Du vertraust, in mein Militärkabinett berufen. Wäre Dir Moltke recht? Jetzt aber möchte ich Dich nicht länger aufhalten, lebe wohl, mein liebster Niki, herzliche Grüße an Alix; die „Zukunft". Ich verbleibe

Dein ergebener und wohlgesinnter Freund und Vetter

Willy.

Neues Palais, 2. I. 1896.

Liebster Niki!

Radolins Rückkehr nach Petersburg gibt mir Gelegenheit, Dir diese wenigen Zeilen zu senden. Laß mich Dir für die mannigfachen Zeichen Deiner Freundlichkeit und Freundschaft aufrichtig danken, die Du mir und meinem Lande bewiesen hast, die uns einen Grund von Ruhe und Sicherheit verliehen haben, und die ich auch im folgenden Jahre weiter bestehen wissen möchte. Mit meinen herzlichsten Glückwünschen zum neuen Jahr und einem glücklichen Weihnachtsfest vereinige ich mein Gebet, daß der Herr Dich, die liebe Alix, Euer süßes Kind und Eure ganze Familie segnen und vor jedem Übel, Sorgen und Krankheit beschützen und behüten möge. Möchte Deine Regierung glücklich sein und mögest Du die Verwirklichung mancher Pläne, an denen Du für die Wohlfahrt Deiner Untertanen arbeitest, erleben. Mögen unsere Länder wie bisher fähig sein, sich in der Stärkung und Aufrechterhaltung des Friedens, in der Verteidigung ihres Glaubens und ihrer Interessen gegen jeden äußeren und inneren Feind zusammenzufinden!

Der politische Horizont hat sich eigenartig verdüstert. Armenien[1] und Venezuela[2] sind offene Fragen, die England aufgeworfen hat, und plötzlich ist die Republik Transvaal[3] in einer ganz schmachvollen Weise angegriffen worden, wie es scheint, nicht ohne Englands Mitwissen. Ich habe eine sehr strenge Sprache in London geführt und habe Verbindungen mit Paris eingeleitet, um unsere bedrohten Interessen gemeinsam zu verteidigen, da sich französische und deutsche Kolonisten unverzüglich in gemeinsamer Verbindung die Hände gereicht haben, um den erbitterten Buren zu helfen. Ich hoffe, Du wirst auch freundlich die Angelegenheit in Erwägung ziehen, da sie eine prinzipielle ist, um die Verträge, die einmal geschlossen sind, aufrecht zu erhalten. Ich hoffe, daß alles in Ordnung kommen wird, aber komme, was kommen mag, ich werde niemals zugeben, daß die Briten Transvaal staupen. Hoffentlich hast Du bessere Nachrichten von Deinem Bruder, der, wie ich sehe, an der Riviera angekommen ist. Meine herzlichsten Grüße der lieben Alix und nochmals vielen Dank für all Deine Freundlichkeit Straus und seinen Leuten gegenüber. Ich bleibe wie immer, lieber Niki,

Dein stets wohlgesinnter Vetter und Freund

Willy.

---

[1] Schon 1894 waren in Armenien Unruhen ausgebrochen, worauf die Türkei die räuberischen Kurden gegen die Armenier hetzte.

[2] Es handelt sich hier um den Grenzstreit zwischen Venezuela und Britisch-Guyana.

[3] Einfall Jamesons in Transvaal. Eintreten Wilhelms II. für die Buren (Krüger-Telegramm).

Berlin, 7. XI. 1895.

Liebster Niki!

Egloffstein wird Dir hoffentlich den ganzen Haufen Porzellan ohne Bruch überbringen. Er ist angewiesen, die Tafel so zu arrangieren, als wenn Du ein Diner für 50 Personen geben wolltest. Du magst ein Auge auf die Angelegenheit werfen. Ich hoffe, daß meine Manufaktur alles getan hat, um Deine Wünsche zu erfüllen, und daß das Geschenk Euch beiden zustatten kommt.

Seit den schlimmen Wochen, die Ihr durchlebt habt, hat sich viel in Europa ereignet. Ihr habt einen ausgezeichneten alten Diener Eurer Vorfahren, den alten Giers[1], verloren, der ein wirklich guter Mann war, den ich sehr schätzte. Frankreich hat in überraschender Weise sein Oberhaupt und Regierung gewechselt und durch die Amnestie die Tür allen schlechten Elementen geöffnet, welche die frühere Regierung unter Schwierigkeiten ins Gefängnis gesetzt hatte. Der Impuls, der dadurch den Demokraten und der revolutionären Partei gegeben worden ist, hat sich auch hier fühlbar gemacht. Mein Reichstag beträgt sich so schlimm wie nur möglich. Er schwankt hin und her zwischen Sozialisten, die von den Juden aufgehetzt werden, und den ultramontanen Katholiken, beides Parteien, die möglichst bald verdienten, gehängt zu werden, soweit wie ich es beurteilen kann.

In England wankt das Ministerium, bis es nach allgemeinem Entschluß fallen wird. Kurz, überall wird das monarchische Prinzip aufgerufen, sich stark zu erweisen. Darum bin ich so froh über die vortreffliche Rede, die Du gestern an die Deputationen als

[1] Russischer Minister des Äußeren.

Antwort auf einige Reformadressen gehalten hast. Sie traf den Nagel auf den Kopf und machte auch anderwärts tiefen Eindruck. Zur Eröffnung unseres Kanals Ende Juni habe ich alle europäischen Regierungen eingeladen, Kriegsschiffe nach Kiel zu entsenden; ich hoffe, daß auch Deine Flotte dort durch ein oder zwei Schiffe vertreten sein wird. Mit ehrfurchtvollem Gruß an Deine Mama und viele Grüße an Alix verbleibe ich

Dein wohlgesinnter Freund

Willy.

Berlin, 20. Februar 1896.

Liebster Niki!

General Werder hat das große Vergnügen und die Ehre, Dein Gast zu sein, und so vertraue ich ihm diesen Brief an. Laß mich Dir noch einmal von ganzem Herzen für das Gemälde und für den Brief zu meinem Geburtstag danken. Deine Aufmerksamkeit war ebenso überaus freundlich wie gnädig, und gerade zu der Zeit, als die Eröffnung des Kanals ein Ereignis war, das mir tatsächlich sehr am Herzen lag und das wirklich einen Erfolg darstellte. Ich habe das Bild nach Kiel geschickt, wo es in meinen privaten Gemächern aufgehängt werden soll, in denselben Zimmern, in welchen Dein armer teurer Vater zuletzt wohnte, als er mit mir in Kiel zusammen war. Werder wird Dir auch zwei Photographien überbringen. Eine für Dich, ein kleines Andenken von mir, und eine für Alix, um ihr ein Bild davon zu geben, wie mein Töchterchen aussieht. Sie ist ein Stück lebendigen Quecksilbers und tyrannisiert ihren Papa furchtbar.

Deine Gesandtschaft hatte wegen unserer Vertretung bei Deiner Krönung in Moskau angefragt und ich habe ihr Heinrich als meinen Vertreter genannt. Ich würde Dir sehr dankbar sein, wenn Du freundlich darauf sehen würdest, daß seine Rangfrage völlig klargestellt ist, da ich hörte, daß Dein Zeremonienmeister Radolin einen Wink gab, daß Heinrich erst allen erblichen deutschen Großherzogen und Fürsten, selbst dem Sohne des Fürsten von Montenegro im Range folgen könne. Darüber kann es natürlich nun gar keine Frage geben. Mein Haus als ein regierendes in Deutschland ist das Erste und die zu ihm gehörenden Prinzen haben daher vor den Söhnen der regierenden Fürsten in Deutschland den Vorzug. Ich befragte Wladimir[1] bei seiner Anwesenheit über diese Dinge und er war ganz derselben Meinung und sagte mir, er würde diese Angelegenheit Dir gegenüber zur Sprache bringen. Außerdem ist Heinrich Dein Schwager, und als solcher zählt er doch zu Eurer Familie, gerade wie Dein Vater es mit dem Herzog von Edinburgh bei seiner Krönung handhabte.

Ich sah Tante Sanny in Oldenburg und auf ihrer Reise hier. Sie ist durch den langsamen und schleichenden Tod ihrer armen Schwester schwer betroffen und leidet sehr an Schlaflosigkeit, armes Geschöpf!

Das dem Parlament in London vorgelegte Blaubuch hat noch mehr gezeigt, wie richtig Deine Politik in der orientalischen Frage ist und wie England bestrebt ist, Dich und uns alle in Unruhe zu stürzen. In Transvaal ist durch den Willen der Vorsehung ihr Raubzug mißlungen und, obwohl einige Leben dabei verloren gingen, ist doch Revolution, Blutvergießen und allgemeine Plünderung verhindert worden. Sie

[1] Großfürst Wladimir Alexandrowitsch, Bruder Alexanders III., Onkel Nikolaus' II.

(die Engländer) haben sich sehr unpassend mir gegenüber benommen, aber das läßt mich unberührt, da die Mobilisierung ihres berühmten Flottengeschwaders gegen uns, die kaum der Rede wert war, sie unsterblich lächerlich gemacht hat. Nun lebe wohl, liebster Niki, grüße Alix, ich bleibe

Dein stets ergebener Vetter und Freund

Willy.

Coburg, 19. IV. 1896.

Liebster Niki!

Die fröhliche Hochzeitsfeier, die hier stattfindet, und die Gegenwart so mancher Gäste ruft die Erinnerung an die Zeit von vor zwei Jahren in mir wach, als ich zu meinem großen Glück Dir zu dem reizenden und vollkommenen Engel, der jetzt Dein Weib ist, verhelfen konnte. Die Erinnerungen an April 1894 wurde auch von den anderen empfunden und aus diesem Grunde waren wir alle eins, Dir das Telegramm zu senden, das Du erhalten haben wirst. Ich kann darauf vertrauen, daß ich nichts anderes sagte oder damals versprach, als das, was Du nicht hernach in Deinem Eheleben gefunden hast. Möge Gottes Segen auf Euch beiden ruhen, namentlich im kommenden Monat, wenn ihr unter der bewundernden Anwesenheit der ganzen Welt zur Krönung fahrt. Ich danke Dir herzlich für Deinen lieben Brief, den Du mir durch Werder gesandt hast und der an dem Tage mich erreichte, als ich nach dem Mittelmeer abfuhr. Werder war so glücklich über seinen Besuch in Petersburg, und daß er dort so manch wohlbekanntes Gesicht gesehen hat. Ich bin völlig einverstanden mit dem, was Du an dem Schluß Deines Briefes über die Engländer sagtest.

Ihre Fanfaren gegen uns machen sie äußerst lächerlich und machen auf mich keinen Eindruck, je mehr sie in Afrika in Verwicklungen geraten, um so besser für uns in Asien. Nun lebe wohl, lieber Niki, herzliche Grüße an Alix und Gott mit Euch

Euer wohlgesinnter Freund und Vetter

Willy.

Letzlingen, 12. XI. 1896.

Liebster Niki!

Wladimir ist so freundlich, diese Zeilen mitzunehmen, um sie Euch zu übergeben und wird auch meine wärmsten Grüße überbringen. Ich bin froh, daß Ihr wieder wohlbehalten daheim seid und daß Euch die herrliche Reise, die Ihr durch Europa machtet, nicht allzusehr angestrengt hat. Ich bin sehr betrübt über das schauderhafte Betragen der Bismarckfronde[1], die, obwohl es nur ein Coup ist, der sich lediglich gegen mich persönlich richtet, nichts destoweniger auch einen Loyalitätsbruch gegenüber Deiner Regierung darstellt und einen Schandfleck auf das Andenken meines geliebten Großvaters wie auf das Deines geliebten Vaters wirft. Ich habe bereits meinen Onkel Kanzler instruiert, wie er im Parlament reden soll und hoffe, Du wirst mit der Art, in der die ganze hochverräterische Angelegenheit behandelt wird, zufrieden sein. Ich nehme an, daß durch diesen letzten Streich des Fürsten und bei der schamlosen Art und Weise, mit der er mich in seiner Presse behandelt — er versucht na-

[1] Die Hamburger Nachrichten hatten mitgeteilt, daß der deutsch-russische Rückversicherungsvertrag durch Deutschland gekündigt worden war.

mentlich, die Leute glauben zu machen, daß ich unter englischem Einfluß stand und immer noch stehe — die klareren Köpfe zu verstehen beginnen werden, daß ich Grund hatte, diesen unbotmäßigen Mann mit seinem gemeinen Charakter aus dem Amt zu entfernen. Ich habe den einfältigen Glauben und hoffe, daß Du mir freundlichst vertrauen wirst, wie Du es bis jetzt tatest, und daß sich zwischen uns beiden nichts geändert hat oder ändern kann, seitdem wir die Richtlinien unseres Handelns in Breslau festgelegt haben. Wladimir ist aus Paris mit den besten Eindrücken gekommen, daß dort alles ruhig ist, was ich auf Grund der Berichte meines Gesandten bekräftigen kann, der auf bestem Fuß mit der dortigen Regierung lebt und voll Bewunderung für die Fähigkeit und Kaltblütigkeit Hanotaux'[1] ist. Letzterer ist eher wegen der Türkei nervös, aber da ich keine beunruhigenden Nachrichten von dort erhalten habe, so denke ich, daß dafür kein wirklicher Grund vorliegt. Er ist, wie ich höre, ein starker Gegner irgendeiner Konferenz betreffs der Türkei, und das mit vollem Recht.

An unserer Grenze in Littauen haben wir mehrere Fälle von Aussatz entdeckt und lokalisiert. Einige Leute haben die Infektion von den nächsten Plätzen der Ostseeprovinzen eingeschleppt. Ich habe daher den Bau eines Hospitals in Memel befohlen, um die armen Kinder dort unterzubringen. Die Krankheit ist eine furchtbare und sehr ansteckende und ich schlage Dir vor, ob unsere Grenzprovinzbehörden sich nicht vereinigen sollten, um die auftretenden Fälle zu über-

[1] Gabriel Hanotaux von Mai 1894-1898 mit Unterbrechungen Minister des Äußern in Frankreich.

wachen und zu beobachten, indem sich einige Ärzte zur ärztlichen Überwachung dort vereinigten.

Wir haben prächtigen Sport und gutes Wetter und waren sehr erfreut, Wladimir hier an seinem alten Platz zu sehen. Mit besten Wünschen an Alix

Dein wohlgesinnter Freund und Vetter

Willy.

Berlin, 3. III. 1897.

Mein lieber Niki!

Mit Deiner freundlichen Erlaubnis wird Oberst von Moltke in wenigen Tagen die große Ehre haben, seinem kaiserlichen Chef seine Aufwartung zu machen. Dies gibt mir die gute Gelegenheit, Dir einige Zeilen warmen Freundschaftsbeweises in dieser Prüfungszeit zu senden. Ich bin Dir sehr dankbar für die loyale, klare und staatsmännische Art, in der du diese unglückselige Kreta[1]-Affäre angefaßt hast und bin mit Recht darauf stolz, daß unsere Ansichten in dieser Sache genau die gleichen sind. Vom Familienstandpunkt[2] aus mußt Du Augenblicke erlebt haben, die Deine Gefühle aufs äußerste erregten, und der Entschluß, so zu handeln, wie Du handeltest, muß Dir erst nach manchen inneren Kämpfen gekommen sein.

Aber Du warst völlig im Recht, und Du siehst durch das Ergebnis, daß Deine „Démarche“ alle Mächte,

---

[1] Die griechische Regierung ließ am 15. Februar Truppen auf Kreta landen und es im Namen König Georgs besetzen. (Georg I. 1868-1913). Die Großmächte, voran Rußland, das der Türkei günstig gesinnt war, da es keine Autonomie Armeniens (im Gegensatz zu England) wollte, verlangten Zurückberufung der griechischen Truppen, versprachen aber den Kretern Autonomie im Rahmen des türkischen Reichs.

[2] Der König von Griechenland war der Onkel des Zaren.

ob sie wollten oder nicht, zu einer gemeinsamen Demonstration geeinigt hat, die, wie ich hoffen will, den Frieden Europas ungestört erhalten wird. Du hast der Welt wieder einmal gezeigt, daß, wenn die drei Großmächte gemeinsam marschieren und sich ihnen die anderen großen Kontinentalmächte anschließen, d. h. wenn der ganze Kontinent in ungebrochener Front zusammenhält, der Rest der Welt uns folgen muß und sei er noch so stark. Der König von Griechenland müßte ein rechter Wahnsinniger sein, wenn er mit seinem tollen Beginnen, die Welt in Flammen zu setzen, um sich daran seine Pfeife anzuzünden, nicht haltmachen kann. Ich bin froh, daß sich die Türken[1] so nüchtern benommen und starke Streitkräfte nach Mazedonien gesandt haben. Dort liegt die größte Gefahr und die muß mit allen Mitteln beseitigt werden.

Ich sende Dir durch Moltke einige wichtige Photographien, die von der Parade abgenommen sind, nachdem Deine Bänder an den Fahnen des Alexanderregiments befestigt worden waren. Er wird Dir auch das Werk, das über meinen teuren Großvater geschrieben und das zur Hundertjahrfeier seines Geburtstages veröffentlicht wurde, überbringen. Seine schönen Briefe und Reden sind die beste Charakteristik von ihm, die ich kenne. — Unser Ball ging sehr schön aus, und der Effekt war einfach magisch, gleichsam wie ein Traum aus vergangenen alten Zeiten. Die Bänder, welche ich meinen Grenadieren stiften will, sind fertiggestellt, und ich wäre sehr dankbar für einen Wink von Dir, ob ich sie ihnen selbst über-

[1] Die Türken erklärten später im April 1897 an Griechenland Krieg, da dieses Kreta nicht räumte.

geben kann oder ob Du es für besser hältst, unsere Offiziere damit zu senden. Nun herzlichen Gruß an Alix, ich will hoffen, daß alles bald in Ordnung kommt, ich verbleibe wie immer

Dein wohlgesinnter Freund und Vetter

Willy.

Neues Palais, 4. I. 1898.

Liebster Niki!

Das neue Jahr hat gerade begonnen, das alte geendet, aber ich kann seinen Abschluß nicht vergessen, ohne einen Blick auf die lieblichen und herrlichen Tage des August zu werfen, als ich Dich und Alix umarmen konnte, und ohne Dir für Deine freundliche, glänzende, ja verschwenderische Gastfreundschaft Viktoria und mir gegenüber zu danken. Mit tiefem Dankgefühl erinnere ich mich der angenehmen Stunden, die ich mit Euch verbringen konnte, wobei unser Gespräch zeigte, daß wir in den Grundlagen, die wir in der Erfüllung der Aufgabe befolgen, die uns vom Herrn aller Heerscharen gesetzt ist, einer Meinung sind. Jeder von uns sucht für die Entwicklung und Wohlfahrt seines Landes, wie es seine Pflicht ist, sein Bestes zu tun, aber gemeinsam suchen wir unseren Ländern die Segnungen des Friedens zu sichern!

Möge dies neue Jahr ein glückliches für Dich, Deine liebe Alix, Dein ganzes Haus und Land sein. Mögen die Pläne, die Du für die Wohlfahrt Deines Volkes zur Reife bringst, sich verwirklichen. Heinrichs Aufgabe ist, Dir bei Deinen erhabenen Idealen — ohne welche kein Fürst existieren kann — zur Förderung der Zivilisation, d. h. zur Christianisierung des fernen

Ostens mitzuhelfen und sie zu unterstützen. Willst Du freundlichst eine Zeichnung annehmen, die ich für Dich skizziert habe, welche die symbolischen Figuren Rußlands und Deutschlands als Schildwachen am Gelben Meer darstellt, um das Evangelium der Wahrheit und des Lichtes im fernen Osten zu proklamieren. Ich zeichnete diese Skizze in der Weihnachtswoche unter dem Glanz der Lichter des Christbaumes!

Dazu noch ein Album mit Photographien der Truppenschau an Deinem Geburtstage in Wiesbaden vor der neuen Standarte Deines Husarenregiments und von der Eidesleistung der Rekruten Deines schönen Alexanderregiments, sowie ein Abbild seiner schönen Kaserne!

Das Memoirenwerk des Vaters meines Oberstallmeisters Graf Wedel wird in Bälde folgen, da der Einband noch nicht ganz fertiggestellt ist. Er diente unter Napoleon I. im Jahre 1812 in Rußland, wurde von Deinen Truppen gefangen genommen und gibt eine sehr interessante Beschreibung des Feldzuges und seiner Gefangenschaft. — Viktoria sendet ihre besten Wünsche; sie war lange Zeit krank und hatte starke Nervenschmerzen und eine Halsentzündung und stand erst heute zum erstenmal wieder auf. Sie ist sehr gequält von den beiden Jüngsten, von denen der eine einen schweren Anfall von Influenza erlitten hat, die hier noch umgeht, und an der er einen Monat lag. Nun lebe wohl, liebster Niki, herzliche Grüße an Alix, und meine ehrfürchtigen Grüße an Deine liebe Mutter von

Deinem ergebenen und aufrichtigen Freund und Vetter

Willy.

Berlin, 28. III. 1898.

Liebster Niki!

General von Werder überbrachte mir Deine und Alix' freundliche Grüße aus Petersburg und strahlte vor Entzücken in der Erinnerung an seinen dortigen Aufenthalt, den Du ihm so freundlich und angenehm wie immer gestaltet hast. Ich danke Dir aufrichtig für alles, was er mir von Dir übermittelte und brauche nicht hinzuzufügen, daß ich Deine Wünsche herzlichst erwidere. Der liebe alte General ist nicht nur eine Reliquie der Vergangenheit, sondern wirklich und aus tiefster Überzeugung Dir und Deinem Hause verbunden, und darum ist er in meinen Augen ein lebendiges Stück der alten Tradition, die immer unsere Familie zum Wohle unserer Länder und dadurch der ganzen Welt vereint hat.

Ich muß Dich für den glücklichen Ausgang Deiner Aktion in Port Arthur [1] herzlich beglückwünschen. Wir beide werden ein paar gute Wächter am Eingang des Golfes von Petschili [2] abgeben und müssen vor allem von den „Gelben" respektiert werden. Ich meine, der Weg, den Du mit dem meisterhaften Arrangement in Korea [3] eingeschlagen hast, um die Gefühle der ärger-

[1] Auf Rußlands Forderungen gab China damals dem Zarenreich die Halbinsel Liaotung mit Port Arthur, das Schlüssel zum Gelben Meer war (Mitte März 1898). Port Arthur wurde auf 25 Jahre an Rußland „verpachtet".

[2] Kurz vorher hatte Deutschland Kiautschou „gepachtet" (4. Januar 1898).

[3] Verständigung zwischen Japan und Rußland über Korea, das unabhängig bleiben sollte. Über jede Frage sollten sich Rußland und Japan näher gemeinsam verständigen. Schon vorher hatte Rußland einen Geheimvertrag mit China, das seinen Schutz erbat, geschlossen, wofür es von den Chinesen die Eisenbahnkonzessionen in der Mandschurei bis nach Port Arthur erhielt.

lichen Japaner zu besänftigen, war ein besonders feines Diplomatenstück und stellt ein großes Zeichen Deiner Voraussicht dar. Er ist geeignet, zu zeigen, was für ein Glück es war, daß Du durch Deine große Reise in der Lage warst, die Fragen des fernen Ostens an Ort und Stelle zu studieren und jetzt moralisch als Herr von Peking zu sprechen.

Radolin berichtete mir über Deine sehr interessante Unterhaltung über China und Deine Wünsche, betreffend die Militärinstrukteure in den Gouvernements, die unter russischem Einfluß standen. Ich habe jetzt einen Befehl an die deutschen Offiziere vorbereitet, den ich aber noch nicht veröffentlichen kann, weil es ohne eine Angabe auf der Karte nicht möglich war, eine sichere Landgrenze zu fixieren. Ein paar Bleistiftstriche auf einem Blatt Papier von Deiner Hand würden mich beruhigen, weil es sehr unangenehm sein würde, wenn durch irgendein Mißverständnis meine Offiziere ohne ihre eigene Schuld auf russisches Gebiet gehen würden, da sie eine wirklich genau festgelegte Grenze nicht kennen. Der Gedanke, der jenseits des Kanals in der Presse jetzt wieder erörtert wird, daß die chinesischen Angelegenheiten durch eine internationale Konferenz entschieden werden müßten, ist hier schroff von mir abgelehnt worden, und zwar aus dem Grund, weil ich bald herausfand, daß es ein maskierter Versuch war, um Dir die Hände im fernen Osten zu binden. Die Beziehungen dorthin aber, denke ich, sind ganz Deine Angelegenheit und nicht die anderer Völker. Die Nachrichten von Heinrich lauten gut, er setzte in Hongkong sein Schiff wieder in Gang, hat gute Freundschaft mit Ssissoy Weliky und Navarin in Colombo geschlossen, und man manöverierte dort einige Tage in voller Harmonie zum großen Erstaunen anderer Leute. Hm! Das amüsiert mich ebensosehr, wie es mir gleichzeitig als russischer Admiral Vergnügen macht. Oberst von Moltke, mein Adjutant und Kommandeur Deiner „Alexandriner“, überbringt diesen Brief und gleichzeitig ein Etui mit zwei kleinkalibrigen Jagdpistolen von ausgezeichneter Durchschlagskraft und großer Schußweite. Ich hoffe, Du wirst sie gut gebrauchen können und damit manchen guten „Kapitalhirsch“ zur Strecke bringen. Nun lebe wohl, mein liebster Niki, herzlichen Gruß an Alix und Waidmanns Heil

Dein immer wohlgesinnter und ergebener Freund
und Vetter

Willy.

Berlin, 30. V. 1898.

Privat und streng vertraulich.

Liebster Niki!

In ganz unerwarteter Plötzlichkeit bin ich vor eine schwere Entscheidung gestellt, die für mein Land von größter Lebenswichtigkeit ist und die so weit reicht, daß ich nicht die letzten Konsequenzen voraussehen kann. Die Traditionen, in welche ich durch meinen geliebten Großvater gesegneten Angedenkens in bezug auf unsere beiden Häuser und Länder erzogen worden bin, sind immer, wie Du weißt, von mir als sein heiliges Vermächtnis angesehen worden, und meine loyale Gesinnung Dir und Deiner Familie gegenüber ist, wie ich mir schmeichle, über jeden Argwohn erhaben. Ich möchte Dir deshalb als meinem Freund und Vertrauten die Angelegenheit vorlegen, wie jemand, der eine freimütige und loyale Antwort auf eine freimütige und loyale Frage erwartet.

Anfang April haben die Angriffe auf mein Land und mich, die bis dahin in Fülle durch das britische Pressevolk auf uns ausgegossen waren, plötzlich aufgehört, und es trat, wie Du erfahren haben wirst, eine plötzliche Ruhepause ein. Dies setzte uns hier in ziemliches Erstaunen, und wir hatten dafür keine Erklärung. Auf Grund einer privaten Nachfrage fand ich heraus, daß Ihre Majestät die Königin von England selbst durch eine ihr befreundete Persönlichkeit ein Wort an die britischen Zeitungen gegeben hatte, daß sie wünsche, daß dieses unedle und falsche Spiel aufhören möge. Das in dem „Land der freien Presse"! Solch ein ungewöhnlicher Schritt führte uns natürlich zu dem Schluß, daß etwas in der Luft lag. Um Ostern herum wurde nun ein berühmtes politisches „Propriomotu" plötzlich meinem Botschafter übergeben und „à brûle pour point" ein Bündnisvertrag mit England angeboten. Graf Hatzfeld, äußerst erstaunt, sagte, er könne sich nicht ganz einen Vers daraus machen, wie so etwas eintreten könnte, nach allem andern, was sich zwischen uns (und England) seit 1895 ereignet hatte. Die Antwort lautete, daß das Angebot in tatsächlich ernster Absicht gemacht und aufrichtig gemeint sei. Mein Gesandter sagte, er würde Bericht erstatten, aber er zweifelte sehr, ob das Parlament jemals ein solches Bündnis ratifizieren würde, da England bis jetzt immer jedem klar gemacht hatte, der es hören wollte, daß es niemals irgendwie ein Bündnis mit einer kontinentalen Macht abschließen würde, wer es auch sei, und zwar deshalb nicht, weil es völlige Bewegungsfreiheit zu haben wünsche. Im Jahre 1897, dem Jubiläumsjahre, wurde gerade der Grundsatz, der besagte, daß England keine Verbündeten braucht, daß es gegebenenfalls gegen die ganze Welt allein kämpfen würde, in Verse gebracht mit dem Refrain: „Wir haben die Schiffe, haben die Menschen, haben dazu Geld!“ Die Antwort darauf war, daß die Aussichten sich völlig geändert hätten (?) und daß dieses Anerbieten die Folge davon sei. Nach Ostern wurde das Ersuchen *dringend* erneuert, aber auf meinen Befehl kühl und dilatorisch, in farbloser Weise beantwortet. Ich dachte, daß die Angelegenheit damit zu Ende sei. Nun wurde indessen wiederum das Ersuchen zum dritten Male in so einer nicht mißzuverstehenden Weise erneuert und dabei ein *ganz kurzer Termin* für meine endgültige Antwort gestellt und von so enormen Anerbieten begleitet, die eine weite und große Zukunft für mein Land eröffneten, daß ich es für meine Pflicht Deutschland gegenüber halte, die Angelegenheit ernstlich zu erwägen, bevor ich antworte. Bevor ich die Antwort gebe, möchte ich Dich als meinen geschätzten Freund und Vetter benachrichtigen, da ich fühle, daß es sozusagen eine Frage auf Leben und Tod ist. Wir beide haben die gleichen Ansichten, wir wünschen Frieden, wir haben ihn bis jetzt erhalten und bewahrt. Die Tendenz dieses Bündnisses geht, wie Du wohl verstehst und wie ich darüber unterrichtet bin, dahin, daß es ein Bündnis mit dem Dreibund und unter Hinzunahme von Japan und Amerika, mit dem bereits Pourparlers eröffnet worden sind, sein soll. Wie die Chancen für uns stehen, wenn wir es abschlagen oder annehmen, kannst Du selbst beurteilen. Jetzt bitte ich Dich als meinen alten und vertrauten Freund, mir zu sagen, was Du mir bieten kannst und willst, wenn ich ausschlage, bevor ich meine endgültige Entscheidung treffe und meine Antwort erteile. In dieser schwierigen Lage muß ich völlig klar sehen können; klar und offen, ohne Hintergedanken müßten Deine Vorschläge sein, so daß ich sie beurteilen und in meinem Herzen und vor Gott erwägen kann, wie ich es müßte, da es sich um das Gut des Friedens für mein Vaterland und die Welt handelt. Du brauchst nichts für Deinen Verbündeten zu fürchten, denn bei irgendeinem Vorschlag, den Du machen solltest, würde er in eine von Dir gewünschte Vereinbarung mit einbezogen werden. Mit diesem Brief, liebster Nikolaus, setze ich meinen ganzen Glauben in Dein Stillschweigen und Deine Diskretion jedwedem gegenüber und schreibe Dir, wie in alten Zeiten mein Großvater Deinem Großvater Nikolaus I. geschrieben haben würde. Möge Gott Dir helfen, die aufrichtige Lösung und Entscheidung zu treffen. Es geht um die nächste Generation! Aber die Zeit drängt, bitte antworte daher bald.

Dein ergebener Freund

Willy.

Wilhelmshöhe, 18. VIII. 1898.

Liebster Niki!

Durch Deine freundliche Erlaubnis ermuntert, den alten lieben Werder nach Moskau als meinen Vertreter zur Zeremonie der Enthüllung des Denkmals Deines teuren Großvaters zu senden, wird mir gleichzeitig die Gelegenheit gegeben, Dir durch ihn diese Zeilen zu senden. Es ist wirklich eine Gefühlssache, die mich antreibt, ihn zu senden, und nicht eine reine Höflichkeitssache. Durch Großpapa habe ich oft von Alexander II. gehört, und als ich die Ehre hatte, ihm vorgestellt zu werden, fühlte ich mich bald im Banne seiner Liebenswürdigkeit, was jedem so erging, der durch seine Anwesenheit geehrt wurde. Seiner Freundlichkeit bin ich verpflichtet, daß ich die Uniform des prächtigen Grenadierregiments trage, dessen Stiftungstag heute ist, was mir ein festes Band der Vereinigung mit Deiner herrlichen Armee bedeutet, die ich bis zu meinem Tode schätzen und lieben werde.

Deine Diplomatie [1] hat kürzlich einen neuen großen Erfolg in China geerntet, zu dem ich Dich um so mehr zu beglückwünschen mir erlaube, als er ohne Abfeuerung eines einzigen Schusses und ohne einen unnötigen Alarm oder Polterei errungen worden ist. Die Wirkung wird einen großen Anreiz für den Handel und die industrielle Entfaltung Deines Landes bedeuten. Heinrich hat mir gerade telegraphiert, wie freundlich ihn Deine Behörden empfangen haben und alles tun, was in ihrer Macht steht, um seine Reise so angenehm wie möglich für ihn zu machen, was mir die erfreuliche Gelegenheit gibt, Dir herzlich zu danken. Ich bin höchst erstaunt über die Menge Unsinns und Aufschneiderei, die jetzt in den Zeitungen Europas über meinen Besuch nach Jerusalem verbreitet wird. Es ist ganz entmutigend, festzustellen, daß das Gefühl wahren Glaubens, das einen Christen beseelt, das Heilige Land zu besuchen, in dem unser Heiland lebte und litt, fast völlig in den sogenannten besseren Kreisen des 19. Jahrhunderts ausgelöscht ist, so daß sie die Pilgerreise gewaltsam mit politischen Motiven erklären.

---

[1] Spielt auf die erwähnten Erfolge Rußlands in Ostasien an.

Was Recht für tausend unserer ärmsten Bauern ist, ist auch mein Recht. Seitdem ich mich mit Dir im Juni brieflich in Verbindung setzte, hat England noch dann und wann Unterhandlungen mit uns eröffnet, aber auch niemals seine Hand ganz unbedeckt gelassen. Es versucht zäh, wie ich es verstehe, eine kontinentale Armee zu finden, die für seine Interessen kämpft. Aber ich bilde mir ein, sie werden nicht leicht eine solche finden, wenigstens aber nicht die m e i n e. Ihr neuester Plan ist der Wunsch, Frankreich von Dir weg auf ihre Seite zu ziehen, und sie haben sich demgemäß plötzlich entschlossen, den Herzog von Connaught zu den französischen Manövern zu senden. Ein hübscher kleiner Plan von Courcelles, der, wie ich glaube, eifrig am Werk zwischen Paris und London ist. Ich habe bereits Deine Leute vor ihm gewarnt. Nun lebe wohl, mein lieber Niki, wie beneide ich Werder darum, daß er Dich sieht und mit Dir spricht. Herzliche Grüße an Alix. — Wollt ihr wieder die früheren Uniformen und Knöpfe einführen? — Glaube an mich als

Deinen stets wohlgesinnten Freund und Vetter

W i l l y.

J a c h t L o r e l e y, S t a m b u l, 20. X. 1898.

L i e b s t e r N i k i!

Während meines Aufenthaltes in Stambul gewährte ich den Gesandten Audienzen. Ich hatte das Vergnügen, die Bekanntschaft Sinowiews[1] zu machen. Ich fand in ihm einen vollendeten Diplomaten, einen Mann mit sehr klarem Kopf, einen energischen Charakter, mit einem Wort, was man einen starken Mann

[1] Russischer Gesandter in Konstantinopel.

nennt. Ich beglückwünsche Dich zu solch einer ausgezeichneten Wahl. Wir hatten eine lange Unterhaltung, selbstredend war seine Ansicht über die Orientfragen für mich von größtem Wert, es bereitete mir Vergnügen, ihm zuzuhören. Da er Dich bald sehen wird, so gibt mir dies eine gute Gelegenheit, Dir diese Zeilen durch ihn zu senden. Die Unterhaltung drehte sich auch um die kretische Frage und um die letzten Ereignisse, die sich dort zugetragen hatten. Die Quelle, aus der die letzten Exzesse entstanden sind, ist ohne Zweifel keine klare, und sicher handelt es sich nicht um sogenannten muselmannischen Fanatismus, von dem gewöhnlich in der europäischen Presse erzählt wird. Ich wage vielmehr die Vermutung, daß Intrigen einer bestimmten sich einmischenden Macht damit etwas zu tun haben. Im Laufe unserer Unterhaltung erzählte mir Sinowiew offen, daß die Situation weit davon entfernt sei, sich wieder zu festigen, und daß die einzige Möglichkeit, um aus diesem Dilemma herauszukommen, die sei, die Türken zu veranlassen, Kreta mit Sack und Pack zu verlassen[1]. Ob dies so sein muß, weiß ich allerdings nicht, aber wie ich Dir in Peterhof gelegentlich auseinandersetzte, muß die kretische Frage so gelöst werden, daß kein allgemeines „Imbroglio“ aus ihr entsteht, das diese Schurken von Kretern nicht wert sind. Ich habe mit vielen alten und hervorragenden Türken gesprochen, die mir alle versicherten, daß

[1] Trotz des Sieges über die Griechen 1897 war die Türkei doch in der Folgezeit genötigt, Kreta die Autonomie zu gewähren. Deutschlands zurückhaltende türkenfreundliche Haltung — es überließ den anderen Großmächten die Schutzherrschaft über Kreta — gewann ihm die dauernden Sympathien des Sultans. Hierdurch und durch die Reise des Kaisers nach Jerusalem bahnten sich die engeren Beziehungen Deutschlands zur Welt des Islam an.

das ganze Volk Kreta zu einer Frage nationaler Ehre macht, daß eine reine und einfache Entfernung der Bevölkerung, wenn ihr von dem Sultan zugestimmt würde, diesen seine Autorität, Krone und vielleicht sogar sein Leben kosten würde, und daß sie alle darüber tief betroffen und bekümmert seien. Ich erlaube mir daher, dies zu Deiner Kenntnis zu bringen und hoffe dabei, daß Du in Deiner Weisheit freundlichst eine Lösung finden mögest, welche die Lage des Sultans gegenüber seinem Heere, und die des Kalifen gegenüber der ganzen mohammedanischen Welt halten kann. Du weißt aus den Berichten Osten-Sackens, was mich veranlaßt hat, „meine Flotte auf den Tisch“ niederzulegen. Weil ich nämlich fühlte und sah, daß eine gewisse Großmacht uns wie alle anderen als Werkzeug benutzt, um ihr dabei behilflich zu sein, Kreta oder Sudabay zu nehmen, und weil ich nicht zu der Partei derer gehören möchte, von denen man erwartet, daß sie mit Brot und Salz und auf den Masten die Fahnen Kretas führend, besagte Macht bitten, daß sie so gnädig die Wohlfahrt ihrer armen Schützlinge, der Kreter, bedenken möchte, „die samt und sonders in der Hölle braten mögen“! Die neuesten Ereignisse haben weiter bewiesen, daß mein Argwohn berechtigt war und daß diese gewisse Macht Unheil im Schilde führt und Gewaltmittel anwenden möchte. Das bedeutet so viel, als daß man die Mohammedaner vertreiben möchte, welche auf Kreta geboren und dort einheimisch sind (gleich wie die christlichen Rebellen, die nur zum Islam bekehrt sind), welche die Landeigentümer darstellen, um, nachdem die ersteren dann alles verloren haben, ihr Land den Christen zu geben, die bis jetzt ihre bezahlten Pächter und Arbeiter waren und gegen ihren

Herrn revoltierten. Das ist die kretische Frage in „Nuce“, und das möchte ich ganz offenherzig Räuberei nennen. Welch einen Eindruck dieser Akt der Räuberei auf die mohammedanische Welt macht, davon hast Du keine Ahnung, aber ich fühle und sehe und höre es. Ein furchtbarer Schlag für das Prestige der Christen im allgemeinen in den Augen der Mohammedaner und die Erneuerung eines Hasses, den Du Dir kaum vorstellen kannst. Die betreffenden Mächte in Kreta haben ein törichtes und äußerst gefährliches Spiel gespielt, und dies treibt mich an, Deine freundliche Aufmerksamkeit auf diese Angelegenheit zu lenken. Erinnere Dich, was Du und ich in Peterhof vereinbart haben, nämlich niemals zu vergessen, daß die Mohammedaner eine wichtige Karte in unserem Spiel sind für den Fall, daß Du oder ich plötzlich vor einen Krieg mit der besagten, sich hier einmischenden Macht gestellt seien. Du als der Herr von Millionen von Mohammedanern mußt der rechte Richter für diese Angelegenheit sein. Wenn Du ruhig der Führung der anderen Macht in Kreta, wie es bisher geschehen ist, weiter folgst, so wird der Ausgang für Deine eigenen mohammedanischen Untertanen und für die Türkei ein beklagenswerter sein, und Du wirst ein sehr wertvolles Atout Deines ganzen Spieles verlieren. Darum flehe ich Dich an, widme dieser Angelegenheit noch einmal Deine ernste Aufmerksamkeit und finde möglichst Mittel und Wege, wodurch Du den Sultan aus seiner gefährlichen und kompromittierenden Situation gegenüber seinen Untertanen retten kannst, und löse die kretische Frage in einer für ihn annehmbaren Form. Vergiß nicht, daß sein Heer tapfer und siegreich in Larissa und Domokus für Kreta gekämpft und die

Provinz wieder erobert hat. Es würde niemals eine andere Macht die Austreibung ihrer bewaffneten Brüder und ihrer Herren aus einer wiedereroberten Provinz vergessen und vergeben. Welch glänzende Gelegenheit für Dich, hier einzuschreiten und den Sultan aus Ungnade zu retten, die Welt vom blutigen Krieg zu behüten und dabei die Dankbarkeit aller Mohammedaner zu gewinnen. Andernfalls wird die Revolution kommen und das Blut des Sultans eines Tages vor Deiner Tür fließen. Bitte, verzeih mir, daß ich mit solchen Dingen in Deine Zeit und Ruhe eingreife, aber die Situation ist zu ernsthaft, die Interessen, die auf dem Spiele stehen, so mannigfach, und ich möchte nicht wünschen, daß Rußland seine glänzende Position, die es bisher noch behauptet hat, verlöre. Alle Augen richten sich hoffnungsvoll auf den großen Kaiser des Ostens, wird er die erhoffte Lösung bringen? Meine vielleicht zu rauhe Offenheit mag Dir zeigen, wie groß und stark meine Liebe für Dich ist. Grüße bitte Alix.

Dein wohlgesinnter Vetter und Freund

Willy.

Damaskus, 9. II. 1898.

Mein liebster Niki!

Durch das freundliche Telegramm, das Du mir nach Jerusalem sandtest, zeigst Du mir, daß Du unsere Reise mit Interesse verfolgst. Dies ermutigt mich, Dir einige Zeilen jetzt gegen das Ende unserer Reise mit einigen meiner Eindrücke zu senden. Sie sind so mannigfach, daß es ziemlich schwer ist, sie festzuhalten.

An erster Stelle hat natürlich Jerusalem unsere Aufmerksamkeit beschäftigt, da so zahlreiche Stellen voll von Erinnerungen an unseren Heiland sind. Der Gedanke, daß seine Augen auf demselben Hügel ruhten, daß sein Fuß denselben Boden betrat, bewegt einem tief das Herz und läßt es schneller und stürmischer schlagen. Aber ich muß offen bekennen, daß nicht alles, was man zum christlichen Glauben gehörend sieht, tatsächlich zur Förderung des Gefühles dient. Die mannigfachen und verschiedenen Konfessionen und Sekten unseres gemeinsamen christlichen Glaubens beschäftigen sich zu sehr mit der Art von Kirchenbauten, Errichtung von Klöstern und Kapellen auf sogenannten überlieferten heiligen Stellen. Dies hat zu einer Art von Wettkampf oder Wettlaufen um die höchsten Türme oder größten Kirchen geführt, die im ganzen nicht zu den Stätten passen, an denen sie errichtet sind. Tatsächlich könnte man es eine Ausstellung von Kirchenmodellen nennen. Dies hat auf die Geistlichkeit der verschiedenen Kirchen gewirkt, die sich an Intrigen und politischen Anschlägen vergnügen, die nur Haß an Stelle von Liebe nähren müssen und zu offenen Kämpfen und Schlachten in den Kirchen führen, an Stelle der Psalmen und freundlichen Reden. Aber was noch schlimmer ist, man hat einen Gottesdienst von Steinen und Holz geschaffen, der am Ende der zehn Gebote verboten ist, anstatt die Gottheit selbst zu ehren. Ein Franzose sagte zu mir sehr bezeichnend, „das ist die Anbetung des Steines an sogenannten heiligen Stätten, deren Heiligkeit nicht garantiert werden kann, wogegen die Gottheit hier nichts gilt". Sehr wahr, aber sehr niederdrückend für unseren christlichen Glauben. Ganz natürlich, verzeih mir dies Wort, hat die Anbetung des Fetischs eine tiefe Verachtung der Christen bei den Mohammedanern hervorgerufen.

Mein persönliches Gefühl beim Verlassen der heiligen Stadt war, daß ich tief beschämt vor den Mohammedanern war und daß, wenn ich hierher ohne Religion gekommen wäre, ich sicher als Mohammedaner zurückgekommen sein würde. Das, was man in Jerusalem unter Religion versteht, wird niemals zur Bekehrung eines einzigen Mohammedaners oder zum Pflanzen eines einzigen Baumes oder zum Graben eines einzigen Brunnens führen. Ich bin entsetzt darüber, daß Religion in Jerusalem so offen von der Geistlichkeit dazu gebraucht wird, um einen politischen Plan oder Anschlag zu decken, und das ist sehr schlimm und fügt dem Christentum sehr großen Schaden zu, da die Mohammedaner seit langem dies durchschaut haben und uns demgemäß behandeln. Ich kehre mit dem Gefühl einer großen Enttäuschung heim und mit der festen Überzeugung, daß unseres Heilands Grab ganz sicher n i c h t u n t e r j e n e r heiligen Grabeskirche liegt, die in ihrem Aussehen und Schmuck sich nur schlecht mit der Moschee Omars in ihrer einfachen und Ehrfurcht erweckenden Größe vergleichen läßt. Ach! — Die interessanteste und schönste Stadt vom orientalischen Gesichtspunkte aus ist zweifellos Damaskus. Beirut mit seinen lieblichen Villen, Gärten und freundlichen Lichtungen erinnert einen mehr an eine Stadt im südlichen Italien oder auf Sizilien. Das heilige Land wirkt einfach schrecklich in seiner grenzenlosen Trockenheit und Dürre und seinem äußersten Mangel an Wald und Wasser. Aber hier ändert sich alles wie mit einem Zauberschlag. Der große Fluß Baradar bringt Leben und Kühlung und nährt eine herrliche Vegetation. Die Stadt liegt inmitten großer Gärten und schattiger Parks, die durch kleine Flüßchen bewässert werden, die ihr, wenn man von weitem kommt, das Aussehen einer großen Fasanerie im Umkreis von zwei Quadratmeilen geben. Die lieblichen ruhigen Hofräume mit ihrem arabischen Mauerwerk, ihren schattigen Winkeln und murmelnden Quellen mit frischem Wasser in den Marmorbassins sind einzigartig, gleichwie im Märchen. Du würdest ganz entzückt sein, wenn Du hier wärest, da Du doch auch so viel vom Orient kennst. Unsere Aufnahme ist hier einfach erstaunlich, und niemals ist ein christlicher (Giaur) Monarch so gefeiert und mit so ungebändigtem Enthusiasmus aufgenommen worden. Dies darum, weil ich ein Freund ihres Sultans und Kalifen bin, und weil ich immer eine offene und loyale Politik gegen ihn eingeschlagen habe, dieselbe, die ich so oft vor Dir verteidigt habe. Der Haß gegen die Engländer ist so stark und wird immer heftiger, kein Wunder, während gleichzeitig zusehends die offene Verachtung Frankreichs wächst, das allen Respekt, den es einstmals besaß, verloren hat. Das ist die unvermeidliche Folge des schrecklichen Sumpfes, in dem die Franzosen in ihren eigenen inneren Angelegenheiten herumtappen, wobei sie das Recht mit Schmutz bewerfen und ganz Europa mit Gestank erfüllen, wobei sie zeigen, wie tief die Korruption, Lüge und Schmach schon in der Nation und vor allem in der Armee Boden gewonnen hat. Die Leute hier sehen die Franzosen als eine sterbende Nation an, besonders seit ihrem letzten und schmachvollen Rückzug aus Faschoda. Was in aller Welt hat sich nach einer so schönen und mutig arrangierten Expedition des armen, tapferen Marschand[1]

[1] Anspielung auf die Faschoda-Expedition. Ultimatum Englands an Frankreich, das in Westafrika und im Sudan nachgeben mußte.

ihrer bemächtigt? Sie waren in einer erstklassigen Position und in der Lage, uns allen anderen in Afrika zu helfen, wo wir so sehr starker Hilfe bedurften. Die Nachricht traf hier wie ein Donnerschlag die Völker des Orients, niemand wollte sie glauben. Wenn es wirklich wahr ist, was die Presse sagt, daß Graf Murawieff[1] Frankreich geraten hat, einen so törichten Schritt zu tun, so war er einseitig und äußerst schlecht unterrichtet, da er — Deinem Freunde und Alliierten einen tödlichen Schlag versetzte und sie hier um ihr altes Prestige gebracht hat, das sie niemals wieder erringen werden. Die Mohammedaner nennen es Frankreichs zweites Sedan, und der arme französische Konsul, den ich sprach, war in Tränen und sagte, daß alles um ihn zu Staub versinke. Frankreich wird niemals diesen Freundschaftsdienst vergessen, noch wird es jemals dafür dankbar sein. Dies, mein lieber Niki, sind meine interessantesten Beobachtungen, welche ich offen und ohne Hintergedanken Dir erzähle, da ich alles mit meinen eigenen Augen gesehen und mit meinen eigenen Ohren gehört habe. Ich fand meine Vermutungen und Kombinationen völlig bestätigt. Die Türkei ist sehr lebendig und nicht ein sterbender Mann. Hüte Dich vor den Mohammedanern, wenn Du an ihre nationale Ehre oder an ihren Kalifen rührst. Herzliche Grüße an Alix

Dein immer wohlgesinnter Vetter und Freund

Willy.

Berlin, 6. V. 1900.

Liebster Niki!

In Eile möchte ich Dir diese wenigen Zeilen senden,

[1] Russischer Minister des Auswärtigen.

um Dir aus meinem tiefsten Herzen für Deinen freundlichen, lieben Brief zu danken, den Du mir so liebenswürdigerweise durch Costia[1] sandtest. Ich erinnere mich wirklich so aller Ereignisse bei Deiner Mündigkeitserklärung und aller Zeremonien, die sie begleiteten. Wie tapfer sprachst Du Deinen Eid und wie tief wurde Dein Vater gerührt, als er Dich nachher umarmte. Wie ist die Zeit vergangen. Jetzt bist Du noch dazu Herrscher eines großen Reiches und hast Kinder, und auch ich habe einen erwachsenen Sohn. Was für ein feiner und lieber Gedanke war es von Dir, Costia und den lieben alten Richter[2] wie die übrigen Herren Deines Gefolges zu senden, um der Mündigkeitserklärung meines Sohnes beizuwohnen. Ich bin dankbar und stolz darüber, daß Du ein so freundliches Interesse an den Begebenheiten unseres Hauses nimmst, was mir wiederum einen Beweis der festen Bande Deiner Freundschaft gibt, die wir von unsern Vätern ererbt haben und deren Bestand mit Gottes Willen und Hilfe niemals aufhören möge. Die Zeremonie der Eidesleistung auf die alten Fahnen des ersten Garderegiments war sehr eindrucksvoll und rührend. Der Knabe verhielt sich sehr natürlich und sehr tapfer vor der großen Versammlung der Fürstlichkeiten usw. Mit tausend Dank und den herzlichsten Grüßen an Alix und dem Wunsch für einen gesunden Sommer, verbleibe ich

Dein stets wohlgesinnter und ergebener Freund

Willy.

P. S.: Unsere großen diesjährigen Manöver zwischen dem Gardekorps und dem zweiten Armeekorps werden

---

[1] Großfürst Konstantin Konstantinowitsch.

[2] Generaladjutant des Zaren.

bei Stettin abgehalten. Falls Du etwas davon sehen möchtest, könntest Du mit Deiner Jacht nach Swinemünde kommen, und von hier könnte ich Dich sofort flußaufwärts bis zur Stadt bringen. W.

Kiel, 13. VI. 1901.

Liebster Niki!

Meinen herzlichsten und wärmsten Dank für Deine freundliche Nachricht durch Paulis[1]. Alles soll, wie Du wünschest, arrangiert werden. Die Flotte soll nach dem Winde dort vor Anker gehen, wo die Landung den besten Schutz gewährt. Bojen mit russischen Fahnen sollen für Deine Schiffe ausgelegt werden. Avisos und Torpedoboote werden Dich erwarten und Dich an Deinen Landungsplatz führen. Ich werde keinen Diplomaten mitbringen, selbst nicht den Kanzler, nur wenn Du ihn sehen willst. Waldersee wird sich hier selbst melden. Unser lieber alter Schuwaloff ist in Berlin und die ganze Garnison pilgert zu ihm, in den Straßen macht jeder Soldat „Front" und beim Vorbeiziehen vor seinem Fenster spielen die Musikbanden Deine Nationalhymne. Mit großem Vergnügen hoffe ich Dich zu sehen. Waidmanns Heil für Alix.

Willy.

Swinemünde, 8. VII. 1901.

Liebster Niki!

Ich sende Dir diese Zeilen durch meinen Sohn Adalbert, den ich freundlich Deiner Gnade empfehle. Es ist das erste fremde Land, das er besucht, und da er erst

[1] Großfürst Paul Alexandrowitsch, Onkel Nicolaus' II. (Bruder Alexanders III.).

Seekadett ist, bitte ich Dich, ihn nicht allzu offiziell zu behandeln. Er ist jung und standhaft und ich vertraue darauf, daß Du freundlich darauf achten wirst, daß er nicht in schlechte oder leichte Gesellschaft kommt. Mit herzlichen Wünschen an Alix und ihre Umstände bleibe ich mit großem Vergnügen, unserer Zusammenkunft auf See entgegensehend,

Dein immer wohlgesinnter Freund und Vetter

Willy.

Wilhelmshöhe, 22. VIII. 1901.

Liebster Niki!

Dein lieber Brief vom 17. hat mich heute erreicht und ich beeile mich, Dir für Deine freundliche Gesinnung, die daraus blickt, zu danken. Ich danke Dir und bin sehr erfreut, aus Deinem Brief zu ersehen, daß ich tatsächlich das große Vergnügen haben werde, Dich bei Danzig [1] zu treffen. Um so mehr, als es an der Spitze meiner Flotte geschehen wird, die stolz darauf sein wird, ihren Admiral zu begrüßen, und die hoffentlich seine Zufriedenheit erringen wird, wenn er sie besichtigt. Denn die Offiziere und Mannschaften meiner Flotte wissen wohl, daß Du bei Deinem Interesse und bei Deiner Kenntnis in Marinedingen auf Deine Stellung als Admiral mit wirklichem Ernst blicken wirst, und daß Du sie mit den Augen eines Sachverständigen besichtigst. Daher wird sie sich jeder Anstrengung unterziehen, um zu zeigen, was sie kann. Ich bitte Dich jedoch, nur nicht zu vergessen, was Du auch durch unsere Veröffentlichungen weißt, daß sich meine Flotte gerade im Zustand der Vergrößerung und Umbildung

[1] Die Zusammenkunft fand am 11. September 1901 statt.

befindet. Dies ist natürlich die Kehrseite ihrer äußeren Erscheinung. Altes und neues Material und verschiedene Schiffstypen werden miteinander gruppiert, wobei die allgemeine Erscheinung der Flotte einen beklagenswerten Mangel an Harmonie und Einheitlichkeit zeigt.

Du hast freundlich den Besuch Adalberts genehmigt, den Du durch Deine große Gastfreundschaft sehr verzogen hast. Dein Lob macht Papa und Mama sehr stolz, ich hoffe, er wird sich dessen immer wert erweisen. — Dein Beileid in meinem Schmerz, anläßlich des Todes meiner lieben Mutter [1], hat mich tief gerührt. Du kannst ja aus Deiner eigenen traurigen Erfahrung ermessen, als Dein armer Vater starb, was es bedeutet, einen von den Eltern zu verlieren, der nach Menschenermessen noch lange Jahre hätte leben können. Aber in diesem Falle war das Leiden so schrecklich, daß man das Ende nur als eine Erlösung ansehen konnte, als Gott sie zu sich rief, und ihre letzten Stunden waren, wofür ich ihm dankbar bin, sozusagen ganz friedlich und schmerzlos. Dank der großen Geschwindigkeit meiner Jacht und ihrer Geleiter, die mich in 28 Stunden von Bergen nach Kiel brachten, konnte ich Cronberg noch zur rechten Zeit erreichen, um sie noch ganz bei Bewußtsein anzutreffen.

Ich habe Deine freundliche Einladung, ihm zu begegnen, dem Kanzler mitgeteilt, der tiefgerührt und sehr geehrt ist, daß Du ihm solches Vertrauen schenkst. Er war völlig unvorbereitet. Ich selbst bin sehr glücklich darüber, weil er ein guter Kenner russischer Dinge und Traditionen ist, und ein dankbares Andenken und eine tiefe Ergebenheit an Eure Familie von seinem Aufenthalt in Petersburg her zurückbehalten hat. Was

[1] Kaiserin Friedrich.

Graf Lambsdorff angeht, so werde ich ihn gern empfangen, wenn er an Bord Deiner Jacht sein sollte. Sollte das nicht der Fall sein, da wir nicht bei jeder Gelegenheit an Land gehen, so beunruhige nicht den armen Minister, eine so lange Reise nach Danzig zu machen. Die Hitze, die wir in Norwegen ausstanden, war furchtbar, bis zu 33 Grad R. im Schatten, ganz wie in Syrien. Mein Gefolge von einigen 20 Mann hat an einem Tage 167 Flaschen Apollinaris ausgetrunken. Möge das Wetter günstig sein und ohne obige Folgen, wenn Du kommst. Die Einzelheiten des Programms wirst Du durch Paulis erhalten. Herzlichen Dank für die Chinamedaille, die ich soeben empfangen habe, die mich erfreut und mir Vergnügen bereitet. Herzliche Grüße an Alix

Dein ergebener und wohlgesinnter Freund

Willy.

Neues Palais, 17. XII. 1901.

Liebster Niki!

Der Besuch Deines lieben Bruders Michael geht seinem Ende zu, und mit großem Bedauern sehen wir ihn abfahren. Er ist ein reizender und einnehmender junger Mann, der jeden hier gefesselt hat, selbst meine Tochter. Er schießt sehr gut und hat sich all der kleinen Arbeiten eines offiziellen Diners mit Repräsentation und Cercle tapfer unterzogen, obgleich er ausdrücklich hervorhob, daß er kein Wortdrechsler sei. Alle Leute, die mit ihm zusammenkamen, fesselte er durch seine offenmännliche Haltung und freie Ausdrucksweise. Er war ein Erfolg! — Ich danke Dir herzlich für Deine freundlichen Worte für Danzig, die mich ungewöhnlich stolz machen. Ich hoffe, daß bei meinem Besuch im nächsten Sommer ich Dir ein homogeneres Geschwader und einen der neuen geschützten Kreuzer zeigen kann. Ich sehe unserem Zusammensein mit Vergnügen entgegen. Oberst Kesnakow ist hier unter den Offizieren meiner Dragoner und scheint ein sehr netter Offizier zu sein. Ich bin sehr erfreut, sie alle hier zu haben. Nimm bitte als Andenken an meine liebe Mutter diese Nadel von mir und ein Medaillon für Alix. Micha wird es Euch überbringen. Mit aufrichtigem Wunsch für ein glückliches neues Jahr und fröhliche Weihnacht, bleibe ich

Dein Dich liebender Vetter und Freund

Willy.

Neues Palais, 3. I. 1902.

Liebster Niki!

Diese Zeilen sollen Dir fröhliche Weihnacht und ein glückliches neues Jahr wünschen. Möge Gott Dich und Dein liebes Weib und Deine Kinder segnen und schützen und Euch alle insgesamt an Leib und Seele gesund erhalten. Möge Deine Arbeit für den Frieden der Welt und die Pläne, die Du für die Wohlfahrt Deines Landes reifen läßt, erfolgreich sein.

Ich sende Dir als Weihnachtsgeschenk einen Offiziersdolch, der dem Modell entspricht, das ich kürzlich in meine Marine durch Order vom „Wariag“ eingeführt habe. Ich bitte Dich, ihn als ein Andenken an den freundlichen Besuch, den Du mir in Danzig abstattetest und an die glücklichen Stunden, die wir dort miteinander verbrachten, anzunehmen. Dies neue Seitengewehr ist so populär unter unseren Offizieren, daß ich glaube, daß sie damit zu Bett gehen möchten.

Meine Flotte, Heinrich und ich erwarten schon den Tag, wo wir Deinen Besuch in diesem Jahre erwidern können, und ich würde sehr froh sein, zu wissen, wann und wo Du uns erwarten wirst.

Da Du ein so großes Interesse für unsere Marine bekundest, wird es Dich interessieren, zu hören, daß der neue bewaffnete Kreuzer „Prinz Heinrich" schon nahe seiner Vollendung ist und bereits seine Maschinen mit sehr zufriedenstellendem Resultat erprobt hat. Er wird nach Abschluß der Probezeit voraussichtlich Ausgang Winter in die Flotte eingereiht. Das neue Linienschiff „Karl der Große", das fünfte der Kaiserklasse, wird hoffentlich bald zu Versuchsfahrten auf See Ende nächster Woche fertiggestellt sein, und Heinrich hofft, es in einem Monat in die Flotte aufzunehmen.

Die Wittelsbachklasse ist in aller Eile weiter vorwärts gediehen, und man hofft, daß sie nach den Manövern unter Heinrichs Flagge gestellt werden kann. Dies bedeutet einen Zuwachs von fünf Linienschiffen, was ihn in den Stand setzt, über eine ganz homogene Flotte von „Friedensstiftern" zu verfügen, was zweifellos ein angenehmes Gefühl schafft und auch nützlich ist, Dich darin zu unterstützen, der Welt den Frieden zu erhalten. Die fünf neuen Linienschiffe sind schon in Bau gegeben, und ihr Bau hat begonnen; sie stellen die erste Division des zweiten Geschwaders dar. Ich ersehe aus den Zeitungen, daß der historische „Wariag" in „Koweit" [1] angekommen ist. Es ist ein sehr weiser Gedanke, daß Deine Flotte auch dort erschien, denn es ist nicht unmöglich, daß eine andere Macht das erfolgreiche Experiment, das sie auf der Insel Kreta

[1] Die Mündung des Schatt-el-Arab beherrschender Hafenplatz im Persischen Golf.

unternahm, die Flagge des Sultans herabzuholen, Matrosen und Kanonen zu landen und ihre Flagge oder eine andere unter einem Vorwand zu hissen und dann zu sagen: „J'y suis, j'y reste“, auch hier wiederholen wird. In vorliegendem Falle würde dies die oberste Regelung aller Handelsstraßen Persiens[1], die zum Golf führen, durch Persien selbst bedeuten und die Dir mittels jenes „Tata“ vorgeschlagene Regelung des russischen Handels, die mit dem Abschluß eines Zollvereins mit Persien durch Dich sehr glücklich eingeleitet worden ist. Das Auftreten der ausländischen Macht in Koweit hebt in starkem Kontrast den außerordentlichen Vorteil einer überragenden Flotte hervor, welche die Angriffe zur See auf Plätze beherrscht, die keinerlei Verbindung über Land haben, und an die wir anderen nicht heran können, weil unsere Flotten zu schwach sind, und ohne sie unser Handelsverkehr der Gnade des Feindes ausgeliefert ist. Dies zeigt noch mehr, wie äußerst nötig die Bagdadbahn[2] ist, welche nach meiner Absicht deutsches Kapital bauen soll. Wenn unser ausgezeichneter Sultan nicht jahrelang mit dieser Frage die Zeit vertrödelt hätte, so wäre der Bahnbau schon vor Jahren begonnen worden und hätte Dir die Gelegenheit gegeben, einige Regimenter schnurstracks aus Odessa nach Koweit zu senden und der anderen Macht den Stuhl vor die Tür zu setzen, weil dann die russischen Truppen das Kommando der inneren Linie an der Küste hätten, gegen welche selbst

[1] Rußland hat etwa seit der Jahrhundertwende den englischen Einfluß in Persien immer mehr zu seinen Gunsten verringert. Es gewährte sogar Persien eine Anleihe unter der Bedingung, daß eine frühere englische Anleihe zurückgezahlt werde.

[2] Die Konzession, die bereits 1899 erteilt wurde, war die Frucht der Jerusalemreise in jenem Jahre.

die größte Flotte aus vielen Gründen machtlos ist. Der Hauptpunkt in Anlehnung an den Kommandanten von Kronstadt, der Peter dem Großen auf die Frage, warum er ihn nicht begrüßte, antwortete: „erstens weil die Schiffe nicht auf dem Lande marschieren können"; Du weißt, das genügt. Die eigentliche Antwort des wackeren Admirals, „zuerst weil ich kein Pulver mehr habe", wurde einen Tag vor Weihnachten Heinrich vom Kapitän des Askold erteilt. Mein Geschwader hatte den Befehl erhalten, Deinen Geburtstag durch eine reiche Entfaltung des Flaggenschmuckes und königlichen Salut zu feiern. Als aber Heinrich den Kapitän von Reizenstein fragte, zu welcher Stunde die Zeremonie stattfinden sollte, erklärte dieser, er würde nichts Derartiges tun, und selbst als Sergius ihn aufgefordert hatte, weigerte er sich unbedingt, seine Flagge zu hissen und seinen Kaiser zu grüßen, trotzdem das Schiff den Auftrag hatte und die ganze Mannschaft an Bord war. Mein Geschwader war sehr enttäuscht und wie ich sagen muß, von dem Betragen dieses Mannes sehr abgestoßen! — Ich sende Dir außer dem Dolch noch ein sehr interessantes Buch über den südafrikanischen Krieg, das von einem Engländer geschrieben ist, der ganz und gar den Weg, der eingeschlagen wurde, und den Zweck, zu dem dieser Krieg begonnen wurde, verurteilt. Es ist sehr klar in dieser Hinsicht und zeigt, daß der Autor seine Unparteilichkeit bis zu dem letzten Augenblick beibehalten hat, eine sehr dankenswerte Ausnahme für die Regel, die jetzt in England herrscht. Die Parallele, die er zwischen diesem Kriege und dem Kriege gegen die amerikanischen Kolonien vom Jahre 1775—1783 zieht, ist äußerst überraschend und schlagend. Der Überbringer meiner Gabe, mein Adjutant, war Kommandant der „Hertha“ während der Chinaaffäre[1] und rettete die Expedition Seymours und brachte sie sicher nach Tientsin zurück. Er war tatsächlich der Admiralstabschef, und ihm wurde der jetzt historische Befehl gegeben, auf den meine Blaujacken so stolz sind: „Germans to the Front“, als die britischen Matrosen sich weigerten, auch nur noch einen Zoll vorwärts zu gehen. Er war nicht in Danzig anwesend, da er sich sein Bein durch einen Sturz vom Pferde verletzt hatte, sonst hättest Du aus seinem eigenen Munde den Bericht hören können, aus welchen Leuten sich die wenig glänzende Expedition zusammensetzte. Nun, mein liebster Niki, lebe wohl, grüße Alix, Micha und Deine Mutter von

Deinem stets wohlgesinnten und ergebenen Freund und Vetter

Willy.

Berlin, 30. I. 1902.

Liebster Niki!

Laß mich Dir noch einmal schriftlich danken für den glücklichen Gedanken, Deinen Lieblingsadjutanten Obolensky mit den Geschenken zu meinem Geburtstag hierher zu entsenden. Der Mantel ist sehr praktisch und wird in jedem Wind und Wetter gute Dienste leisten, notabene bei dem Gang zum Stapellauf und beim Gang vom „Standard“ nach der „Hohenzollern“ in Reval. Dann sind die Vasen ganz reizend, die eine blaue mit der Patina ist ein Prachtstück und eine schöne Zierde in meinem Salon. Obolensky begleitete mich

[1] Boxeraufstand 1900.

bei all den verschiedenen Funktionen anläßlich meines Geburtstages und wird Dir erzählen, was so ein armer überarbeiteter Landesvater alles zu tun hat, ehe er sich für einen Augenblick ruhig zu einem Bissen oder einer Zigarre setzen kann. Dennoch waren wir sehr lustig, da alle meine Geschwister hier waren und Heinrich [1] die Familie munter antreffen konnte, mit der Aussicht, den Amerikanern und ihren schönen Damen eine Stippvisite abzustatten, die zu unserem größten Vergnügen große Zahnschmerzen an der jenseitigen Küste des Kanals hervorruft.

Aber ich möchte Deine kostbare Zeit nicht länger in Anspruch nehmen. Obolensky überbringt Dir die Tafeln der russischen, amerikanischen und japanischen Marine, die nach den neuesten Berichten aufgestellt sind, ferner Photographien aus Danzig, worauf ich immer mit Dank und Vergnügen zurückblicke.

Dein immer wohlgesinnter Vetter und Freund

Willy.

Herzliche Grüße an Alix.

Generalkommando Posen,
2. IX. 1902.

Mein liebster Niki!

Seit meiner Rückkehr aus Reval war ich sehr in Anspruch genommen, wie Du aus den Zeitungen ersehen haben magst. Jetzt, wo mich mein erlauchter Gast, der König, nach einem erfolgreichen Besuch verlassen hat, spare ich mir in den Unruhen der Manöver einige Minuten ab, die ich einem Brief an Dich

[1] Es handelt sich um den Besuch des Prinzen Heinrich in den Vereinigten Staaten.

widmen möchte. Ich brauche es nicht zu sagen, die Erinnerung von Reval steht noch lebhaft vor meinen Augen, mit all der Liebenswürdigkeit und Freundlichkeit, die Du mir damals bewiesest, mit dem prachtvollen militärischen Schauspiel, der Tüchtigkeit Deiner Flotte bei ihren Geschützübungen und ihren Evolutionen und nicht zuletzt die vielen Stunden liebenswürdiger ungestörter Kameradschaft mit der freundlichen Unterhaltung, die ich mit Dir pflegen konnte. Alles das lebt noch weiter in meinen Gedanken und begleitet mich auf meinen Wegen, und ich fühle, es wäre ein entschiedener Mangel an Takt und Erziehung, wenn ich Dir nicht noch einmal in diesem Brief von ganzem Herzen danken würde. Die ganze Reise war für mich ein dauernder Hochgenuß, aber sie war mehr. Die Marineartillerieschule, die mir auf Deinen Befehl gezeigt wurde, ist der wichtigste Teil in der Entwicklung der Flotte und ihrer Vorbereitung fürs „Geschäft". Durch diese Erlaubnis hast Du mir einen besonderen Grad Deines Vertrauens bewiesen, eine Revanche für das, was ich Dir in Danzig zeigte, etwas, was den Besucher mit vollstem Vertrauen erfüllt, das nur zwischen Männern denkbar ist, welche dieselben Ideen und Prinzipien vertreten, und was zwischen zwei Monarchen vereinte Arbeit in der gemeinsamen Angelegenheit, den Frieden ihren Ländern zu erhalten, bedeutet. Dieses Vertrauen und dieser Glauben, den Du in mich gesetzt hast, bedeutet, wie ich Dir wohl versichern kann, daß ich mich nicht ins Unrecht setzen werde, denn ich werde mich voll revanchieren. Dies möge Dir die Tatsache beweisen, daß die geheimen Pläne meiner neuesten Schiffe, die sonst für den Fremden nicht bestimmt sind, Dir eingehändigt und der

Diskretion Deiner Marinebehörden anvertraut werden. Hierzu bemerke ich, daß wir beide das gleiche Interesse an der Entwicklung unserer Flotten haben, daß die Liebe zur See uns angeboren ist. Es wird genügen, zu zeigen, daß wir auf unsere beiden Marinen wie auf eine große Organisation blicken müssen, die dem einen großen Kontinent gehört, dessen Interesse es sein muß, an seinen Küsten und auf dem ausgedehnten weiten Meere Wache zu halten. Dies bedeutet tatsächlich den Frieden der Welt.

Denn als Lenker zweier leitender Mächte der beiden großen Kontinentalverbände vermögen wir unsere Ansichten über eine allgemeine Frage, die ihre Interessen berührt, auszutauschen, und sobald wir übereingekommen sind, wie wir diese Frage behandeln wollen, können wir auch unsere Alliierten dazu bringen, dieselbe Anschauung anzunehmen, so daß die beiden Allianzen, d. h. die fünf Mächte, wenn sie entschlossen sind, den Frieden zu erhalten, die Welt friedlich bleiben und die Segnungen des Friedens genießen lassen werden. Es ist eine lebhafte Erklärung der Tatsache, daß die beiden Allianzen das Gleichgewicht von Europa und der Welt aufrechterhalten, wenn sie durch die jährlichen Zusammenkünfte ihrer beiden Leiter, die ihre Ansichten austauschen, in enger Verbindung miteinander stehen.

Dies ist um so notwendiger, als gewisse Anzeichen im Osten darauf hinzudeuten scheinen, daß Japan[1] wieder ein unruhiger Kunde wird, und daß die Situation aller Kühle und Entschiedenheit der Friedensmächte benötigt. Die Nachricht von der Ernennung des japa-

[1] Japan hatte Ende Januar 1902 mit England seinen ersten Bündnisvertrag geschlossen.

nischen Generals Yamai, des früheren Führers der japanischen Truppen in China, zur Gesandtschaft in Peking, um dort die Reorganisation des chinesischen Heeres in Angriff zu nehmen, mit dem uneingestandenen Zweck, alle Fremden aus China zu vertreiben, ist eine sehr ernste Tatsache. 20—30 Millionen waffengeübter Chinesen, die durch ein halbes Dutzend japanischer Divisionen unterstützt und von unerschrockenen, die Christen hassenden japanischen Offizieren geführt werden, das ist ein Zukunftsbild, das man nicht ohne Besorgnis betrachten sollte und das keineswegs unmöglich ist. Das ist wirklich die zur Realität gewordene „gelbe Gefahr", die ich vor einigen Jahren zeichnete, wegen welches Bildes ich von dem größten Teil der Menschen ausgelacht worden bin.

Da es Dich interessiert, wie die Verteilung der Seestreitkräfte sich, im Falle Komplikationen im Osten eintreten sollten, gestaltet, habe ich eine rohe und ungefähre Schätzung aufgestellt, welche die Form einer Tabelle angenommen hat, die ich Dir unterbreite. Die Zahlen sind nicht genau, da der Schiffsstand ständig wechselt, aber sie können so als ein allgemeiner Leitfaden dienen. Die vor der Vollendung stehenden Schiffe sind mitgezählt, einige der ältesten und einige kleinere sind beiseite gelassen.

Die Manöver sind sehr gut ausgefallen, und das fünfte Korps hielt sich so gut, wie Du es bei Görlitz gesehen hast. Jeder war erfreut, Deine Offiziere und den Gouverneur General Tschertkoff zu begrüßen. Ich danke Dir sehr dafür, daß Du ihr Kommen gestattetest, und ich bin ganz entzückt über die Haltung des prächtigen alten Soldaten, der sich genau so gab, wie Du ihn beschrieben hast. Ich habe ihm den Schwarzen

Adler verliehen, um zu zeigen, wie ich seinen Besuch schätzte. Er, wie alle Deine übrigen Offiziere, die einen ausgezeichneten Eindruck auf mich machten, waren sehr bekümmert und natürlich auch wir alle, einschließlich meiner Frau, über den Unfall, den Alix erlitten hat. Gott gebe ihr bald wieder die Genesung; möge es ohne üble Folgen bleiben. Mit herzlichem Gruß von Viktoria und meinerseits an Euch beide verbleibe ich

Dein wohlgesinnter Freund und Vetter

Willy.

Admiral des Atlantischen Ozeans.

Berlin, 14. I. 1903.

Mein liebster Niki!

Diese Zeilen werden Dir von meinem Jungen überbracht werden. Meine Schwester nennt ihn stets Billy Nummer zwei oder den kleinen Billy, um ihn von seinem Vater zu unterscheiden. Ich empfehle ihn Deinem freundlichen Schutz und hoffe, daß Du mit seinem Betragen zufrieden sein wirst. Er ist noch sehr jung und beginnt sich erst selbst zu formen, so daß, falls er irgendwelche Böcke schießen sollte, Du sie freundlich übersehen mögest. Außer diesem Schreiben bringt er Dir eine Anzahl von Geschenken, die ich Dir nicht früher senden konnte. Erstens ein großes Modell unserer neuen H-Klasse von Schlachtschiffen, von dem Du in Reval sagtest, daß Du es gern annehmen wirst. Schimmelmann kann es Dir gelegentlich erklären. Zweitens ein Aquarellalbum, das die Geschichte der Formen und Farben unserer Regimentsfahnen und Standarten seit dem Großen Kurfürst bis auf meine Zeit darstellt. Die erste Hälfte reicht von der Zeit des Großen Kurfürst bis 1806, die zweite bis 1900. Drittens sämtliche Uniformen, Waffen, Kürasse und Abzeichen, die zu Deinem neuen Kürassierregiment gehören, von denen ich hoffe, daß sie Dir passen. Sie werden Dir von meinem alten Kammerdiener, den Du in Reval gesehen hast, „Vater Schultz", überbracht. Er soll Deinen „Mann" darüber unterrichten, wie man diese verschiedenen Dinge anlegt. Viertens einige Broschüren und Magazine, für die Du vielleicht in Deinen Mußestunden Interesse hast.

Was die Farben unserer Armee betrifft, so habe ich eine Bitte an Dich. Auf der ersten Tafel, welche die Abzeichen aus der Zeit des Großen Kurfürsten darstellt, befinden sich die ersten Abzeichen, die dem Garderegiment des ersten Königs gehören und von ihm nach seiner Krönung als Friedrich I. verliehen wurden, blau mit goldenen Flammen, Kronen und Adlern und weiß mit schwarzen Adlern und goldenen Kronen. Die Standarten wurden in unserem Arsenal bis zum Siebenjährigen Krieg aufbewahrt, in welchem sie von den russischen Truppen, die damals Berlin besetzten, mit manch anderen Dingen aus dem Arsenal fortgenommen wurden. Wir haben jetzt große Mühen und Schwierigkeiten, die Geschichte unserer Standarten wieder zu schreiben, und ich würde Dir dankbar sein, wenn Du die Güte hättest, zu gestatten, daß sie in Aquarell oder Öl nach den Originalen kopiert werden, so daß wir eine wahrheitsgetreue Wiedergabe der Originale, wie sie in Petersburg aufbewahrt werden, hätten. Hoffentlich geht alles gut und hat mein Sohn das Vergnügen, Dich zu sehen. Ich verbleibe immer

Dein wohlgesinnter Freund und Vetter

Billy Nr. 1.

Neues Palais, 19. XI. 1903.

Liebster Niki!

Ich kann unmöglich den plötzlichen und traurigen Tod des süßen kleinen Sonnenscheins übergehen, ohne Dir ein Wort zu senden und Dir zu sagen, wie tief ich mit Euch allen in diesem traurigen Falle fühle. Es ist sehr schwer, die Tatsache zu begreifen, daß dieses liebliche Kind nicht mehr unter uns weilt. Wie freudig und lustig war sie damals in Wolfsgarten, als ich dort war, so ganz Leben, Scherz und Gesundheit, und nun zu denken, daß man sie niemals wieder auf dieser Welt sehen soll. Was für ein schrecklicher, herzzerreißender Schlag für den armen Erni, der so vernarrt in sie war und jene kleine Zauberin so anbetete. Möge der Himmel ihm die Kraft verleihen, solch einen Schlag zu ertragen! — Ich stehe noch ganz unter dem Eindruck der reizenden beiden Tage, die ich mit Dir verbringen konnte. Sie bleiben mir ein liebes Andenken. Du erinnerst Dich an unsere Unterhaltung über den Balkan und die Türkei und an mein letztes Telegramm mit Anweisungen an meinen Botschafter, dem Sultan eine energische Lektion zu erteilen, daß es höchste Zeit für ihn sei, sich endlich nach dem Mürzstegprogramm [1] zu richten? Nun, diese Instruktionen haben

[1] Das Mürzstegprogramm über die Balkanfragen wurde im Oktober 1903 zwischen Österreich und Rußland anläßlich eines Besuches des Zaren mit seinem Minister des Äußern Lambsdorff bei Kaiser Franz Joseph in Anwesenheit des österreichischen Ministerpräsidenten Goluchowski abgeschlossen. Es wurde die Souveränität des Sultans anerkannt, dem Generalgouverneur von Mazedonien (Hilmi Pascha) aber zwecks Herbeiführung von Reformen für die Christen ein österreichischer und russischer Zivilagent an die Seite gesetzt. Die Pforte verschleppte aber die Reformen, leistete passiven Widerstand und baute nur langsam die zerstörten Häuser der Christen wieder auf, die kleinen Balkanstaaten waren mit dem Mürzstegprogramm ebenfalls unzufrieden, da ihr Einfluß in Mazedonien durch die Großmächte lahmgelegt wurde.

zu einer Unterhaltung zwischen meinem Botschafter und dem Sultan vor einigen Tagen geführt, die 1¾ Stunden dauerte. Der Sultan war sehr zähe und blieb sehr fest bei seiner Idee, daß eine Weigerung, die Wünsche Rußlands und Österreichs zu erfüllen, die von mir unterstützt waren, ihm keinen großen Schaden bringen würden. Der Botschafter mußte jeden Kraftausdruck, der ihm gegenüber einem Monarchen nur erlaubt war, anwenden, um die Schwere der Situation seiner Majestät beizubringen und verließ ihn als seinen niedergeschlagenen, aber weiseren Mann, nachdem er ihm völlig klar gemacht hatte, daß er auf keinen Fall, wo immer ich meine Hand zu seiner Unterstützung erheben oder ein Wort für ihn sprechen würde, sich und sein Land in schwere Folgen stürzen dürfe, dadurch, daß er sich weigere, die Wünsche des russischen und österreichischen Kaisers zu erfüllen, die eine geradezu engelhafte Geduld und Nachsicht mit seinem Betragen gehabt hätten, und die in striktester Weise sich an das Februar- und Mürzstegprogramm, das von mir unterstützt würde, hielten. Der Botschafter steht unter dem Eindruck, daß sehr lebhafte Palastintriguen unter einer Bande von Werkzeugen schlimmster Natur umgingen, die den Sultan umgeben, und die mit unglaublichen Lügen seine Gutgläubigkeit mißbrauchen und den Großvezier, dessen Einfluß von ihnen gefürchtet wird, der tatsächlich in vollster Harmonie und in Übereinstimmung mit unseren drei Botschaftern steht, entfernen möchten.

Eine weitere interessante Nachricht erreichte mich aus Sofia. Der Fürst der Erzverschwörer gab in einer Unterhaltung nach dem Diner seiner und seines Landes stärksten Unzufriedenheit über das Mürzstegprogramm

Ausdruck. Dies wäre nicht genug für sie, sie müßten darauf drängen, noch mehr zu erhalten. Aber da er ganz gut weiß, daß die kaiserlichen Mächte nicht mehr gewähren, haben sich alle in Bulgarien an Italien, England und Frankreich gewandt! Von diesen Ländern allein hofft man für die Zukunft Bulgariens und Mazedoniens. Sie allein würden Freiheit, d. h. Parlament und Republik, den unterdrückten Balkanvölkern bringen. Dies zeigt Dir, worauf ich in unserer Unterhaltung anspielte, daß die „Krimkombination“ [1] in Bildung begriffen ist und gegen die russischen Interessen im Osten arbeitet. Die demokratischen Länder, die durch Parlamentsmajoritäten regiert werden, gegen die kaiserlichen Monarchien, die Weltgeschichte rollt sich ab, um sich selbst zu wiederholen. Mit herzlichen Grüßen an Alix und in der Hoffnung auf ihre baldige Wiederherstellung verbleibe ich immer

Dein stets ergebener Freund und Vetter

Willy.

Neues Palais, 4. XII. 1903.

Mein liebster Niki!

Beigeschlossen sende ich Dir einiges interessantes Material zu Deiner Zerstreuung, Artikel über Politik, über Marinefragen, eine Beschreibung der Überschwemmungen in Petersburg, von der ich nicht weiß, ob sie richtig ist, und eine illustrierte Zeitschrift über die letzten Manöver. Vielleicht wirst Du ein Thema finden, das Dich an unsere letzte Unterhaltung erinnert und das Dir zeigt, wie die Entwicklung der Ereignisse auf Europa wirkt, vielleicht etwas verschieden von dem

[1] Der engere Zusammenschluß Englands, Frankreichs und Italiens in Anspielung auf den Krimkrieg (1854).

Standpunkt, den man in St. Petersburg hat. Wenn es alte Nachrichten sind, verzeih mir bitte, aber wie Du in Wolfsgarten sagtest, es komme nicht darauf an, vorausgesetzt, daß es Nachrichten sind, die sich auf unsere gemeinsamen Interessen und auf die Sicherheit unserer beiden Nationen beziehen, so wage ich es doch, sie Dir zu schicken. Sie stammen aus Ausschnitten ganz verschiedener Nachrichtenbureaus und Zeitungen. Wie bin ich froh darüber, daß Alix wieder ganz auf dem Posten ist und frei von jenen furchtbaren Schmerzen! Die Schußergebnisse waren sehr gut, und ich wünsche Dir von ganzem Herzen Waidmanns Heil. Ich sende Generaladjutant von Löwenfeld nach London, um das große Verdienstkreuz (25 Jahre) Onkel Arthur[1] zu überbringen und um gleichzeitig die Stimmung und die öffentliche Meinung hinsichtlich der Orientfrage kennen zu lernen. Seine Mutter ist eine Engländerin, und auch er spricht die Sprache sehr gut. Was er sah und hörte, werde ich Dich wissen lassen.

Die kommandierenden Offiziere meiner Truppe in China sind schon seit langer Zeit angewiesen, in aller Stille die Auseinandersetzungen zwischen japanischem und chinesischem Militär und den wachsenden Einfluß Japans auf die chinesische Armee zu überwachen. Vor zwei Tagen erhielt ich einen Bericht, daß die Japs heimlich mit den Chinesen hinter Deinem und meinem Rücken gemeinsame Sache gegen uns machen, daß sie ein geheimes Abkommen mit China geschlossen haben, um die chinesische Armee mit 20 000 neuen Repetiergewehren, Munition, 48 Feldkanonen und 12 Schnellfeuer-Gebirgsgeschützen und Munition dafür bis

[1] Prinz Arthur Herzog von Connaught, Bruder der Kaiserin Friedrich.

zum nächsten Sommer versorgen wollen. Die chinesischen Truppen exerzieren Tag und Nacht und, wie die Leute, welche sie z. B. in Pao-ting-fu beobachten, sagen, auffallend gut, unter dem Kommando von japanischen Instruktionsoffizieren, deren Zahl ständig wächst. Nette Sachen! Ich denke, den Chinesen sei es nicht gestattet, Japaner in ihrer Armee zu haben. Letztere erwecken sicherlich in den Chinesen Hoffnungen und flößen ihnen allgemeinen Haß gegen die weiße Rasse ein. Sie bedeuten eine schwere Gefahr in Deinem Rücken, falls Du einen japanischen Angriff von der Seeseite vor Dir hast. Verzeih meine Freimütigkeit, die ich mir genommen habe, ich hoffe, daß der Admiral des Stillen Ozeans nicht böse sein wird auf die Warnzeichen des Admirals des Atlantic, der immer auf der Wacht ist. Ta! Ta!

Herzlichen Gruß an Alix von

Deinem ergebenen Freund und Vetter

toujours en vedette

Willy.

Neues Palais, 9. I. 1904.

Liebster Niki!

Nur eine Zeile, um Dir zu sagen, wie meine Gedanken mit Dir in dieser schweren Zeit beschäftigt sind. Möge Gott geben, daß alles milde ausläuft und daß die Japs[1] zur Vernunft kommen, trotz der wahn-

[1] Japan hatte seit Jahrhundertbeginn gegen Rußland gerüstet. Dieses lenkte 1902 in der Mandschureifrage ein und schloß mit China einen Vertrag, demzufolge es seine Truppen in 1½ Jahren aus der Mandschurei zurückziehen sollte, ohne dies indessen zu tun, was Japan, das anfangs mit dem Losschlagen noch warten wollte, jetzt zur Beschleunigung seiner Rüstungen veranlaßte. Rußland richtete eine Statthalterschaft (Alexejew) im fernen Osten ein. Japan forderte die Räumung der Mandschurei.

sinnigen Hetze der feilen Presse eines gewissen Landes, das auch Geld gegeben hat, um es in den japanischen Mobilisationsabgrund zu schmeißen. Ich danke Dir für den Bericht, den Du mir offiziell durch Osten-Sacken gesandt hast. Er ist sehr klar und wird ohne Zweifel zu einer Festigung des Friedens führen. Ich hoffe, er wird die Gefühle der unverschämten Kriegspartei in Japan beruhigen, wie er sicherlich auch die übrigen Mächte befriedigen wird, die für ihren Handel besorgt sind, dem einstmals offene Tür versprochen war.

Ich sende Dir ein Exemplar der Marinerundschau mit einem Artikel über gepanzerte Kreuzer, der von L. geschrieben ist, ein Pseudonym, unter dem ich selbst mich verberge, denn ich schrieb ihn, aber niemand hat eine blasse Ahnung davon außer Tirpitz. Als Material für meinen Artikel, der im November geschrieben wurde, habe ich sehr interessante Einzelheiten über „Rivadavia" und „Moreno" erhalten, das jetzt Japan von England angeboten wird, das damals für Argentinien Schiffe baute. Diese Pläne, welche ganz vertraulicher Natur sind und mir mit ausdrücklicher Erlaubnis des Präsidenten der argentinischen Republik überlassen wurden, wurden mir von Amalde übersandt. Da Dich die Schiffe vermutlich interessieren, so sende ich Dir den Atlas zu Deinem persönlichen Gebrauch. Ich denke, die Schiffe sind ein vollkommener Typ der Stahlpanzerkreuzer, da sie große Tragkraft bei geringer Tonnage besitzen. (Multum in parvo.) Sie kosten pro Stück 15 Millionen Francs, was nicht zu viel ist. Mögen Deine Leute nicht gegen sie zu kämpfen haben. Es ist wirklich sehr schade, daß Du sie nicht gekauft hast. Der Zeitungsausschnitt zeigt, was gewisse Leute Neutralität nennen. Mit den besten Wünschen für ein glückliches neues Jahr und den Frieden, in der Hoffnung, daß ich Dich demnächst treffe und mit den wärmsten Grüßen an Alix

Dein immer wohlgesinnter Vetter und Freund

Willy.

P. S. Verzeih mir, wenn ich Dich so oft mit Telegrammen belästigt habe, aber Du sagtest mir in Wolfsgarten, daß Du mir für jede Nachricht dankbar wärst, die wert sei, daß ich mich ihrethalben mit Dir in Verbindung setze. Ich vertraue selbstverständlich auf Deine Diskretion, da diese Telegramme lediglich für Dich bestimmt sind.

Admiral des Atlantischen Ozeans.

Berlin, 11. II. 1904.

Liebster Niki!

Die Antwort auf Deine freundliche Gratulation zu meinem Geburtstag, die mich so glücklich machte, hatte ich schon begonnen, als die Ereignisse eintraten, die zum Kriege zwischen Dir und Japan[1] führten. Ich hielt es daher für besser, auf eine Art Nachricht von Dir zu warten, in welchem Falle ich Dir hätte antworten können. Der Ausbruch der Feindseligkeiten hat schlimme Folgen für Deine tapfere Marine gehabt, die mich tief bewegten. Wie könnte es anders der Fall sein, da ich nun einmal russischer Admiral und nur allzu stolz auf diesen Rang bin. Die schweren Ereignisse haben offenbar gezeigt, daß die warnenden

[1] Ausbruch des Krieges 9. 2. 1904. Überfall der Japaner auf die Russische Flotte in Port Arthur, Vernichtung des „Zesarewitsch und Rehysan“, zweier großer russischer Schlachtschiffe.

Nachrichten, die ich Dir durch meine Chiffredepeschen senden konnte, absolut richtig waren, und daß seit langer Zeit die japanische Regierung Ernst machte, und sich für den Krieg entschloß. Einen Teil der Schiffe in Port Arthur kenne ich durch meine Besichtigung und ebenso ihre Offiziere und Mannschaften. Mein Herz ist voll von Mitleid für die armen Familien, die durch den Verlust so zahlreicher Männer getroffen sind.

Ich kann mir wohl denken, wie schwer Du in Deinem Herzen fühlen mußt, daß alle Deine Mühen, den Frieden zu sichern, nichts genützt haben. Aber andererseits gibt Dir dies ein gutes Gewissen, ein reines Bewußtsein, das einen Mann, ich habe es oft gesagt, ohne Tornister und Gepäck ins Gefecht gehen läßt. Es scheint, als ob der Himmel, auf dessen Hilfe wir beide vertrauen, gewollt hat, daß es so sein sollte, dann mußt Du die Ereignisse im Lichte einer Prüfung für Dich und Dein Land ansehen, das Dich und das Volk befähigen wird, die größten Fähigkeiten, die in den Russen schlummern, zu zeigen und zu entwickeln, die sie schon einmal in den großen Zeiten der ersten Jahre des 19. Jahrhunderts bewiesen haben.

Es ist mein Wunsch, Deine gütige Genehmigung vorausgesetzt, daß, wenn irgend möglich ein Prinz meines Hauses Deine Truppen begleiten soll, um als Zuschauer die Kriegskunst zu erlernen. Ich möchte Prinz Friedrich Leopold, meinen Schwager, wählen, der darauf brennt, zu gehen, und auch russisch spricht. Vielleicht läßt Du mich freundlich wissen, ob meine Bitte gewährt werden kann.

Sei versichert, daß meine Gedanken Tag und Nacht bei Euch weilen. Ich sende Dir diesen Brief durch

Schenk, Deinen Oberst, der Dir Helm und Mütze überbringen wird, die das Alexanderregiment Dich anzunehmen bittet. Ich flehe, daß der Himmel Dich und Deine gesamte Familie in den kommenden Zeiten schirmen und schützen möge. Wärmsten Gruß an Alix und an Deine Mutter von

Deinem immer ergebenen Freund und Vetter

Willy.

P. S. Die Nachrichten, die ich Dir vor einem Monat übermittelte, betreffs des Waffenverkaufs Japans an China (Juan-shi-kai) haben sich bestätigt. Ich habe es fertig bekommen, eine Kopie des Vertrages, der im letzten Oktober mit der Firma Okwa und Co. unterzeichnet wurde, zu erhalten. Es handelt sich um 1.) 14000 neue japanische Infanteriegewehre (Meyji) mit Patronentaschen usw. und 22 Maschinengewehre nebst 7 Millionen Patronen zu liefern in Tientsin nächsten April. 2.) 48 Arisaka Feldkanonen 7,5 cm pro Stück 5668 Yen, 12 Arisaka Gebirgskanonen 7,5 cm 1710 Yen pro Stück, 48 Munitionswagen, 5 Schmieden, 200 Granaten, 200 Schrapnells pro Kanone je 10 bzw. 8 Yen. Das Rohmaterial wird in Frankreich (Creuzot) bei Deinem Verbündeten hergestellt und soll in Japan weiter verarbeitet werden. Die Lieferung war für Mai nächsten Jahres in Tientsin angesetzt. Der Vizekönig von Nanking hat bei der gleichen Firma im September 1903 200000 Munitionskasten und Tornister für 70000 Mann bestellt.

Gaëta, 29. III. 1904.

Liebster Niki!

Du wirst Dich sicherlich für meine Fahrt ins Mittelmeer sehr interessieren. Unsere Reise auf dem mächtigen Lloyddampfer „König Albert“ war ganz prachtvoll. Wir hatten immer glatte See, selbst die Bay von Biskaja glich dem See in Peterhof. Wenn wir etwas Brise oder Seegang hatten, erhielten wir sie von hinten. Das mächtige Schiff, es hatte einen Tonnengehalt von 15—16000 t, war sehr behaglich, ohne eine Bewegung, keine Erschütterung von den Maschinen, hielt sich gut und wurde von seinem erstklassigen Kapitän glänzend geführt. Die Küche war ausgezeichnet, die Gesellschaft sehr lustig. Wie schade, daß Du nicht hier sein konntest, wie würdest Du Dich über alles gefreut haben. Die spanische Küste ist sehr schön, aber ohne Vegetation; Vigo ein großer Hafen, der Platz für alle Flotten der Welt hat. Britische Flotten kommen hier jeden Monat zu Besuch her, Heinrich war hier im letzten Jahr mit unserm Geschwader. Die Meerenge ist imponierend, aber Gibraltar ist einfach überwältigend. Das ist wohl das Großartigste, was ich jemals sah; Worte sind einfach unmöglich, um die leiseste Idee davon zu geben. Großartig in seiner Natur und durch die militärischen Befestigungen, die hier auf und um den Felsen errichtet sind. In militärischen Kreisen fand ich viel Interesse an dem Krieg, aber keine Vorbereitung dafür und keine (Stimmung) gegen Rußland. Port Mahon ist eine ruhige und sehr reinliche spanische Stadt mit einem hübschen, landeinwärts gelegenen Hafen, so etwa wie Malta im kleinen. Neapel ist zu lieblich und entzückend. Sommerklima, Blumengärten, namentlich Orangenbäume, voll von Orangen. Der König war munter und sehr an dem Krieg interessiert, den er genau studiert. Er erwähnte, daß er Nachrichten über die Mobilisation der Truppen aus Turkestan und dem Kaukasus habe, die sich bereits in Bewegung setzten. Ich hielt dies für ganz unwahrscheinlich und sagte, daß ich niemals etwas davon gehört habe. Ich sprach mit ihm über den Balkan, der scheinbar wie stets auf ihn eine große Anziehungskraft besitzt, und sagte, daß sich hier nichts ereignen würde, da die Großmächte entschlossen seien, nicht irgendeinen Unsinn von irgendeiner Seite zuzulassen. — So nebenbei sehe ich aus den Zeitungen, daß unser Handelsvertrag auf einen toten Punkt gekommen zu sein scheint. Ich denke, daß die Geheimräte und Tschinowniks in süßen Schlummer gefallen sind, nachdem sie eine Menge Tinte verschmiert haben, mehr, als tatsächlich gut ist. Ich würde etwas darum geben, den Spaß zu sehen, wenn Du plötzlich mit Deiner kaiserlichen Faust auf den grünen Tisch schlagen und Deinen Faulpelzen einen Puff geben würdest. Schließlich kann einer doch nicht ewig warten, wenn man denkt, daß sie schon so viele Monate mit dieser Angelegenheit vertrödelt haben. Die Aussichten auf einen niedlichen Picknick in Sibirien würden sicherlich Wunder tun. Vielleicht würde es den Gang der Angelegenheit beschleunigen, wenn Du ein großes Tier nach Berlin stracks zu Bülow schicken würdest und das ganze Spiel mit ihm persönlich beenden ließest, und zwar einen Mann von großen Fähigkeiten und sehr gewandt in solchen Dingen, das würde gut sein.

Morgen fahren wir nach Sizilien und Messina ab, wo wir die Osterwoche zu verleben gedenken. Lebe wohl, mein liebster Niki, Gott behüte Dich und sei mit Dir in all dieser schweren Zeit. Du weißt, daß meine Gedanken jetzt bei Dir sind. Herzlichsten Gruß an Alix.

Dein wohlgesinnter Vetter und Freund

Willy.

Berlin, 6. VI. 1904.

Liebster Niki!

Dein lieber Brief, den Krupensky[1] mir vor zwei Tagen überbrachte, hat mich tief gerührt. In diesen Tagen, die für Dich, Dein Heer und Dein Land eine Prüfung bedeuten, ist es doppelt freundlich von Dir, mir so viel Zeit zu gönnen. Aber da es andererseits so ist, so fühle ich mich sehr stolz, da ich aus dieser Tatsache entnehme, daß Du auf mich als Deinen wirklichen Freund zählst, wie Du es recht ausdrückst. So ist es! und Jean kann Dir versichern, daß niemand all den Phasen des Krieges mit größerem Interesse und mit größerem Eifer folgt, als ich. Deine Bemerkung über Kuropatkin[2] war eine vollkommene Offenbarung für mich. Ich bin sehr erstaunt über seine Kurzsichtigkeit, daß er nicht unbedingt Deinen Befehlen gehorcht. Er hätte Deine Ratschläge um so mehr befolgen müssen, da Du doch selbst in Japan gewesen und daher doch ein viel kompetenterer Beurteiler der Japs bist, als er. Deine Warnungen waren völlig richtig und sind durch die Tatsachen voll bestätigt worden. Ich hoffe zum Himmel, daß der General nicht den endlichen Erfolg Deiner Streitkräfte aufs Spiel setzt, indem er sie einem „ ?? “ ausliefert, bevor seine gesamten Reserven sich mit ihm vereinigt haben, die, wie ich glaube, zum Teil noch unterwegs sind. Das alte Sprichwort Napoleons I. bewahrheitet sich noch, daß der Sieg nur bei den stärksten Bataillonen ist. Man kann niemals zu stark für die Schlacht gerüstet sein, namentlich was die Artillerie anbetrifft.

---

[1] Russischer Diplomat, zeitweise Gesandter in Tokio.

[2] 1903 Kriegsminister, 1904 bei Ausbruch des Krieges Oberbefehlshaber, jedoch dem Statthalter Alexejew untergeordnet.

Eine absolute Überlegenheit muß zweifellos vorhanden sein, um den Sieg zu sichern.

Ich hatte über den Krieg eine interessante Unterhaltung mit dem französischen Militärattaché, der auf meine Bemerkung, daß ich es sehr erstaunlich finde, daß die Franzosen, Deine Alliierten, nicht ihre Flotte heruntersandten, um Port Arthur offen zu halten, bis Deine baltische Flotte angekommen sei, nur erwiderte, das sei wahr, aber man habe mit andern Mächten zu rechnen. Nach mancherlei Winken und Anspielungen fand ich das heraus, was ich immer befürchtet hatte, nämlich, daß das englisch-französische Übereinkommen den einen Hauptzweck habe, nämlich, die Franzosen abzuhalten, Dir zu helfen. Es erübrigt sich, zu bemerken, daß wenn Frankreich die Verpflichtung gehabt hätte, Dich mit seiner Flotte oder seinem Heer zu unterstützen, ich natürlich nicht einen Finger gerührt haben würde, um es zu verletzen, denn das würde ganz unlogisch für den Autor des Gemäldes „Gelbe Gefahr" gewesen sein.

England wird zur rechten Zeit sicherlich seine Bemühungen erneuern, um Dir Vermittlungsvorschläge zu machen. Es ist tatsächlich die besondere Mission Hardinges[1], wie ich weiß, obgleich Du schon so schroff diese Vorschläge abgewiesen hast. England ist um sein Geld bange und möchte Tibet billig bekommen. Ich werde sicher versuchen, Onkel Bertie[2], sobald ich ihn treffe, abzuraten, Dich mit irgend solchen Vorschlägen weiter zu belästigen. Sollte im Laufe der Ereignisse eine Ermittlung Dir angezeigt sein, so ist es klar, daß der erste Wunsch dafür von Dir aus-

[1] Britischer Botschafter in Petersburg.
[2] König Eduard VII. von England.

gehen müßte, und Du kannst sicher sein, daß ich immer zu Deiner Verfügung stehe. Ich beglückwünsche Dich zu der Tapferkeit und zu der Tüchtigkeit Deiner Soldaten und Deiner Matrosen, die alles Lob verdienen und die sehr gut gefochten haben. Ich habe über Deinen Einfall betreffs des Handelsvertrages nachgedacht und darüber mit dem Kanzler gesprochen. Wir haben kein besonderes Interesse an dem Platze, wo die Unterhandlungen abgeschlossen werden sollen, aber da Du so freundlich angeboten hast, Witte hinüber zu senden, werden wir seine Ankunft sehr begrüßen, und je früher Du ihn ermächtigst zu unterhandeln, desto besser für unsere beiden Länder. Ich habe Major Graf Lambsdorff, meinen persönlichen Adjutanten, zum Militärattaché ausgewählt. Er ist durch mich unterrichtet, sich als ausschließlich Dir attachiert zu betrachten, wie es in den Tagen Nikolaus I. und Alexander II. gehandhabt wurde. Er ist für seine Berichte mir allein verantwortlich, und es ist ihm ein für allemal verboten, sich mit irgendeinem, sei es Generalstab, Auswärtiges Amt oder Kanzler in Verbindung zu setzen. So kannst Du ihn mit einer Botschaft, Anfrage, Brief usw. für mich beauftragen und ihn in jeder Weise als ein direktes Glied zwischen uns beiden betrachten. Solltest Du mir einen Herrn Deines Gefolges senden, der Dein vollstes Vertrauen besitzt, so werde ich ihn mit Vergnügen aufnehmen, denn ich denke, es ist während dieser schweren Ereignisse sehr notwendig, daß Du Dich rasch mit mir „le cas échéant“ in Verbindung setzt, ohne den schleppenden und indiskreten Apparat der Reichskanzlei, Gesandtschaft usw. Ich wundere mich, was ich von Onkel Bertie in Kiel hören werde. Auf alle Fälle werde ich Dich auf dem laufenden halten. Nun lebe wohl, liebster Niki, herzlichen Gruß an Alix und Deine Mutter und Gott schütze Euch alle. Dies ist der aufrichtigste Wunsch

Deines immer wohlgesinnten Freund und Vetters

Willy.

Schloß Wilhelmshöhe, 19. VIII. 1904.

Liebster Niki!

Was für ein reizender Gedanke war es von Dir, mich zu fragen, ob ich Pate Deines kleinen Jungen werden wolle. Du kannst Dir denken, wie groß unsere Freude war, als wir Euer Telegramm, das uns seine Geburt anzeigte, lasen. Was lange währt, währt gut, sagt ein altes deutsches Sprichwort. So mag es auch bei diesem kleinen Kerl sein. Möge er ein tapferer Soldat und ein weiser und mächtiger Staatsmann werden, möge Gottes Segen immer auf ihm ruhen und ihn vor allem körperlichen und seelischen Leid schützen. Möge er Dir zeitlebens ein Sonnenschein, wie er es jetzt in der Zeit der Prüfung ist, sein. Heinrich bringt diese Zeilen und meine aufrichtigsten Wünsche für Dich, Alix und den Jungen. Als Gabe liegt ein Becher für mein kleines Patenkind bei, den er hoffentlich bald gebraucht, wenn er denkt, daß der Durst eines Mannes nicht immer nur allein mit Milch gestillt werden kann. Vielleicht wird er dann auch für sich eines Tages herausfinden, daß „ein gut Glas Branntewein soll Mitternacht nicht schädlich sein", nicht lediglich ein Gemeinplatz ist, wie auch das oft zitierte Wort „im Wein ist Wahrheit nur allein", wie der Kellermeister in „Undine" singt, und uns schließlich das klassische Wort unseres großen Reformators Dr. Martin Luthers: „Wer nicht liebt

Wein und Gesang, der bleibt ein Narr sein Leben lang." Dies würden die Grundsätze sein, zu denen ich mein Patenkind aufgezogen sehen möchte. Es liegt ein tiefer Sinn in diesen Worten und nichts kann gegen sie eingewendet werden! —

Der Verlauf des Krieges ist für Deine Armee und Flotte eine große Prüfung gewesen, und ich beklage tief den Verlust so vieler tapferer Offiziere und Mannschaften, die gefallen sind, oder in Ausübung ihrer Pflicht ertranken, wobei sie den Eid, dem sie ihrem Kaiser leisteten, in Ergebenheit erfüllten. Mögen die Verstärkungen, die jetzt ausgesandt sind, die Menge und Kraft Deiner Armee in solchem Maße und in solchem Grade stärken, daß die absolute Überlegenheit auch zahlenmäßig hervortritt. Soweit wie ich ausrechnen konnte, hat Kuropatkin 180 000 Mann im Felde, während die Japs ungefähr 250—280 000 Mann aufgebracht haben. Das scheint noch ein völlig ungleiches Verhältnis und macht den Angriff Deines tapferen Generals äußerst schwierig. Sollten Deine Schlachtschiffe bei ihrem letzten Ausfall aus Port Arthur infolge der Beschädigungen, die sie im Gefecht erlitten haben, Wladiwostok zu erreichen, nicht imstande sein, so ist ihre beste Chance, zu versuchen, noch nach Tsingtau zu gelangen, wo sie dann bis Ende des Krieges gut aufgenommen sein werden, anstatt daß sie in die Luft gehen oder in Grund und Boden gebohrt werden, geradeso, wie wir es bei dem „Zesarewitsch" und den Torpedobooten leider erleben mußten. Möge das nächste Jahr bessere Aussichten bringen, wenn die Armee vorbereitet und in voller Stärke formiert ihren Feind mit besseren Chancen als im Augenblick angreifen kann. Denn es scheint mir, daß Kuropatkin noch in

Gefahr ist, auf seinem Rückzug von allem abgeschnitten zu werden, wobei er sich in der Richtung Mukden vorkämpfen muß. Gott möge ihn unversehrt hindurchkommen lassen. Der alte Spruch Napoleons I. behält noch seine Wahrheit: „Der Sieg ist bei den großen Bataillonen.“

Es besteht kein Zweifel für mich, daß Du auf die Dauer den Krieg gewinnen wirst und mußt, aber es wird zweierlei kosten, nämlich: viel Geld und viele Menschen, da der Feind tapfer und gut geführt ist, und nur durch überragende Zahl und durch die Länge der Zeit und mit Geduld geschlagen werden kann. Die Operationen der Feldarmee werden leichter sein und bessere Resultate ergeben, sobald die baltische Flotte auf der Bildfläche erscheinen und die japanische Flotte in ihre Häfen zurückgezwungen haben wird, so daß alsdann die Herrschaft zur See Dir wieder zufällt, die Du jetzt durch die Unzulänglichkeit des obersten Admirals der Seestreitkräfte in Port Arthur verloren hast. Die Herrschaft zur See ist absolut notwendiges Äquivalent für den schließlichen Ausgang des Landkampfes, da sie den Feind seiner Hilfsquellen, Stützpunkte und Verstärkungen usw. beraubt, die er jetzt unbehindert für die Ausbreitung seiner Reserven, Herbeischaffung von Munition, Fortschaffung der Verwundeten usw. gebrauchen kann.

Als der Krieg im Februar ausbrach, arbeitete ich einen Mobilisationsplan auf Grund meiner eigenen Berechnungen aus, die auf der Zahl der japanischen Divisionen der ersten Linie basiert waren. Da diese nun 10 bis 12 beträgt, so ergeben sich 20 russische Divisionen, um die absolute Überlegenheit über sie zu erlangen zu suchen, oder 10 Armeekorps. Von diesen sollen vier sibirische Armeekorps in Abzug gebracht werden, welche jetzt an Ort und Stelle die mandschurische Armee bilden. Es verbleiben sechs Korps, die aus Rußland dorthin geschickt werden müssen. Sie könnten in zwei Armeen zu je drei Armeekorps formiert werden, die von einem Kavalleriekorps von acht Brigaden mit vier berittenen Batterien pro Armee unterstützt werden. Diese Heeresmengen müßten, wie ich erwartete, dorthin gesandt werden und dürften genügen, um den Krieg zu gewinnen. Man würde dann die mandschurische Armee als eine Art Avantgarde bestehen lassen, um die Ankunft der russischen Armeekorps an der Stelle ihrer Operationsbasis zu maskieren und ihre Formation und Dislokation zu einer Armee durchzuführen. Ich wagte Dir nicht diese meine Ideen zu schreiben, da es nicht meine Art ist, mich in Deine Angelegenheiten zu mischen, und ich mich fürchte, daß Du mir sagst, ich möchte mich um meine Angelegenheiten kümmern, da Du ja besser weißt, was Rußland nötig hat. Aber in diesem Augenblick, wo das erste Stadium des Feldzuges tatsächlich vorbei ist, dachte ich, es könnte für Dich Interesse haben. Mit herzlichem Gruß an Alix und den Sonnenstrahl,

Dein immer ergebener und wohlgesinnter Vetter und Freund

Willy.

Berlin, 3. X. 1904[1].

Liebster Niki!

Diese Zeilen sollen Dich an Euerm Weihnachtsabend erreichen und ich hoffe, daß sie Dich gesund und glück-

[1] Dieser Brief muß falsch datiert sein, da in ihm von einem Briefe des Zaren vom 20. Dezember, vom Weihnachtsabend und von Neujahrskarten die Rede ist.

lich zusammen mit Alix, wieder wohlauf an Deiner Seite, und mit dem lustigen kleinen Kerl, der um Euch im Scheine des Weihnachtsbaumes herumspringt, antreffen. Ich wünsche Dir nochmals allen Segen des Himmels auf allen Deinen Wegen; möge Dein kostbares Leben uns allen und allen denen, die Dir teuer und lieb sind, erhalten bleiben. Möge Deinen Plänen voller Erfolg beschieden sein. Wenn es auf friedlichem Wege geschehen kann, so ruhig wie ein murmelnder Bach dahinfließt, wenn es aber nur durch die Entscheidung der Waffen möglich ist, so mögen diese siegreich sein und Deine Standarten sich mit frischen Lorbeeren schmücken.

Vielen Dank für Deinen lieben Brief vom 20. Dezember, der ein neues Zeugnis Deines für mich so wertvollen Vertrauens ist. Wir sollten nur dafür Sorge tragen, daß die unter so günstigen Zeichen begonnene Verabredung nicht bei irgendeiner Detailfrage scheitert. Als ich zum Könige[1] von Deinem lieben alten Großvater[2] sprach, stand ich unter dem Eindruck, daß diese Angelegenheit auch sein Gemüt eifrig beschäftigte, und daß er darüber nachdachte, um für sie eine den Forderungen seines Landes bestentsprechende Form zu finden. Als Grundlage unserer Unterhaltung brauchte ich einige dänische Zeitungsartikel über die dänische Neutralitätsfrage. Da ihre Kommentare eine große Aufmerksamkeit in Dänemark erregt zu haben scheinen, so schließe ich einen kurzen Auszug aus denselben diesem Brief bei, der Dir zur Hilfe dienen mag, um Dir die Natur der Schwierigkeiten zu zeigen, die der König vorauszusehen scheint,

[1] Eduard VII. anläßlich seiner Anwesenheit in Kiel.
[2] Friedrich VIII. von Dänemark.

und die er von seinem Volke daheim befürchtet. Daraus wird klar ersichtlich, daß der König als die am meisten an dem Ausgange der Frage interessierte Partei zweifellos als erster von allen zu einer Äußerung seiner Ansicht berechtigt ist, und daß diese von denen, die sein absolutes Vertrauen besitzen, in Worte gefaßt und schriftlich fixiert werden muß. Darum erschien es mir, da jetzt der nächste Schritt in dieser Angelegenheit unternommen werden muß, am besten, wenn Du Deinem Großvater schreiben würdest, uns die Vorschläge, sobald als die hier eingetroffenen eine für ihn brauchbare Form angenommen haben, zu unterbreiten, und daß wir erwarten, daß er uns das ganze Ziel seiner Ansichten betreffs der dänischen Neutralitätsfrage mitteilen würde. Wenn ich die vergangenen Tage des Jahres 1864 in Erwägung ziehe, so ist es klar, daß die Dänen noch mit etwas scheelen Augen auf uns sehen, und deshalb werden sie einen Vorschlag, der ihr Geschick betrifft, mit mehr Gewogenheit betrachten, wenn er von Dir kommt, der Du so nahe Beziehungen zu ihrem König hast, und der Du der Sohn einer Fürstin[1] bist, die von ihnen leidenschaftlich angebetet wird. Ich sende Dir beifolgend einige interessante Artikel, einen über unsere Marine und die russische Politik im 19. Jahrhundert, einen über unsere Handelsflotte, sodann englische Zeitungsausschnitte aus einer Pennyzeitung, die täglich von Tausenden in den Straßen Londons und auch sonst in England gelesen wird. Sie mögen Dir zeigen, mit welchem Stoff und in welchem Ton diese Presse ihre Leser bereits seit Wochen füttert und wie sie in die Flamme blasen, wo sie es nur können. Uns auf dem Kontinent ist diese Heuchelei

[1] Maria Feodorowna, geb. Prinzessin Dagmar von Dänemark.

und dieser Groll äußerst verhaßt und unverständlich. Jeder versteht hier vollkommen, daß Rußland nach den Gesetzen der Ausdehnung versuchen muß, einen eislosen Hafen oder Ausgang zur See für seinen Handel zu haben. Nach diesem Gesetz ist es berechtigt, einen Küstenstreifen, wo derartige Häfen gelegen sind, zu erhalten. (Wladiwostok, Port Arthur.) Ihr Hinterland muß in Deiner Macht sein, damit Du die Eisenbahnen bauen kannst, welche die Güter zu diesen Häfen der Mandschurei führen. Zwischen diesen beiden Häfen liegt eine Landzunge, die in der Hand eines Gegners eine neue Art Dardanellen werden müßte. Das kannst Du unmöglich zugestehen. Diese Dardanellen (Korea) dürfen nicht Deine Zufuhrstraßen bedrohen und dadurch Deinen Handel lähmen. Das ist bereits im Schwarzen Meer der Fall, und das kannst Du nicht für den Osten gebrauchen. Darum ist es jedem Unbefangenen klar, daß Korea russisch sein und bleiben muß. Wann oder wie, das geht niemanden etwas an und betrifft lediglich Dich und Dein Land. Das ist die Ansicht unseres Volkes hier, und darum ist hier weder eine Erregung oder eine „Einbalsamierung" von Kriegsgerüchten oder sonstigen derartigen Dingen nötig. Sei ganz beruhigt; daß Korea Dir einst gehören wird, ist eine alte Schlußfolgerung, gleich wie die Besetzung der Mandschurei; seitdem kümmert sich hier niemand darum. Die Neujahrskarten werden Dich erfreuen. Sie wurden bei Deiner Ankunft in Wiesbaden aufgenommen. Ein kleines Andenken an glückliche Tage. Ein glückliches neues Jahr und Waidmanns Heil auch für das „große Spiel" von

Deinem ergebenen Vetter und Freund

Willy.

Herzliche Grüße an Alix.

Hubertushöhe, 10. X. 1904.

Liebster Niki!

Um keine Zeit zu verlieren, telegraphierte ich Dir gleichzeitig, nachdem ich Schebekow gesehen hatte. Ich bin sehr gerührt durch alle freundlichen Botschaften, welche Du mir durch ihn sandtest, und ich ersehe daraus, daß Dein Glaube an meine Loyalität unerschütterlich ist. Es wird indessen die Angelegenheiten wesentlich vereinfachen, daß nunmehr Alexejew zurückgerufen [1] ist. Ein General, welcher unumschränkten Befehl und die Kontrolle über alle Truppen in der Mandschurei hat, wird, dessen bin ich sicher, allen Anforderungen, die der Krieg an ihn stellt, entsprechen. Kuropatkin scheint bei seinen Truppen populär zu sein, und sie setzen volles Vertrauen auf ihn; das ist der wichtigste Punkt für einen glücklichen Ausgang.

Schebekow benachrichtigte mich von Deiner Absicht, die Schwarze-Meer-Flotte gleichzeitig zusammen mit der baltischen Flotte auszusenden und bat mich, ihm meine Meinung über diesen Plan zu sagen. Ich gestehe, daß ich seit langem die Ausführung dieses Planes erwartet habe. Es ist eine gesunde militärische Idee und wird den Sieg sichern. Um am besten vorwärts zu kommen, bin ich nach reichlicher Überlegung der Frage und nachdem ich mir die notwendigen Informationen beschafft habe, zu folgendem Entschluß gekommen: Der beste Rat würde sein, stillschweigend und ruhig die Flotte über ihre Bestimmung vorzubereiten und kein Wort über ihre Absicht irgendeinem oder irgendeiner Macht zu verraten, dann in

[1] Von seinem Posten als Statthalter des fernen Ostens, der bisher formell unter Alexejew stehende Kuropatkin wurde damit unbeschränkter Oberbefehlshaber.

dem gegebenen Augenblick ruhig und stolz durch die Dardanellen zu fahren. Der Sultan, wie wir beide es sicher wissen, wird keinen Schatten eines Widerstandes leisten, und sobald Du einmal heraus bist, werden wir uns alle vis-à-vis einem „fait accompli" befinden, das wir alle ruhig entgegennehmen werden. Ich habe nicht den leisesten Zweifel, daß auch England dies annehmen wird, obwohl seine Presse rauchen und rasen wird und seine Geschwader ein wenig, wie sie es oft im Mittelmeer getan haben, dampfen werden. Aber sie werden nicht sich ernstlich aufregen, wenn sie sehen, daß die übrigen Mächte ruhig bleiben. Die Hauptsache ist, daß es ganz plötzlich und unerwartet kommt und daß es die ganze Welt überrascht, ohne daß dies Geheimnis vorzeitig ausgeplaudert wird. Hier wird jeder absolut stumm bleiben. Mit Deiner gütigen Genehmigung werde ich eine Ordre zeichnen, die Lambsdorff zu Deinem Generaladjutanten ernennt, und Du wirst das gleiche Deinerseits freundlich mit Schebekow tun.

Dein immer wohlgesinnter

Willy.

Herzlichen Gruß an Alix.

Neues Palais, 30. X. 1904.

Liebster Niki!

Dein liebes Telegramm bereitet mir das Vergnügen, zu fühlen, daß ich Dir in einem schwierigen Moment gedient habe. Ich habe mich mit dem Kanzler in Verbindung gesetzt, und wir beide haben geheim, ohne irgend jemanden davon zu benachrichtigen, die drei Artikel des Vertrages, wie Du es wünschtest, entworfen. Möge es so sein, wie Du es sagst, laß uns zusammenstehen, dann könnte unser Bündnis ein rein defensives sein, das sich ausschließlich gegen einen europäischen Angreifer oder mehrere Angreifer in der Form einer wechselseitigen Feuerversicherung gegen eine Feuersbrunst richtet. Es ist sehr wesentlich, daß Amerika sich nicht durch unser Bündnis bedroht fühlt. Roosevelt, wie ich weiß, hat infolge der äußersten Abneigung der Amerikaner gegen alle farbigen Rassen keine besondere Zuneigung zu Japan, obgleich England sein Äußerstes tut, um auf Amerikas Stimmung zugunsten Japans zu wirken. Außerdem haben die Amerikaner eine klare Auffassung der unbestreitbaren Tatsache, daß ein mächtiges japanisches Reich eine drohende Gefahr für die amerikanischen Philippinen ist. Was Frankreich betrifft, so wissen wir beide, daß die Radikalen und die antichristlichen Parteien im Augenblick die Oberhand haben und England zuneigen. Alte Traditionen aus dem Krimkrieg, aber beide dem Krieg abgeneigt, da ein siegreicher General sicherlich eine Vernichtung dieser Republik elender Bürgerlicher bedeuten würde. Die nationalistische oder klerikale Partei hat keine Neigung für England und immer Sympathie für Rußland, aber sie denkt im Traum nicht daran, ihr Geschick mit demjenigen Rußlands im gegenwärtigen Kriege zu vereinigen. Zwischen diesen beiden Parteien wird die republikanische Regierung neutral bleiben und nichts tun. England rechnet auf diese Neutralität und auf die darauffolgende Isolierung Rußlands. Ich weiß ganz genau, daß im Dezember letzten Jahres der französische Finanzminister Rouvier nach seiner eigenen Versicherung dem Finanzagenten einer anderen Macht sagte, daß auf keinen Fall, was immer sich auch ereignen würde, Frankreich sich einem russisch-japanischen Kriege anschließen würde, selbst wenn England auf Seiten Japans stehen würde. Um diese Republikaner doppelt sicher zu machen, hat England Frankreich Marokko übergeben[1]. Die absolute Sicherheit, daß Frankreich neutral zu bleiben und selbst seinen diplomatischen Beistand England zu leihen beabsichtigt, ist die Ursache, die der englischen Politik im Augenblick ihre ungewohnte brutale Sicherheit leiht. Dieser unerhörte Zustand der Dinge wird sich zum Besseren wenden, sobald Frankreich sich der Notwendigkeit gegenüber sieht, Partei zu ergreifen und sich offen zu erklären, entweder für Petersburg oder für London. Wie ich vorher gesagt habe, sind die Radikalen, welche England zuneigen, dem Kriege und dem Militarismus abgeneigt, während die Nationalisten, wenn sie auch den Krieg an sich nicht verwerfen, doch nicht für England und auch nicht gegen Rußland fechten werden. So liegt es offenbar im Interesse beider Parteien, einen Druck auszuüben und England zu raten, den Frieden zu erhalten. Wenn Du und ich Schulter an Schulter beieinander stehen, wird das Hauptergebnis sein, daß Frankreich offen und formell uns beiden sich anschließen muß, indem es schließlich Vertragsverpflichtungen gegen Rußland erfüllt, was von höchstem Wert für uns ist, namentlich mit Rücksicht auf seine schönen Häfen und gute Flotte, die dann ganz zu unserer Verfügung wäre. Dies wird, dessen magst Du versichert sein, den Befürchtungen betreffs eines sogenannten Neutralitätsbruches ein Ende bereiten. Ist dieses Ziel erst einmal erreicht, so erwarte ich, den Frieden aufrechterhalten zu können, und Du wirst freie und ungestörte Hand haben, mit

[1] Französisch-englischer Marokkovertrag.

den Japanern abzurechnen. Laß mich offen hinzufügen, daß ich Deinen meisterhaften politischen Instinkt bewundere, der Dich veranlaßt hat, den Nordseezwischenfall[1] an den Haager Schiedsgerichtshof zu verweisen. Denn gerade dieser systematisch verdrehte Zwischenfall ist von den französischen Radikalen, Clémenceau und all dem übrigen Lumpenpack und Pöbel als ein weiteres Argument gegen die Notwendigkeit, daß Frankreich seine Vertragsverpflichtungen gegen Rußland zu erfüllen habe, ausgenutzt worden. Bevor wir daher irgendwelche Schritte in dieser Frage ergreifen können und uns Frankreich nähern, muß dieser verdrießliche Nordseezwischenfall erst zu einem Ende gebracht sein. Denn wie ich unterrichtet bin, haben Delcassé und Cambon bereits die britische Ansicht über diesen Zwischenfall sich zu eigen gemacht und demgemäß die Haltung der französischen Regierung in einer England freundlichen Weise festgelegt. Sollten wir daher bezüglich dieser Frage einen Druck auf Frankreich ausüben, so würde es ohne Zweifel für England Partei ergreifen, gerade was wir nicht wünschen, daß es tun möge. „Erst muß der Zwischenfall beigelegt sein", danach allein kann unsere Aktion beginnen.

Ich lege Dir hier beigeschlossen einen Entwurf der Vertragsartikel, wie Du sie wünschtest, bei, möge er Deine Billigung finden. Niemand weiß etwas davon, selbst nicht mein Auswärtiges Amt. Die Arbeit wurde von Bülow und mir allein gemacht. „Möge Gottes Segen auf dem Vorhaben der beiden hohen Herrscher ruhen und die mächtige dreifache Gruppe Rußland,

---

[1] Es handelt sich um den Angriff russischer Kriegsschiffe auf englische Fischereischiffe an der Dogger-Bank in der Nordsee.

Deutschland und Frankreich für immer Europa den Frieden bewahren helfen." Das waren seine Worte (Bülows), als wir damit fertig waren. Ich sende, um Dich bei Deiner Ankunft an unserer Grenze zu begrüßen, General der Infanterie von der Goltz und den Oberpräsidenten von Ostpreußen von Moltke nach Suwalki. Ersterer kommandiert das erste Armeekorps, nachdem er Führer unserer Geniekorps gewesen, welchen Posten er nach seiner Rückkehr aus der Türkei ausgefüllt hat, wo er viele Jahre mit fruchtlosen Bemühungen um die dortige Heeresreorganisation verbracht hatte. Letzterer ist Oberpräsident von Ostpreußen, ein Neffe des alten Generalfeldmarschalls und ein Bruder meines Generaladjutanten, der Deine Grenadiere befehligte und oft von Dir freundlich empfangen wurde, wenn er in besonderer Mission dorthin kam. Mit herzlichem Gruß an Alix verbleibe ich

Dein immer wohlgesinnter Vetter und Freund

Willy.

Projekt. Ihre Majestäten die Kaiser aller Reußen und von Deutschland haben, um die Aufrechterhaltung des Friedens sicherzustellen, folgende Artikel eines Defensivbündnisvertrages festgesetzt: Artikel I. Im Falle, daß eins der beiden Reiche von einer europäischen Macht angegriffen wird, wird der Verbündete dasselbe mit allen seinen Streitkräften zu Wasser und zu Lande unterstützen. Seine Majestät der Kaiser aller Reußen wird die notwendigen Schritte ergreifen, um demgemäß Frankreich aufzufordern und es verpflichten, als Alliierter diesem Bündnis beizutreten. Artikel II. Die hohen Vertragsparteien verpflichten sich, keinen Separatfrieden mit irgendeinem gemeinsamen Gegner zu schließen. Artikel III. Der gegenwärtige Vertrag wird mit einjähriger Kündigungsfrist in Kraft bleiben. Geheimartikel. Die hohen vertragschließenden Parteien sind übereingekommen, gemeinsame Sache für den Fall zu machen, daß Taten, die von einer dritten Macht während des gegenwärtigen Krieges, wie z. B. Lieferung von Kohle an eine der kriegführenden Parteien, begangen sind, Grund zu Berufungen gegen die dritte Macht geben, daß es sich um angebliche Verletzung des Neutralitätsrechtes handelt. Es ergibt sich aus dem Schluß von Alinea I des ersten Artikels, daß Deutschland sich mit keiner Handlung verbindet, die wie auch immer feindliche Tendenzen gegen Rußland in sich schließen könnte.

Vertragsentwurf. Ihre Majestäten Kaiser aller Reußen und Kaiser von Deutschland haben, um, soweit es sich ermöglichen läßt, den russisch-japanischen Krieg zu lokalisieren, folgende Bestimmungen eines Defensivbündnisvertrages abgeschlossen. Artikel 1: Für den Fall, daß eins der beiden Reiche von einer europäischen Macht angegriffen wird, gewährt der Verbündete mit allen seinen Streitkräften zu Wasser und zu Lande Unterstützung. Die beiden Alliierten werden im vorliegenden Fall gemeinsam handeln, um Frankreich an seine Verpflichtungen zu erinnern, die es nach den Bestimmungen des französisch-russischen Allianzvertrages auf sich genommen hat. Artikel 2: Die beiden hohen vertragschließenden Parteien verpflichten sich, keinen Sonderfrieden mit irgendeinem gemeinsamen Gegner abzuschließen. Artikel 3: Die Verpflichtung, einander gegenseitig zu helfen, gilt in gleicher Weise für den Fall, in welchem Handlungen von einer der beiden hohen vertragschließenden Parteien während des Krieges, wie zum Beispiel Kohlenlieferungen an einen der Kriegführenden begangen sind, die zu Berufungen gegen eine dritte Macht Anlaß geben, wenn es sich um angebliche Verletzung des Neutralitätsrechtes handelt.

Neues Palais, 17. XI. 1904.

Liebster Niki!

Dein lieber Brief zeigt mir noch einmal, daß die Lokalisation des gegenwärtigen Krieges und die Vermeidung eines europäischen Krieges die Hauptgrundsätze unserer beiderseitigen Anstrengungen sind. Ich bin so frei, Deine freundliche Erlaubnis zu mißbrauchen, um in unserem gegenseitigen Interesse Dir zwei Veränderungen vorzuschlagen. Die eine dient dazu, meinen Vorschlag zu modifizieren, die andere betrifft die Endklausel Deines Vorschlages. Es dürfte möglich sein, daß der Ausdruck „um den russisch-japanischen Krieg zu lokalisieren", falls durch offizielle Publikation oder durch Indiskretion der geheime Inhalt des Vertrages bekannt wird, von anderen Mächten dahin ausgelegt werden könnte, als ob es sich darum handelt, daß der Vertrag nur Gültigkeit habe, im Falle England zum Krieg als Verbündeter Japans schreitet, d. h. sich als provokatorische Drohung lediglich allein gegen dieses richtet. In Wahrheit und Wirklichkeit liegt es so, aber es ist nicht gut, die ganze Wahrheit zu sagen. Wir sehen jetzt, daß die englische öffentliche Meinung sich in einem Zustande der Nervosität befindet, der fast an Wahnsinn grenzt, wofür uns allen kürzlich einige ergötzliche Beweise geliefert worden sind. Es würde in dieser Stimmung den Vertrag als direkte Provokation und ein direktes Hindrängen zu einer

Schlußkatastrophe erblicken, die wir beide zu vermeiden suchen, oder wenigstens verschieben möchten. Darum denke ich, daß der von mir gebrauchte Ausdruck „um die Aufrechterhaltung des europäischen Friedens" sicher zu erhalten, völlig unserer Absicht entsprechen würde und in keinem Fall als Provokation ausgelegt werden könnte. Wir denken allein an uns selbst und vermeiden, mit den Fingern auf irgend jemand zu zeigen (was außerdem als ein Mangel von gesellschaftlichem Takt angesehen werden könnte). Niemand, der ein reines Gewissen hat, besitzt nota bene irgendein Recht, sich durch einen derartigen Vertrag beunruhigt zu fühlen, und es wird den erzürnten Jingos in England sehr schwer fallen, diesen Entschluß zu einem „Casus belli" zu verkehren. Diese Abänderung in dem Wortlaut des Vertrages benötigt, wie ich glaube, eine gewisse Zeitbegrenzung. Entweder eine kurze Frist mit einer Aufhebung zu irgendeinem Jahrestermin, oder, wenn Du es lieber willst, eine längere Vertragsdauer. Die Verlängerung würde im Falle, wie ich inbrünstig hoffe, der Vertrag Deinen Wünschen entspricht und sich als Wohltat für die beiden Nationen erweist, sich ganz von selbst automatisch vollziehen. Dies kann genau festgelegt werden, wie Du willst. Die nächste Abänderung bezieht sich auf die kürzlich hinzugesetzte Endklausel des Vertrages. Man muß daran denken, daß, wenn Du z. B. wünschst, daß der Vertrag unveröffentlicht bleibt, Indiskretionen möglich sind — Mauern haben Ohren und Diplomaten Zungen, die schwatzen werden —, unter diesen Umständen die auf diesen Wortlaut sich gründende Meinung die sein könnte, daß ich mich ausdrücklich verpflichtet hätte, Dir Hilfe zu leisten, um die Eroberung Rußlands abzuwehren, was dahin zielen würde, unmittelbar Artikel I in ein rein aggressives Licht zu setzen. Dies würde die gesamte politische Welt dahin führen, zu folgern, daß wir an Stelle eines Defensivbündnisses eine Art gemeinsame Gesellschaft mit beschränkter Haftung für Annexionszwecke gegründet hätten, die möglicherweise Geheimklauseln für private Wohltaten an Deutschland enthielten. Das allgemeine Mißtrauen, welches sich daraus ergibt, würde schwer unsere beiderseitige Lage gefährden, da Amerika sich unverzüglich mit England verbinden würde, was unter keinen Umständen geschehen darf, indem es in dem Mißtrauen handelt, daß Rußland und Deutschland auf dem Wege sind, aggressive Tätigkeit zu weiteren selbstsüchtigen Zwecken zu entfalten. Aber es wird gerade die Hauptaufgabe der russischen und deutschen Diplomaten darin bestehen, Amerika davon abzuhalten, sich mit England zu vereinigen. Sollte der Vertrag, sei es durch offizielle Veröffentlichung oder durch Indiskretion bekannt werden, so müßte Bülow bei Beantwortung von Fragen im Reichstage imstande sein, zu erklären, daß keine Geheimklauseln existieren, welche die defensive Natur des Vertrages verletzen können, oder Deutschland auf Kosten der anderen zu etwas anderem als zur Unterstützung zur Aufrechterhaltung des europäischen Friedens, wenn dieser von irgend jemanden bedroht sein sollte, verpflichten. Aus diesem Grunde schlage ich Dir einen anderen Wortlaut vor. Die leitende Idee dabei ist die unaufhörliche Polemik der russischen Presse in den letzten Monaten gegen einen Friedensvermittlungskongreß, gleich jenem im Jahre 1878[1], dessen möglichen Zusammentritt eure Zeitungen

[1] Berliner Kongreß, auf dem Rußland genötigt wurde, einen großen Teil dessen wieder preiszugeben, was ihm die besiegte Türkei im Vorfrieden von San Stefano zugestanden hatte.

befürchten — und es liegen Anzeichen vor, daß einige Mächte bereits in dieser Richtung tätig sind, vor allem Paris und London —, ein Friedenskongreß, der, was irgend in seiner Macht steht, tun würde, um die Sieger und Besiegten auf ein und dieselbe Grundlage zu stellen und zu versuchen, dem ersteren seine Eroberungen und Vorteile wie im Jahre 1878 zu rauben. Außerdem schließt dieser Wortlaut in seiner neuen Form alle Möglichkeiten ein für allemal für Deutschland aus, auf solchem Friedenskongreß Partei zu sein, und gleichzeitig raubt es allen Übelwollenden und Kritikern die Gelegenheit, zu denken, daß wir irgendein anderes Ziel im Auge haben, als den Frieden ohne irgendeine Provokation zu bewahren. Dies sind meine beiden Vorschläge, die ich Deiner freundlichen Zustimmung unterbreite und hoffe, daß Du mit ihnen Hand in Hand gehst, wobei die Absicht ist, dadurch zu vermeiden, daß England tätigen Anteil an diesem Kriege nimmt, und, wenn möglich, auch Amerika daran zu hindern, sich mit England zu verbinden.

Ich weiß nicht, ob Du es für nötig hältst, die Geheimklausel 3 Frankreich mitzuteilen. Handle wie Du willst, aber ich glaube, daß die anderen Vertragsartikel es zurückhalten werden, beiseite zu stehen. Delcassé wird, dessen bin ich sicher, die Antikongreßtendenz aus dem Sinne herausfinden, und in der Erwägung, daß er bereits Unterhandlungen mit London und mit anderen Mächten eröffnet hat, um einen Friedensvermittlungskongreß herbeizuführen, in gewisse Schwierigkeiten geraten, daß er zu plötzlich die bereits begonnenen Verhandlungen abbrechen muß. Zweifellos würde Frankreich viel eher eine andere Gruppierung der Mächte vorziehen, als die des Dreibundes, wie im Jahre 1896, aber der russisch-deutsche Vertrag, erst einmal zur Tatsache geworden, wird unsere vereinten Mächte zu einem starken Druck auf Frankreich veranlassen, was Du bereits in Deinem Telegramm vom 29. Oktober vorausgesehen hast, indem Du sagtest: „Wenn das Arrangement von uns angenommen ist, muß Frankreich sich uns anschließen.“ Es wird natürlich die Arbeit Deiner Diplomatie sein, die notwendigen Verabredungen mit Frankreich zu treffen. Deutschland bleibt inzwischen schweigend hinter Dir. Die diplomatischen, bürgerlichen und freimaurerischen Männer wie Delcassé, Combes usw. haben ebensoviel von dem Siege als auch von der Niederlage zu fürchten, und im Augenblick wissen sie, daß Frankreich unmöglich neutral bleiben kann, und in der Notwendigkeit, Partei zu ergreifen, wird man mit aller seiner Macht, die man besitzt, es bewirken, England zurückzuhalten, in den Krieg zu ziehen. Last not least eine ausgezeichnete Gelegenheit, um die britische Frechheit und Anmaßung abzukühlen, würde es sein, einige militärische Demonstrationen an der Grenze von Persien und Afghanistan zu veranstalten, wo die Engländer glauben, daß Du zu machtlos seiest, um während dieses Krieges mit Truppen zu erscheinen; sollten selbst die zu Deiner Verfügung stehenden Streitkräfte nicht zu einem wirklichen Angriff auf Indien genügen, so würden sie für Persien ausreichen, das keine Armee hat, und ein Druck auf die indische Grenze von Persien her würde in England Erstaunen hervorrufen und einen bemerkenswert beruhigenden Einfluß auf die erhitzten, haßerfüllten Jingos in London ausüben. Denn ich weiß und bin darüber unterrichtet, daß dies das einzige ist, wovor sie Angst haben, und daß die Furcht vor Deinem Einbruch in Indien von Turkestan aus und in Afghanistan von Persien aus der wirkliche und alleinige Grund war, daß die Kanonen von Gibraltar und der britischen Flotte seit drei Wochen still geblieben sind. Die indische Grenze und Afghanistan sind der einzige Teil der Erdkugel, wo die Gesamtheit seiner Kriegsflotte England nicht zur Verfügung steht, und wo ihre Kanonen machtlos sind, um dem Eindringling zu begegnen. Indiens Verlust ist der Todesstoß für England. So wird unser Vertrag seine Aufgabe, den Frieden von Europa zu erhalten, voll erfüllen. Sollte der revidierte Entwurf und die vorgelegten Motive mit Deinen Vorschlägen sich begegnen, so kann die Unterzeichnung sofort vonstatten gehen. Ich erwarte, daß Lambsdorff Deine Befehle erhält, um die Formalitäten abzufassen. Gott gebe, daß wir den richtigen Weg gefunden haben, um die Kriegsschrecken zu hemmen, und gebe unseren Plänen seinen Segen. Vertraue auf mich, mein liebster Niki, mit herzlichem Gruß an Alix

Dein stets wohlgesinnter Freund und Vetter

Willy.

Berlin, 7. XII. 1904.

Liebster Niki!

Die englische Regierung scheint, wie Du aus der englischen Presse ersehen haben wirst, zu denken, daß der gegenwärtige Augenblick zu einer Aktion gegen die Versorgung Deiner baltischen Flotte mit Kohle günstig ist. Unter dem Vorwande, daß es ihre Pflicht sei, die strikteste Neutralität aufrechtzuerhalten, hat sie verboten, daß deutsche Schiffe, die der Hamburg-Amerika-Linie gehören oder von ihr gechartert sind, die britischen Häfen verlassen. Meine Befürchtung — ich schrieb Dir vor längerer Zeit —, daß sich dies schließlich ereignen würde, ist wahr geworden, und es liegt jetzt auf mir, rechtzeitige Schritte zu ergreifen, um die Haltung, welche Deutschland diesen Maßnahmen gegenüber zu ergreifen hat, festzulegen. Es liegt mir die Absicht fern, Dich mit Deiner Antwort auf meine letzten Bemerkungen über Deine Vorschläge unseres Defensivbündnisses zu beeilen. Aber Du wirst, dessen bin ich sicher, völlig auf die Tatsache achten, daß ich jetzt absolut positive Garantien von Dir haben muß, ob Du beabsichtigst, mich ohne Hilfe zu lassen oder nicht, für den Fall, daß England und Japan mir den Krieg erklären, wenn Deutschland der russischen Flotte Kohlen liefert. Solltest Du nicht in der Lage sein, mir eine absolute Garantie zu gewähren, daß Du in einem solchen Kriege loyal Schulter an Schulter mit mir kämpfen willst, so bedaure ich die Notwendigkeit des unmittelbaren Verbots, daß deutsche Dampfer Deiner Flotte weiter Kohlen liefern sollen.

Alvensleben[1] hat den Befehl, noch einmal die Kohlenfrage mit Lambsdorff[2] aufzuklären. Herzliche Grüße an Alix

Dein immer wohlgesinnter Vetter und Freund

Willy.

Neues Palais, 21. XII. 1904.

Liebster Niki!

Aufrichtigen Dank für Deinen freundlichen Brief und die beiden Telegramme, wie auch für Deinen

[1] Deutscher Botschafter in Petersburg.

[2] Russischer Minister des Auswärtigen.

freundlichen Befehl, die Kohlenfrage zu regeln. Wir können natürlich nicht voraussehen, ob die von Deiner Regierung gegebene Erklärung genügen wird, um jeglicher Art von Verwicklung, die aus dem Laufe der gegenwärtigen Dinge entstehen kann, zu begegnen. Es ist indessen nicht meine Absicht, irgendeinen Druck zu irgendeiner Lösung, die Dir nicht wünschenswert erscheint, auf Dich auszuüben. Wir werden unter allen Umständen wahre und treue Freunde bleiben. Meine Meinung über den Vertrag ist noch dieselbe, es ist unmöglich, Frankreich in unser Vertrauen zu ziehen, b e v o r es nicht zwischen uns beiden zu einer endgültigen Vereinbarung gekommen ist. Loubet und Delcassé sind zweifellos erfahrene Staatsmänner, aber da sie nicht Fürsten oder Kaiser sind, so kann ich sie in einer V e r t r a u e n s s a c h e wie diese nicht auf den gleichen Fuß wie Dich, meinen Vetter und Freund, stellen.

Solltest Du daher denken, daß es die Notwendigkeit erheischt, die französische Regierung mit unseren Unterhandlungen bekannt zu machen, b e v o r wir zu einer definitiven Lösung gekommen sind, so halte ich es für alle in Betracht kommenden Parteien besser, in unserer gegenseitigen Lage wechselseitiger Unabhängigkeit und freiwilliger gegenseitiger Förderung, soweit wie es die Lage erlaubt, weiter zu verbleiben. Ich vertraue fest und glaube, daß die Hoffnung, uns gegenseitig nützlich zu sein, nicht nur während des Krieges verwirklicht wird, sondern auch noch nachher während der Friedensverhandlungen. Denn unsere Interessen im fernen Osten sind in mehr als einer Hinsicht die gleichen.

Ich wünsche Dir und Alix von ganzem Herzen ein

frohes Weihnachtsfest und ein glückliches neues Jahr. Möge der Herr Euch alle segnen und nicht den Jungen vergessen. Mit aufrichtigstem Gruß an Alix und behalte lieb, mein liebster Niki,

Deinen wohlgesinnten und ergebenen Vetter und Freund

Willy.

Berlin, 2. I. 1905.

Liebster Niki!

Herzlichen Dank für Deinen lieben Brief und Deine Neujahrskarten, die sehr gut ausgeführt sind. Der Kosakenangriff ist das Wirkungsvollste, und ich kann mir nicht helfen, wenn ich denke, was gekommen wäre, wenn General Samsonoff in Liao Nang eine gleiche Attacke wie die mit den 17 000 Säbeln und Lanzen gegen den japanischen linken Flügel geritten hätte. Die Nachricht von dem Fall von Port Arthur, die hier gestern abend eintraf, hat sehr großes Aufsehen erregt. Wir alle haben die größte Sympathie mit den tapferen Generälen [1] und den tapferen zusammenschmelzenden Reiterverbänden unter ihrem Befehl, welche bis zum äußersten ausharrten, um bis zum letzten ihre Pflicht gegen ihren Kaiser und ihr Land zu erfüllen. Ihre Verteidigung von Port Arthur wird für alle Zeiten sprichwörtlich sein, und ein Beispiel, dem nachgeeifert werden wird, solange ein Soldat existiert. Ehre ihnen für ewig! Der drohende Fall der zum Fall verdammten Festung, hat schon seit einiger Zeit die diplomatischen Zungen, die in den verschiedensten Hauptstädten der Welt schwatzen, in Bewegung ge-

[1] General Stössel, der Port Arthur übergab, wurde bekanntlich wie der japanische General Nogi von Wilhelm II. mit dem Schwarzen Adler ausgezeichnet.

setzt, mancherlei verschiedene Gerüchte und Nachrichten von einem Waffenstillstande und selbst von Friedensverhandlungen, sind mir von überall her zu Ohren gekommen. Da es ziemlich schwierig ist, Wahrheit von Eingebungen der Phantasie zu trennen, so hoffe ich, Du wirst nicht glauben, daß ich in Deine Privatdinge eindringe, wenn ich mich selbst ermuntere, Dich zu bitten, mir zu erzählen, was Deine Pläne für die Zukunft sind, so daß ich Dir, wenn möglich, mich nützlich erweisen könnte und imstande wäre, Dir den Gang meiner Politik vorzulegen. Dies um so mehr, als Lambsdorff Alvensleben gestern erzählte, daß Frankreich schon unsere Bedingungen kenne. Nun, ich möchte lieber von Dir selbst informiert sein, anstatt ringsherum durch andere Agenturen, da ich fest zu Deinem Lande und Dir vom ersten Tage an als treuer Freund gestanden habe!

Nach einem längere Zeit andauernden, ungewöhnlich warmen und nebligen Wetter, das beinahe bis Weihnachten das Ausreiten ermöglichte, ist plötzlich ein sehr starker Sturm ausgebrochen, der von scharfem Frost und Schneefall begleitet war. Der Winter scheint damit sehr ernstlich eingezogen zu sein. Dies läßt mich an die Lebensbedingungen denken, denen die Heere in der Mandschurei jetzt ausgesetzt sind, die dort schon so lange Monate stehen. Ich bin froh, daß Du die Tapferkeit meines Regiments, das sich so sehr am Schaho ausgezeichnet hat, durch so zahlreiche Dekorationen belohnt hast. Ich hoffe, daß sie auch eine große Anzahl St. Georgskreuze erhalten haben.

Jetzt, wo das Programm zur Erneuerung Deiner Flotte veröffentlicht ist, wirst Du hoffentlich nicht vergessen, Deine Behörden an unsere großen Firmen in

Stettin und Kiel usw. zu erinnern. Sie werden, dessen bin ich sicher, Dir schöne Typen von Schlachtschiffen liefern. Ich bin so froh, daß Erni wieder engagiert ist, und ich will zu seiner Hochzeit, Anfang nächsten Monats, gehen. Ich hoffe, Du wirst die beiden Vasen für das Christfest, die aus unserer Königlichen Porzellanmanufaktur stammen, freundlichst annehmen. Sie sind ein Symbol meiner wärmsten Wünsche für Dich, Deine Familie und Dein Land im kommenden Jahr, in welchem Gott Euch bewahren möge. Lebe wohl.

Dein immer wohlgesinnter und ergebener Freund und Vetter

Willy.

Berlin, 15. I. 1905.

Liebster Niki!

Die Witwe des alten Fürsten Anton Radziwill, Fürstin Marie, steht im Begriff, nach Petersburg zu reisen und Deine Zustimmung zum Testament ihres verstorbenen Gatten zu erbitten. Fürst Anton war nicht nur ein liebgewordener und vertrauter Diener meines verstorbenen Großvaters als sein Adjutant und Generaladjutant, sondern auch sein aufrichtiger und geliebter persönlicher Freund, wie auch meines verstorbenen geliebten Vaters, und auch mein Freund. Seine gewinnende Art und seine frohe Natur, wie sein ritterlicher Charakter, gewannen ihm treue Freunde, und Dein Großvater und Vater haben ihn beide stets gern gehabt. Seine Frau war die langjährige Freundin meiner verstorbenen Mutter und wurde von ihrem Gatten als Testamentsvollstreckerin für seine letzten Verfügungen ernannt. Die ganze Zukunft ihrer Kinder und Familie hängt tatsächlich von Deiner freundlichen Zustimmung zu diesem Testament ab, und ich wage, Dir ihre Angelegenheit zu unterbreiten und Dich zu bitten, daß Du Deine Freundlichkeit ihr zuteil werden lassen mögest, da sie sehr traurig und niedergebrochen durch ihren Verlust ist. Sie fühlt ihn um so mehr, als ihr ältester Sohn, ein hoffnungsloser Idiot, in einer Anstalt sich befindet, so daß sie auch für ihre Enkel sorgen muß. — Dein Gesandter, Osten-Sacken[1], ist in großer Sorge um seine arme alte Frau. Sie hat an sich eine sehr schwere Operation im Rücken vornehmen lassen müssen, ohne daß Chloroform angewendet werden durfte, und sie kann nicht liegen, sondern muß ihre Nächte sitzend in einem Stuhl verbringen und leidet schreckliche Schmerzen, so daß man im Hinblick auf ihre 84 Jahre um ihr Leben sehr besorgt ist. Armer alter Mann. Die Ungewißheit lastet sehr auf ihm, und ich fürchte, daß, wenn sie sterben sollte, er nicht mehr fähig ist, so zu arbeiten wie früher, und er vielleicht auch an seinen Rücktritt denkt. Sollte einmal ein Wechsel Deiner Gesandtschaft eintreten, so möchte ich Dich g a n z p r i v a t bitten, Iswolsky[2] hierher zu senden. Er ist einer der besten Männer in Deinem Auswärtigen Amt, seit langer Zeit ein intimer Freund des Grafen Bülow, der überglücklich sein würde, ihn hier zu haben, da sie früher als Diplomaten zusammen arbeiteten, und da er Iswolsky sehr gern hat. — Schließlich möchte ich Dich noch einmal an Dein gütiges Versprechen, das Du mir zweimal gegeben hast und zweimal verschobst,

[1] Russischer Botschafter in Berlin.

[2] Iswolsky war einer der deutschfeindlichsten russischen Staatsmänner, der sich um das Zustandekommen der Triple-Entente Rußland-Frankreich-England besonders bemühte.

daß mein Schwager Friedrich Leopold in Deine Armee aufgenommen werden könnte, erinnern. Zum letzten Male war im Juli alles bereits fix und fertig, als er übergangen wurde, was ihn in eine sehr schwierige Lage Deiner Armee und Deinen Offizieren gegenüber brachte, da er, wie wir sagen, besonders „blamiert“ ist, nachdem Karl von Hohenzollern[1] nach Japan abgereist ist, was geschah, da wir dachten, daß auch Friedrich Leopold nach Mukden abfahren würde. Nun zeigen die Leute auf Friedrich Leopold mit den Fingern, und der arme Kerl ist ganz mutlos, da er sich einen ganzen Stapel von Kleidern gekauft hat und jederlei Vorbereitungen traf, selbst Deine Sprache lernte. Er wird in keinem Punkte für Eure Generäle ein Hindernis bieten, da er ein ruhiger Mann ist. Da das Heer groß und mächtig ist, denke ich, es schadet nicht, daß er kommt. So wage ich wiederum, Dich zu fragen, ob Du ihm das Dorthinreisen gestatten kannst. Entschuldige, bitte, daß ich Dich mit dieser Angelegenheit belästige, aber sie ist besser zwischen uns geordnet. Mit herzlichem Gruß an Alix verbleibe ich

Dein wohlgesinnter Freund und Vetter

Willy.

Berlin, 6. II. 1905.

Liebster Niki!

Dein freundlicher Brief hat mich am Morgen meines Geburtstages so früh erreicht, daß Deine Wünsche die ersten waren, die ich empfing. Nimm, bitte, meinen wärmsten Dank dafür. Gott möge geben, daß sie sich

---

[1] Prinz Karl von Hohenzollern, späterer Fürst Karl von Hohenzollern.

erfüllen. Dein letzter Brief traf mich in dem Augenblick schrecklicher Sorge, denn gerade war mein armer Junge schwer erkrankt, es handelte sich um Leben und Tod. Die ganze folgende Woche war eine schreckliche Prüfung, und meine arme Frau fiel in Ohnmachten, da sie am Bett des Patienten wachte. Dank sei Gott, daß er unser Gebet erhörte und das Leben unseres Knaben rettete.

Mein Schwager[1] ist sehr dankbar für Deine gütige Erlaubnis, daß Du ihm gestattest, nach der Front aufzubrechen. Auf seiner Ausreise soll er Dir selbst Bericht erstatten und Dir diese Zeilen übergeben. Seine Reise ist begrenzt worden, wie Du wünschest, und er ist darüber instruiert, sich ganz ruhig im Hintergrund zu halten, so daß er in keiner Weise dem Höchstkommandierenden zur Last fällt. Er bittet, daß der letztere keine unnötige Notiz von ihm nimmt und nicht vergessen möge, daß er ein einfacher Zuschauer ist, der ernstlich die Kriegskunst zu erlernen wünscht. Du bist durch ernste Unruhe[2], die infolge der Aufreizung und Agitation unter den niederen Klassen entstanden, hindurchgegangen. Ich bin froh, daß Deine Soldaten sich verläßlich zeigten, und vertraue ihrem Eid, den sie ihrem Kaiser geleistet haben. Die Aufnahme der Deputation von Arbeitern, welche schlecht unterrichtet scheinen und zum Teil von den Agitatoren zum Streik aufgewiegelt wurden, machte überall einen guten Eindruck, da sie ihnen zeigte, daß sie in das Antlitz ihres Väterchens blicken konnten, welche Ehre sie in angemessener Form erbaten. Es existieren viele und meist vage Reformpläne in Deinem Lande, soweit ich beurteilen

---

[1] Prinz Friedrich Leopold.

[2] Russische Januar-Revolution 1905.

kann, aber der wirksamste und best angepaßte für das Volk und seine Charakterart scheint mir die Bildung einer Körperschaft von Männern, die aus den besten und fähigsten Köpfen in den verschiedensten Semstwos[1] erwählt sind. Diese Körperschaft könnte dem kaiserlichen Rat angeschlossen werden, und ihr könnte jede wichtige Frage übergeben werden, deren Bearbeitung und Vorbereitung für den Rat ein lebendiges Interesse für ganz Rußland hat. Auch könnten mit den speziellen, zur Diskussion stehenden Problemen wohlvertraute Männer, die aus allen Teilen des Volkes ad hoc ausgewählt sind, um ihre Meinung angegangen werden. Und am besten würde es sein, wenn Du von Zeit zu Zeit das Präsidium übernimmst, um so viele verschiedene Menschen als möglich zu hören und Dir ein klares Urteil über die vorliegenden Fragen zu bilden. Gerade so wie ich es 1890 tat, als ich das große Komitee zur Ausarbeitung der „sozialen Gesetze" für die arbeitenden Klassen nach dem großen Streik zusammenberief, in welchem Komitee ich auch wochenlang den Vorsitz führte. Auf diese Weise könnte diese Körperschaft dem kaiserlichen Rat mit jeglicher Information, die er wünscht, dienen und Dich gleichzeitig befähigen, mit der großen Menge der arbeitenden Klassen in Verbindung zu bleiben und dadurch der letzteren jedes Mittel zu sichern, daß sie in Angelegenheiten, die sich auf ihre Wohlfahrt beziehen, einen direkten Verbindungskanal zwischen dem einfachen Volk und seinem Kaiser und Vater haben. Außerdem würdest Du auf Grund Deiner eigenen Information imstande sein, eine gute Wache und Kontrolle über Deinen kaiserlichen Rat auszuüben und über

[1] Selbstverwaltungskörperschaften der russischen Gouvernements.

die Ministerkomitees und darauf zu achten, daß sie so arbeiten, wie Du es wünschest und Dein Volk es begehrt. Dieser Weg sichert die Exekutive ein für allemal dem autokratischen Zaren und nicht einem leitenden Minister mit einem Stab von hilflosen Kollegen, die ihrem Leiter blindlings folgen.

An meinem Geburtstage wurde mein Dir wohlbekannter größter Adjutant, Herr von Plüskow — in Paris nennen ihn die Damen „Plus que haut" —, zum Oberst Deiner Alexandergrenadiere ernannt. Sie stellten die Ehrenwache zu meinem Geburtstags-„Razwod" und schauten mächtig aus, wie Du aus den beiliegenden Photos ersehen kannst. Zur rechten Zeit, wenn die Lage sich beruhigt hat und es Dir angenehm ist, wird der neue Oberst Dir seine Aufwartung machen.

Da ich gehört habe, daß Sergius[1] erwähnte, daß Deine Behörden auf Krupp ärgerlich wären, da er nicht die Lieferzeit für die von Rußland in Auftrag gegebenen Batterien einhielt, so habe ich eine Untersuchung in seinen Betrieben befohlen und sende Dir die Kopie des Berichtes, den ich empfing, der zeigt, daß kein Grund für die oben erwähnten Klagen vorliegt. Die in den Betrieben der Hamburg-Amerika-Linie vorgenommenen Untersuchungen zeigen in gleicher Weise, daß die Gerüchte, wonach sie Kanonen und Munition auf ihren Schiffen für Japan mitgenommen hätten, völlig unbegründet sind. Sie haben keine Waffen oder Kriegsgerät irgendeiner Art nach oder für Japan mitgenommen. Es scheint, daß Wolken französischer und englischer Agenten, welche die Admiralität

[1] Großfürst Sergius, Onkel des Zaren, Bruder Alexanders III., vermählt mit der Schwester der Zarin Elisabeth von Hessen. Sergius wurde am 17. 2. 1905 ermordet.

und das Kriegsamt belagern, ärgerlich darüber, daß unsere Firmen Deiner Regierung so gut und besser als es die ihrigen vermögen, liefern, jetzt Zeitungsenten ohne Ende zum Schaden der Deutschen aufflattern lassen. Ich vertraue, daß sie weniger Glauben finden und in die Newa geschmissen werden.

Die Japs haben vor kurzem vier Schlachtschiffe in England in Auftrag gegeben. Sie sollen Abbilder der neuesten englischen Typs zwischen 13000 und 19000 Tonnen mit 25-cm-Kanonen mittlerer Artillerie und 30 cm schwere Artillerie darstellen. — Mit besten Wünschen für bessere Aussichten für Dich und Dein Land und viele Grüße an Alix verbleibe ich

Dein immer wohlgesinnter und ergebener Freund und Vetter

Willy.

P.S. Ende nächsten Monats werden wir unseren Jungen nach dem Mittelmeer und Sizilien mitnehmen.

Berlin, 21. II. 1905.

Liebster Niki!

Friedrich Leopold ist kürzlich mit Deinen freundlichen Wünschen und Grüßen zurückgekehrt. Er war tief gerührt über Deine äußerst freundliche Leutseligkeit, wie auch über die großmütige Aufnahme, die Du ihm gewährtest. Wie freue ich mich, von ihm zu hören, daß Du wohl, ruhig, gesammelt und fleißig bei der Arbeit bist, und daß die liebe Alix und die Kinder alle wohlauf sind. Man kann so viel leichter an einem schwierigen Werk schaffen, wenn man weiß, daß unsere Lieben wohl sind. Ich war froh, daß ich Deinem Wunsche entsprach, indem ich Friedrich Leopold nach

Asien zur See schickte. Deine Eisenbahnen sind dadurch unbelästigt geblieben. Welche schrecklichen Nachrichten kommen aus Moskau [1]. Diese Bestien von Anarchisten haben eine schwarze und feige Tat begangen. Arme Ella [2], ein wie furchtbarer Schlag muß es für sie gewesen sein. Möge Gott ihr Kraft und Ergebenheit verleihen, es zu ertragen. Es ist sehr schlimm für die schöne alte Hauptstadt Rußlands, daß ihre Mauern mit so schweren Verbrechen besudelt sind, aber sicherlich beherbergt sie keine wahren Bürger, die einen Atemzug mehr tun können, wenn sie so etwas billigen. Ich kann nicht glauben, daß diese Dämonen aus den Reihen Deiner moskowitischen Untertanen entstammen. Es waren wahrscheinlich Fremde aus Genua. Denn der größte Teil des Volkes setzt noch seinen Glauben in sein „Väterchen", den Zaren, und betet für seine geheiligte Person. Ich habe diese Überzeugung aus meiner genauen Beobachtung der verschiedenen Phasen der Bewegung in Rußland entnommen, soweit ich imstande war, aus den Nachrichten, die von dort kamen, und aus den Meinungen, die von den Beobachtern, bisweilen von Russen selbst, in der europäischen Presse zum Ausdruck kamen.

Die russische Revolutionsbewegung ist, wie Du Dir wohl denken kannst, erster Gegenstand aller Unterhaltungen und Korrespondenzen nicht nur in Rußland, sondern auch außerhalb. Die ganze europäische Presse ist mit Artikeln über Rußland überflutet. Ihre Meinungen hängen von dem Parteistand ab, zu dem sie gehören. In diesem Sinne hat sich ein sozusagen europäischer Gesichtspunkt herauskristallisiert, der

[1] Ermordung des Großfürsten Sergius.
[2] Elisabeth.

ziemlich genau die öffentliche Meinung unseres Kontinents wiedergibt. Nun, ich dachte, daß es vielleicht einiges Interesse hätte, in Deiner Einsamkeit in Tsarske eine Idee von dieser europäischen Meinung zu haben und zu hören, wie die Ereignisse in Deinem Lande, von der, was man so gemeinhin nennt, „zivilisierten Welt“ beurteilt werden. Ich werde deshalb in den folgenden Zeilen eine kleine Skizze für Dich zu zeichnen versuchen, wie sich das russische Gemälde, von außerhalb gesehen, widerspiegelt. Da die Leute außerhalb Deines Landes natürlich nicht in die Details der verwickelten Fragen eingeweiht sind, so kombinieren sie oft, oder tragen in das Bild etwas von einem Ereignis, das sie sehen, ohne seine Ursachen zu kennen, hinein. Deshalb vermag oft eine falsche Kombination sie zu einer falschen Schlußfolgerung zu führen, weil ihre Unkenntnis der wirklichen Tatsache sie Schiffbruch erleiden läßt. Die auswärtigen Betrachter der Dinge sind oft gezwungen, in Schlußfolgerungen zu verfallen, aber wir müssen hinzufügen, „wo Begriffe fehlen, stellt oft ein Wort zur rechten Zeit sich ein“.

Darum muß ich Dich vor allem bitten, mir zu verzeihen, wenn ich Dir Dinge schreibe, die Du vielleicht aus den Berichten und Winken Deiner Diplomaten längst kennen gelernt hast. Sei so gut und verzeih, wenn ich als Dein loyaler und treu ergebener Freund gezwungen bin, so zu handeln — auch Ansichten äußern muß, die Dir ?? , nicht edelmütig, falsch erscheinen mögen oder selbst Deine Gefühle verletzen. Aber Rußland befindet sich in einem Stadium, zu einem neuen Blatt seiner Geschichte überzugehen, und die Entwicklung zeigt eine Tendenz, daß man sich auf eine gewisse Modernisierung vorbereitet.

Solch ein Prozeß, das wirst Du zugestehen, in einer so mächtigen Nation wie der Deinigen, muß notwendigerweise auch die weit verbreiteten Interessen in Europa beherrschen und selbstverständlich vor allem in dem Nachbarlande. Die Methoden, die angenommen werden sollen, die Mittel, die angewandt werden müssen, und die Leute, die das Werk zu vollenden haben, haben einen direkten Einfluß über Deine Grenzen hinweg auf andere Nationen. Wenn ich sagte, daß die „Meinung" eine „europäische" ist, so darf ich nicht die Tatsache vergessen, daß manche Russen, die hier in den letzten Monaten hindurchgekommen sind, daß alle, die in ganz Europa leben, namentlich in Paris und Frankreich, ebenfalls dazu beigetragen haben, dem Gemälde Farben zu verleihen, so daß die Tatsachen, welche die Grundlage für die „europäische Meinung" bilden, hauptsächlich von Frankreich geliefert werden, das als Freund und Bundesgenosse immer am besten über Rußland orientiert ist. Das Ergebnis ist folgendes:

Einem „on dit" zur Folge hat die Regierung Mirski zu plötzlich der Presse eine größere Freiheit als vorher zugestanden und die Zügel zu schnell gelockert, welche so eng von Plehwe angezogen waren. Infolgedessen ergoß sich eine Flut von bisher nicht erlebten Artikeln und offenen Briefen an die Adresse des Herrschers, etwas, was bis dahin in Rußland für völlig unmöglich gehalten wurde. Einige der frechsten von ihnen waren darauf berechnet, das Ansehen des autokratischen Regimes zu mindern. Diese günstige Gelegenheit wurde von der revolutionären Partei aufgegriffen, um die keinen Argwohn hegende Arbeiterbevölkerung zu beherrschen, und um sie in einen Zustand der Gärung zu versetzen und sie zu veranlassen, Dinge zu fordern, für deren Verständnis sie unfähig ist, und zwar in peremptorischer, respektloser Haltung, die von einer Sprache und Taten begleitet ist, die fast nach Revolution aussehen. Dies brachte die arbeitenden Klassen, sicherlich gegen ihren Willen, in direkte Opposition zur Regierung und in Konflikte mit den Behörden, welche Gesetz und Ordnung aufrechtzuerhalten haben. Da diese mißleiteten und schlecht informierten Banden, die sich namentlich aus Leuten zusammensetzen, die in dem Zaren ihren „Vater“ und „Schützer“ sehen, unter dem Eindrucke standen, daß sie ihre Wünsche vor ihm zum Ausdruck bringen könnten, wenn sie vor seinem Palast erscheinen, so dachte man, daß es praktisch für den Zaren wäre, eine bestimmte Zahl von ihnen zu empfangen, und nachdem sie mitten in einen Truppenkordon hineingezogen waren, sie vom Balkon des Winterpalastes anzureden, wo er vom höchsten Klerus und dem Kreuz und seinem Gefolge umgeben, wie ein Vater zu seinen Kindern spricht, bevor das Militär eingegriffen hätte. So wäre möglicherweise das Blutvergießen ganz vermieden oder wenigstens verringert worden.

Das Beispiel Nikolaus I. habe ich oft angeführt, der eine sehr ernste Rebellion dadurch beschwichtigte, daß er, sein Kind in den Armen, in ihre Mitte ritt und die Rebellen in kurzem auf die Knie zwang. Man denkt auch jetzt noch wie damals, daß die Person des Zaren einen enormen Halt im einfachen Volke hat, und daß man noch vor seiner geheiligten Erscheinung das Knie beugt. Ein Wort in solcher Stellung und in solch einer Umgebung würde die Massen in Ehrfurcht haben erschüttern lassen, und hätte sie beruhigt und würde über ihre Häupter hinweg bis in die fernsten Winkel des

Reiches sicherlich die Agitatoren niedergeworfen haben. Diese sollen noch mehr oder weniger unter dem Befehl der Massen stehen, da solch ein Wort bisher noch nicht von dem Herrscher gesprochen ist. Die Agitatoren setzen ihr Spiel mit der Einbildung des Volkes fort, indem sie den Gedanken aufrecht halten: „Es ist Sein Wille, er denkt so, aber Du kannst ihn nicht hören, weil die Banden von Beamten, welche es regieren, ihn abhalten und ihn von seinem Volke trennen.“ Diese betrogenen Massen glauben und folgen diesen Leuten, bis es zu spät ist und Blut fließen muß.

Manche Reformen haben begonnen, neue Gesetze werden in den Bevölkerungsschichten erörtert, aber, merkwürdig genug, die Leute sagen allgemein, „das ist von Witte[1], dies ist von Murawieff inspiriert und jenes ist der Gedanke Pobedonozeffs[2]“. Der Zar wird aber niemals genannt, denn sie sind mit seinen wirklichen Gedanken unvertraut! Obgleich der Ministerrat oder der Senat die Manifeste im Namen des Zaren veröffentlicht, sind doch diese Körperschaften viel zu schwankend und viel zu geheimnisvoll für den Betrachter, als daß sie etwas wie Enthusiasmus oder Interesse mit ihren Handlungen hervorrufen. Unter einem autokratischen Regime, so argumentiert man, muß der H e r r s c h e r s e l b s t die Losung ausgeben und die programmatische Aktion selbst in nicht mißzuverstehender offizieller Weise einleiten.

Es scheint, daß jede Körperschaft etwas dieser Art mittels eines persönlichen Willensaktes des Zaren er-

[1] Graf Sergius Witte, russischer Finanzminister und Ministerpräsident bzw. Minister des Äußeren, Unterhändler in Portsmouth mit den Japanern.

[2] Procureur des Heiligen Synods.

wartet. So lange sich aber dies nicht ereignet, wird der Eindruck in weiten Kreisen fortbestehen, daß die angekündigten Reformen und Gesetzesparagraphen nur Arbeit der Minister sind, die lediglich zum Schein dienen und Sand in die Augen des Volkes streuen sollen. Und die Leute werden weiter ängstlich die starke Hand am Steuerruder des Landes vermissen, das von einem Leiter mit klarem Vorsatz geführt werden und nach einem klar bestimmten Ziele steuern müßte. Dieser Stand der Dinge erzeugt ein Gefühl der Unruhe, das in seinem weiteren Verlauf Unbefriedigtsein hervorruft, eine nörgelnde Kritik erzeugt, ein Her und Hin in größtem Umfange, und dies gerade dem mildesten Mann mit den besten Absichten gegenüber, der von den aufrichtigsten und reinsten Beweggründen geleitet wird. Der enttäuschte Zuschauer, vielleicht auch der Untertan selbst, wird infolgedessen mehr und mehr darauf vorbereitet, auf die Schultern des Zaren die Verantwortlichkeit für alles, was ihn jetzt nicht befriedigt, zu legen. In normalen Zeiten bedeutet das sehr wenig, und bei konstitutionellen Nationen ist es nicht so gefährlich, da die Minister des Königs auf die Tribüne steigen müssen, um seine Person zu verteidigen. In Rußland aber, wo die Minister die geheiligte Person des Herrschers nicht schützen können, da man weiß, daß sie nur sein einfaches Werkzeug sind, bilden solche Erregungen, welche die russischen Gemüter mit Unruhe und Unbefriedigung erfüllen, und die dazu führen, dem Herrscher mit dem Odium für alles Unangenehme, das sich ereignet, zu belasten, eine sehr ernste Gefahr für den Herrscher und seine Dynastie, weil sie dazu führen, ihn u n p o p u l ä r zu machen. Jetzt aber, so argumentiert man weiter, wenn die Intelligenz und die einzelnen Schichten der Gesellschaft bereits unbefriedigt sind, müßte auch der Zar unpopulär bei den Massen werden, und die Agitatoren könnten dann leicht einen solchen Sturm der Erregung hervorrufen, daß es sehr ungewiß ist, ob die Dynastie imstande ist, dem zu trotzen.

Bezüglich eines Punktes scheint man in ganz Europa einer Meinung zu sein. Es ist gewissermaßen die stillschweigende allgemeine Überzeugung, daß der Zar persönlich allein für den Krieg verantwortlich ist. Der Ausbruch, die durch den plötzlichen Angriff hervorgerufene Überzeugung, der offenbare Mangel an Vorbereitung, ist, wie man sagt, sein Fehler. Man sagt, daß die Tausenden von Familien, die ihre männlichen Mitglieder durch den Krieg verloren haben, oder sie seit langen Monaten missen müssen, das Blut und ihre Klagen an die Stufen des Thrones des Zaren legen. Es hält sich die Ansicht aufrecht, daß die aufgerufenen Reservisten, die ihr Heim verlassen müssen, widerwillig das Kämpfen in einem Lande verabscheuen, von dessen Existenz sie noch nie etwas gehört haben, und für eine Sache, die ihnen selbst unpopulär ist. Sie sind abgehärmt, wenn sie an ihre Weiber und ihre Kinder denken, die sie zurückgelassen haben, und die langsam in Armut und hilfloses Elend versinken. Sie legen ihre Qualen und ihre Sorgen vor die Tür des Zarenpalastes nieder und wünschen, daß er sie zu Hause gelassen hätte.

Die Berichte fremder und russischer Korrespondenten bei der Armee nennen es ein Berganfechten gegen einen furchtbaren Feind. Man mußte den Krieg unter sehr schwierigen Umständen beginnen, da man keine Zeit hatte, sich ordentlich für die Aufgabe vorzubereiten.

Unter dem Nachteil einer geringen Zahl, mit der man sich unmöglich der eintretenden Flut von Mißgeschick entgegenzustemmen und den furchtbaren Angriffsschlachten eines Feindes zu begegnen vermochte, der, wie man wußte, sich für diesen Kampf während der letzten fünf Jahre vorbereitet hatte. Für alles dieses hält man den Zaren für verantwortlich. Auch die furchtbaren Verluste der Marine werden seinen Schultern aufgebürdet.

Nun ist die Verantwortlichkeit für den Krieg eine sehr ernste Angelegenheit für einen Herrscher; das weiß ich aus Erfahrung von dem, was mein verstorbener Großvater mir darüber erzählte. Persönlich ein Mann von mildester und friedvollster Gesinnung und schon in hohem Alter, war er dazu berufen, drei Kriege während seiner Regierungszeit auf sich zu nehmen, und für jeden einzelnen hatte er die volle Verantwortlichkeit. Aber er hatte das reine Gewissen, und sein Volk unterstützte ihn aufrichtig und begeistert. Die gesamte Nation erhob sich wie ein Mann und beschloß, den Krieg zu gewinnen oder zu sterben, Sieg oder Niederlage, aber bis zu Ende fechten. Er und seine Untertanen fühlten, daß die Vorsehung auf ihrer Seite war, und das ist so gut, als ob der Sieg schon gewonnen ist. Solche Kriege sind dann leicht für den Herrscher zu ertragen, weil das gesamte Volk die Last mit ihm teilt. Aber die Verantwortlichkeit für den unpopulären Krieg ist eine ganz andere Sache, wenn die Glut des flammenden Patriotismus nicht entzündet ist, und wenn die Nation als Ganzes keinen willigen Anteil daran nimmt und nur mürrisch ihre Söhne an die Front schickt, weil der Zar es so will. Wenn sie seine Angelegenheit nicht zu ihrer eigenen macht, das ist eine furchtbare und schwere

Last, deren Gewicht nicht erleichtert werden kann, durch die Reinheit der Motive, welche dem Herrscher die Klarheit des ruhigen Gewissens gibt und ihn erwarten läßt, daß seine Untertanen kämpfen, wenn sie seine Beweggründe selbst nicht zu verstehen vermögen.

[Fehlerhaftes Manuskript.]

Der Krieg ist sehr unpopulär mit dem Ergebnis, daß ganz Rußland die Offiziere nicht ausgenommen . . .

Der Eindruck bleibt bei den Offizieren der französischen Armee, Deinen Alliierten, bestehen, daß selbst das Vertrauen auf Kuropatkin nachzulassen beginnt, wenn die Einigkeit, die für den Erfolg wesentlich ist, zwischen den verschiedenen Kommandierenden und den russischen Streitkräften soviel zu wünschen übrig läßt. Dieser Stand der Dinge muß die Operationen hemmen und die Aussichten auf den Sieg aufs Spiel setzen. Es ist notwendig, daß sobald als möglich hier eine Abhilfe eintritt, wenn nicht die Armee und ihre Disziplin leiden sollen. Die Lösung halte ich für äußerst schwierig.

Es scheint indessen, worüber man allgemein einig ist, daß Kuropatkin mehr Talent zu einem Generalstabschef unter einem andern General als Führer hat, als daß er selbst Führer ist, da er etwas langsam ist und es ihm an dem Element fehlt, was man die „Offensive" nennt. Ein solcher Führer ist schwer zu finden, da die Generäle, die älter als Kuropatkin sind, meist zu alt und seit langer Zeit außer Dienst sind. Außerdem ist es zweifelhaft, ob er einem solchen Wechsel zustimmen würde. Andererseits ist seine sprichwörtliche Kenntnis des Landes, des Feindes, seiner Kampfesart, sein Talent für die Armee, Verpflegung und sonstige Sorgfalt ganz unschätzbar und kann nicht vom Felde vermißt werden. Das Ergebnis aller dieser Erwägung ist, daß die Leute darauf anzuspielen beginnen, daß der Zar vielleicht selbst den Oberbefehl übernehmen möge und seine tapferen Truppen führe, ihr Vertrauen wieder herstelle, sie sich gewinnt, indem er Anteil an ihren Mühen nimmt, sie durch seine Gegenwart elektrisiert und die Dienste Kuropatkins für seine Truppen dabei weiter erhält, so daß er als Generalstabschef in seinem „unentschiedenen Krieg“ mit fungieren kann. Wie ich oben gezeigt habe, erhebt sich eine langsam steigende Flut der Mißdeutung, Unruhe, Gehorsamsverweigerung, die offenbar verhindert und niedergehalten werden muß. Die europäische Öffentlichkeit so gut wie die russische Nation blickt daher instinktiv auf den Zaren und erwartet von ihm, daß er vorwärts geht und etwas Großes tut; einen großen persönlichen Akt, in der Absicht, allen zu zeigen, daß er der Selbstherrscher seines Volkes ist, und daß er willens ist, seine Ängste und Schmerzen zu beruhigen, soweit es in seiner Macht steht. Diese allgemeine Erwartung ist sehr gut von jemanden kürzlich in Worte gekleidet worden, welcher sagte, „der Kaiser muß einen großen Akt vollziehen, um seine Macht von neuem zu befestigen, um seine Dynastie, die bedroht ist, zu erhalten, er muß es mit seiner Person zahlen“. Aber wie? Nach dem, was ich über den Krieg schrieb, hast Du völlig die Freiheit, eine andere Frage aufzuwerfen. Warum ist der Krieg unpopulär, warum hat es den Anschein, daß ich nicht von meinem ganzen Volke unterstützt werde, warum ermangeln sie des Enthusiasmus für den Kampf? Wir wurden angegriffen, und wir hatten für seine Ehre und für unser Prestige zu kämpfen. Der fremde Beobachter denkt, daß es eine befriedigende Antwort darauf gibt, hier ist sie: In früheren Zeiten pflegten Deine Voreltern, bevor sie in den Krieg gingen, sich nach Moskau zu begeben. Sie beteten in den alten Kirchen, und dann versammelten sie die Edlen im Kreml und das Volk außerhalb in den Hofräumen und legten ihnen unter großer Zeremonie die Notwendigkeit des Krieges dar und riefen ihre loyalen Untertanen auf, ihnen auf das Schlachtfeld zu folgen. Solch ein Ruf vom Kreml in Moskau, das noch die wirkliche Hauptstadt Rußlands ist, würde niemals eine verneinende Antwort von der russischen Nation finden. Solch ein Akt, solch ein Ruf zu den Waffen wurde von Moskau und Rußland von Dir in den Tagen, welche dem 8. Februar des letzten Jahres folgten, erwartet, und dann wäre man bereit gewesen, unter den grimmigen Schlägen leidend, die einen unerwartet trafen, mit Enthusiasmus zu antworten, und die Bürger der großen Hauptstadt hätten ungestüm auf Dein Kommen gewartet, ein Wink hätte genügt, daß Deine Beamten Deinen Zug zum Abmarsch fertiggestellt hätten. Aber der Zar kam nicht, Moskau wurde allein gelassen, der heilige Krieg, den man ungestüm erwartete, wurde nicht proklamiert, man rief nicht zu den Waffen. Dieses Moskau blickte wie eine geschmückte Frau und litt darunter. Es wurde mißvergnügt und zeigte sein Mißvergnügen offen. Sein Beispiel wurde von ganz Rußland befolgt. Am andern Tag wurde die Bemerkung gemacht, der Kaiser muß seine Hand auf Moskau legen, mit Moskau wird er die Ordnung in Rußland wieder herstellen, ohne Moskau wird es sehr schwer sein. Nun wohl. Europäische Beobachter denken, daß dies ausgeführt werden könnte, daß der Zar den erwarteten „großen Akt" vollführen könnte, wenn er nach Moskau ginge, und dort den Adel und die Notabeln in seinem prächtigen Palast versammelte, zu ihnen sprechen würde, vielleicht mit einem Tadel beginnt, daß die Briefe und Adressen, die an ihn gesandt worden sind, veröffentlicht wurden, was aber eine schlechte Art sei, die nicht wiederholt werden kann, und daß er dann die Reformen proklamiert, die er für sein Volk vorbereitet hat, so wie er es für gut hält. Nicht das Versprechen einer allgemeinen gesetzgebenden Versammlung, nicht eine Konstituante oder eine Nationalversammlung, sondern eine Habeas-Corpus-Akte und eine Erweiterung des Staatsrates. Keine Versammlungsfreiheit oder Pressefreiheit, wohl aber strengste Befehle an alle Richter, sich von irgendwelchen Schikanen fortan fernzuhalten. Und weiter könnte der Zar seine Hörer wissen lassen, was er über das Heer beschlossen hätte, falls er es selbst für möglich oder notwendig hält, hinauszugehen, ihnen zu erzählen, sie zu ermahnen, von allen inneren Streitigkeiten abzulassen, bis der Feind niedergeworfen ist. Hernach sollte der Zar, umgeben von der Geistlichkeit mit Bannern und Kreuzen und Weihrauch und heiligen Kerzen auf den Balkon hinaustreten und dieselbe Rede, die er vorher hielt, noch einmal als Manifest den unten im Hofe versammelten Untertanen vorlesen, umgeben von den dicht gedrängten Reihen der Truppen mit dem Bajonett auf den Gewehren und dem Säbel in der Faust. Wenn Du ihnen dann erzählen würdest, daß Du, falls Du es für nötig hieltest, selbst gehen würdest, um die Mühsal ihrer Brüder und Verwandten im Felde zu teilen, die auf Deinen Befehl ausgezogen sind, und Du sie ermutigen und zum Siege zu führen versuchen würdest, dann würde das Volk, wie man leicht beweisen kann, tief gerührt gewesen sein, Dir zugejubelt haben, auf seine Knie gesunken sein und für Dich gebetet haben. Die Popularität des Zaren würde zurückgewonnen sein, und er würde außerdem die Sympathie seines Volkes gewinnen. Alle Leute, die ein Interesse an den russischen Ereignissen nehmen, sind einstimmig der Meinung, daß auf die Dauer der Zar nicht in Ewigkeit in Zarske oder Peterhof bleiben darf, sondern daß sicherlich sein erstes Auftreten unter oben erwähnten Umständen erfolgen müßte. Das Aufsehen und der Eindruck, der dadurch in der ganzen Welt geschaffen wird, würde ungeheuer sein; mit verhaltenem Atem würde man auf ihn hören, wenn er sie anredet, wie es seine Vorväter taten. Von den Zinnen des Kremls! Dies, mein lieber Niki, ist eine Skizze, die ich von der öffentlichen Meinung Europas im Hinblick auf die Ereignisse in Rußland gezeichnet habe. Zu Beginn derselben habe ich Dir die Gründe dargelegt, warum ich es für meine Pflicht hielt, Dir diese Zeilen zu schreiben. Ich bitte nochmals um Verzeihung, daß ich Deine kostbare Zeit in Anspruch genommen habe und für den Fall, daß ich bisweilen zu persönlich in meinem Brief war. Aber als Dein aufrichtiger Freund bin ich ein eifersüchtiger Wächter Deines „Renommées" in dieser Welt, und ich wünsche, daß Du richtig und gerecht von ihr beurteilt wirst, und daher ist es nur zu sehr meine Pflicht, Dich über die Meinung, welche die Welt über Dich hat, zu informieren, um Dich zu befähigen, sie durch Deine Regierungsakte zu korrigieren, wenn Du Dich dazu geeignet fühlst. Auf alle Fälle „Honny soit qui mal y pense". Mit aufrichtigsten Wünschen für die Wohlfahrt und Zukunft Deines Landes und Hauses und mit den besten Grüßen an Alix und dem Wunsche, daß Gott Euch alle segnen und behüten möge, verbleibe ich wie immer mein liebster Niki

Dein wohlgesinnter Vetter und Freund

Willy.

Berlin, 5. VI. 1905.

Liebster Niki!

Die freundlichen Zeilen, welche Du Michas[1] Sorge anvertrautest, und die mir gestern übergeben wurden, haben mich tief gerührt. Die denkwürdigen Ereignisse, auf die Du anspielst, sind alle klar in meinem Gedächtnis eingegraben und erinnern mich, wie die Jahre dahingegangen sind, und wie oft wir beide seit langer Zeit in persönliche Beziehungen gekommen sind. Die natürliche Folge hiervon ist ein dauerndes Gefühl wechselseitiger Freundschaft, die sich zwischen uns entwickelt hat und auf einem vollkommenen gegenseitigen Verständnis ruht. Diese Beziehungen haben in all den Jahren für die Wohlfahrt unserer Länder geblüht, für die Rolle, zu der wir von der Vorsehung ausersehen wurden. Sie waren und, wie ich hoffe, werden sie auch weiter die Gewähr für den Frieden und die Wohlfahrt der beiden Länder wie auch der Welt bieten. Ich erinnere mich sehr gut des Augenblicks in der Kapelle des Winterpalastes, als Du Deinen Eid auf die ruhmvollen Fetzen der alten Kosakenfahnen inmitten der atemlosen Stille einer riesigen Zuhörerschaft erlauchter Männer leistetest. Wie wurde Dein teurer Vater bewegt, als er Dich nach der Zeremonie küßte. Wie lang ist dies her, wie lange stehst Du an seiner Stelle und hast Dein Land durch eine der schwersten Phasen seiner Entwicklung zu leiten. Wie ich für Dich gefühlt und an Dich gedacht habe in all den Monaten, brauche ich Dir nicht zu sagen. Auch in jedem Augenblick der Fortschritte des Admirals Roshestwensky[2]. Die große Attacke, die er in Deiner Hand reprä-

[1] Großfürst Michael.

[2] Führer der baltischen Flotte, die bei der Insel Tsushima in der Koreastraße von den Japanern vernichtet wurde.

sentiert, ist ausgespielt und auf ehrenvolle Weise verloren. Er tat alles, was in seiner Macht stand, um Deinen Wünschen zu entsprechen; aber die Vorsehung wollte es anders, und er erlitt eine Niederlage, indem er tapfer seinem Herrn bis zum letzten diente. Meine volle Sympathie ist mit ihm und mit Dir.

Vom rein militärisch-strategischen Gesichtspunkt endet die Niederlage in der Straße von Korea die Aussichten auf eine entscheidende Wendung der Dinge zu Deinen Gunsten. Die Japaner sind jetzt frei, um jede Menge von Reserven, Rekruten und Munition in die Mandschurei für die Belagerung von Wladiwostok hineinzuwerfen, das, wenn nicht eine Flotte zu seiner Hilfe vorhanden ist, kaum lange Widerstand leisten kann. Das Heer von Lanewitsch wird wenigstens drei oder vier frischer Armeekorps bedürfen, um es auf seine frühere Stärke und Schlagkraft zu bringen, und selbst dann ist es schwer, vorauszusagen, was die Folgen sein werden, und ob eine andere große Schlacht mehr Erfolg als die früheren versprechen wird. Formell ist es natürlich möglich, selbst unter diesen widrigen Umständen den Krieg noch für eine Zeit lang fortzusetzen. Aber dann muß man andererseits auch die menschliche Seite der Sache nicht übersehen. Dein Land hat tausende seiner Söhne an die Front gesandt, wo sie gefallen sind, wo sie krank oder zu Krüppeln für den Rest ihres Lebens wurden. Jetzt ist, wie ich Dir in meinem letzten Briefe vom 6. Februar schrieb, der Krieg sehr unpopulär, und das Volk sieht seine Söhne und Väter widerstrebend, ja selbst unwillig Haus und Hof verlassen, um für eine Sache zu kämpfen, welche sie nicht nur nicht begeistert, sondern abschreckt. Ist mit der Verantwortlichkeit eines Herrschers es vereinbar, eine gesamte Nation weiter zu zwingen, gegen ihren ausdrücklichen Willen ihre Söhne in den Massentod zu schicken, lediglich für seine Sache? Nur für diese Art Vorstellung nationaler Ehre? Nachdem das Volk durch sein Benehmen klar seine Mißbilligung einer weiteren Fortsetzung des Krieges zum Ausdruck gebracht hat? Wird nicht mit der Zeit das Leben und Blut all dieser nutzlos hingeopferten Tausende vor die Tür des Herrschers niedergelegt werden, und wird er nicht einstmals von ihm, dem Herrscher und Herrn aller Könige und Menschen, aufgerufen werden, sich für die zu verantworten, die unter seine Obhut von dem Schöpfer gestellt worden sind, der ihre Wohlfahrt ihm anvertraute? Nationale Ehre ist ein sehr gutes Ding an und für sich, aber nur in dem Fall, daß die Gesamtheit der Nation selbst bestimmt, sie mit allen möglichen Mitteln aufrecht zu halten. Aber wenn die Wege einer Nation dahin weisen, daß sie genug hat, und daß „alles verloren, nur nicht die Ehre" ihre Denkrichtung ist, ist es dann nicht vernünftig, daß auch ihr Herrscher, zweifellos mit schwerem Herzen, die Folgerung zieht und Frieden schließt? Selbst wenn es ein bitterer Friede wird? Besser als durch die Verlängerung eines so unpopulären Krieges ein so erbittertes Gefühl in seinem Lande zu schaffen, daß es selbst nicht vor ernsthaften Schritten zurückweicht, um eventuell den Herrscher zu zwingen, seine Wünsche zu erfüllen und seine Ansichten anzunehmen? Hier mußte man natürlich auf die Armee Rücksicht nehmen. Sie hat gefochten und tapfer gefochten, in Hitze und Kälte versuchte sie in 1½ Jahren, den Sieg für Dich und Dein Land zu erstreiten, aber bis jetzt hat ihr die Vorsehung den Erfolg vorenthalten. Niederlage, furchtbare Verluste an Leben und unaussprechlichen Leiden sind statt dessen Deinem armen Heere gesandt worden und willig von diesen prachtvollen, tapferen, ruhigen und sich selbst aufopfernden Menschen, wie es Deine Soldaten sind, erlitten worden. Daß sie auf Revanche brennen und bereit sind, zu jedem möglichen Augenblick zu kämpfen, ist ganz natürlich. Aber gibt es hier irgendeinen neuen Führer oder General unter den Hauptleuten, der fähig ist, den Erfolg zu garantieren, so daß es eine neue furchtbare Anstrengung auf Kosten von Tausenden von Leben von Soldaten rechtfertigen würde? Ist die Armee tatsächlich absolut davon überzeugt, daß es noch möglich sein wird, die Wagschalen zu wechseln? Auf diese Frage bist Du natürlich allein imstande, die Antwort zu geben. Sollte die Antwort indessen im negativen Sinne von Deinen Generälen im Namen Deiner Soldaten gegeben werden, indem sie bei ihrer Ehre erklären, daß sie für ihren Kaiser nur sterben, aber schwerlich einen entscheidenden Sieg für ihn erringen können, dann denke ich, daß Dein Gewissen darüber ruhig sein kann, ob Du weiter in den Kampf gehen solltest oder nicht, und Du könntest offen die Friedensverhandlungen beginnen, die von allen Deinen ergebenen Untertanen durch ganz Rußland hindurch mit Freude begrüßt werden würden, nach dem Blutopfer, das sie bereitwillig ihrem Kaiser brachten. Du kannst dann wie der alte französische Grenadier Bombardon singen: „Das Glück des Krieges hat wider uns entschieden, doch die Armee hat ihre Pflicht getan, die Hälfte fiel, der Rest war Invaliden. Je nun, man trägt, was man nicht ändern kann.“

Napoleon I. und Friedrich der Große haben auch ihre Niederlagen erlitten. Man muß es betrachten, als ob es Gottes Wille war, daß die Dinge diesen Lauf genommen haben. Gott hat diese Bürde auf Dich gelegt, und sie muß getragen werden, aber vielleicht mit seiner Absicht und mit seiner Hilfe kann aus alle diesem schließlich noch etwas Gutes werden; ein neues Leben, eine neue Ordnung der Dinge für die Entwickelung Rußlands kann aus dieser Prüfungszeit hervorgehen, eine Belohnung, die Deine Untertanen reichlich verdient haben.

Vergib die Länge dieses Briefes, aber ich fühle als Dein Freund und Kollege mich verpflichtet, Dir zu sagen, was ich als wahr und richtig erkenne. Du kennst die Gründe, die mich bewegen, Du kannst mit diesem Schreiben frei tun, was Du zu tun für gut hältst.

Sollten indessen die in diesem Brief vorgeschlagenen Ideen mit den Deinen zusammenfallen und Du der Meinung sein, daß ich Dir selbst nur im geringsten von Nutzen sein könnte, um vorbereitende Schritte für den Frieden zu unternehmen, dann bitte verfüge über mich ganz nach Deinem Belieben. Ich kann vielleicht Deine Aufmerksamkeit auf die Tatsache lenken, daß unzweifelhaft die Japaner den höchsten Respekt vor Amerika vor allen andern Nationen haben, weil diese mächtig wachsende Macht mit ihrer furchtbaren Flotte ihnen am nächsten ist. Wenn irgend jemand in der Welt fähig ist, die Japaner zu beeinflussen und sie zu veranlassen, in ihren Vorschlägen vernünftig zu sein, so ist es Präsident Roosevelt [1]. Mit Deiner Genehmigung könnte ich mich leicht zunächst p r i v a t mit ihm in Verbindung setzen, da wir sehr eng befreundet sind, auch mein Gesandter dort ist sein Freund. Außerdem

[1] Roosevelt vermittelte den Frieden zu Portsmouth zwischen Rußland und Japan.

kannst Du Dich an Herrn Meyer[1], den ich seit Jahren kenne, und der mein vollstes Vertrauen besitzt, wenden. Sprich offen mit ihm. Er ist äußerst verschwiegen und vertrauenswürdig, ein liebenswürdiger Plauderer mit angenehmen Manieren. Hier fand der Brauteinzug[2] bei prachtvollem Wetter und mit größter Begeisterung statt. Herzliche Grüße an Alix

Euer wohlgesinnter Vetter und Freund

Willy.

Schloß Wilhelmshöhe, 22. VIII. 1905.

Mein liebster Niki!

Dein Manifest, das die Bildung der Duma anordnete, hat einen ausgezeichneten Eindruck in Europa und namentlich in meinem Lande gemacht, und ich bitte Dich, meine wärmsten Glückwünsche entgegenzunehmen. Dies bedeutet einen großen Schritt in der politischen Entwickelung Deines Landes vorwärts und gibt dem Volke eine Gelegenheit, wodurch es vor Dir seine Wünsche und Hoffnungen ausdrücken kann, und ermöglicht eine gemeinsame Arbeit des Herrschers und des Landes für die Wohlfahrt der Nation. Du wirst imstande sein, mit allen Arten und Schichten von Leuten in Berührung zu kommen und sie selbst direkt in Deinen Geist und in Deine Ideen einzuweihen, was früher durch die große mächtige Mauer des Tschin, der Bureaukratie, die großem Mißtrauen Deiner Untertanen begegnete, verhindert war. Entschuldige mein Telegramm von gestern, aber ich dachte, es sei eine gute Idee, das Mittel der Duma zu versuchen und zu

[1] Amerikanischer Botschafter in Petersburg.
[2] Brauteinzug der Kronprinzessin Cäcilie.

sehen, ob sie arbeitsfähig ist oder nicht. Gleichzeitig erhältst Du einen ausgezeichneten Einblick in die Sinnesart Deines Volkes und kannst es einen Teil der Verantwortlichkeit in Zukunft tragen lassen, die sonst wahrscheinlich auf Dir allein gelastet hätte, und dadurch eine allgemeine Kritik und Mißstimmung mit den Handlungen, die von Dir allein ausgeführt sind, unmöglich machen.

Ich sende Dir beigeschlossen einige Dich interessierende Artikel, welche die Gedankenrichtung Frankreichs zeigen. Die Engländer haben sich vor Frankreich und den französischen Matrosen selbst bloßgestellt, in der Hoffnung, sie von Dir loszulösen und irgendeine Annäherung zwischen Dir, mir und ihnen zu verhindern. Die Franzosen fühlten sich sehr geschmeichelt, aber ich hoffe, das empfindliche Volk bekommt wieder kühleren Kopf und sieht wieder klarer, daß alles „nur mit weißem Faden genäht" ist und daß England lediglich wünscht, Frankreich zu seinem Werkzeug gegen uns zu machen, wie es auch Japan zum Werkzeug gegen Dich gemacht hat. Der Artikel im „Forum" ist von Maurice Law, dem Korrespondenten der Morning Post, geschrieben, der nach Amerika gesandt wurde. Er ist geistreich geschrieben und plaudert sehr viel über die Ausdehnung des neuen englisch-japanischen Vertrages aus, der bisher ganz geheim in London gehalten wurde. Aber er scheint die Katze aus dem Sack gelassen zu haben. Der Erzintrigant und Unglücksstifter von Europa, wie Du richtig den König von England nanntest, ist in den letzten Monaten eifrig bei der Arbeit gewesen. In Cowes sagte er zu einem meiner Freunde, einem deutschen Herrn, den ich nach England sandte, um die Entente Cordiale zu beobachten: „Ich kann nicht herausfinden, was in Björkö[1] vor sich gegangen ist. Benkendorf[2] weiß nichts, denn er erzählt mir sonst alles, Kopenhagen[3] weiß nichts und selbst die Mutter des Kaisers, die mich immer alles wissen läßt, hat nichts von ihrem Sohn in dieser Zeit gehört. Auch Lambsdorff, der solch ein netter Mann ist, und mich alles wissen läßt, was ich zu wünschen höre, weiß nichts, oder wenigstens will es nicht sagen. Es ist sehr unangenehm." Dies zeigt Dir, wie weit das Netz geheimer Information reicht, das er über Europa und Dich ausgeworfen hat. Er selbst läßt seine Presse die Absicht, mich zu besuchen, lancieren, und wenn alle Zeitungen Europas dies aufnehmen und darüber schreiben, läßt er plötzlich ein beleidigendes Dementi veröffentlichen, das erklärt, daß mein Auswärtiges Amt diese Absicht aufgebracht habe, die schönste Lüge, die mir jemals in den Weg kam. Danach geht er und ladet meinen Sohn hinter meinem Rücken ein, zu kommen und ihn in England zu besuchen. Ich habe ihm dies Geschäft natürlich gelegt. Seine Flotte beabsichtigt, unsere Küsten zu besuchen, und ich denke, das wird die Augen manches Deutschen öffnen, die noch immer Geld für die Ausdehnung unserer Flotte weigern. Wir sollten viele mit der Eisenbahn und per Schiff herunterschicken, daß sie eine objektive Lektion erhalten. Man wird, wie ich hoffe, die Notwendigkeit, eine starke Flotte zu bauen, einsehen lernen. Die beigeschlossene Broschüre wurde mir aus Amerika geschickt, ich schicke sie Dir, da ich denke, sie interessiert Dich, namentlich vom Gesichtspunkt der zukünfti-

[1] Zusammenkunft zwischen Wilhelm II. und Nikolaus II.
[2] Russischer Botschafter in London.
[3] Die mit dem englischen Königshaus verschwägerten Verwandten Nikolaus' II.

gen Pläne, welche England gegen Rußland in Asien hat, und was es alles versucht, die Japaner dafür zu gewinnen. Sie wirft Licht auf die japanische Expedition an die Grenze von Turkestan, von der ich Dir bereits erzählte.

Cronberg, den 24. VIII. 1905.

Heute vor vier Wochen in „Björkö" die reizenden Stunden, die wir miteinander verbrachten, und das dauerhafte Band unserer vereinten Freundschaft, das, so Gott will, gute Früchte unsern Ländern bringen wird. Ich habe gerade Dein freundliches langes Telegramm erhalten! Herzlichen Dank für Deine große Güte, daß Du Dir so viel Unruhe machst. Ich verstehe ganz Deine Lage und Deine Entschlüsse. Sobald Du sicher bist, daß Dein Volk Dir folgt, und sie weiter kämpfen wollen, dann ist alles in Ordnung, und ich wünsche des Himmels Huld und einen baldigen Sieg. Ich bin auf einem Besuch bei meinen Schwestern[1] hier, die gerade von einem langen Aufenthalt aus England zurückgekehrt sind. Sie erzählen mir, daß die Nachricht von unserer Begegnung in Björkö alle Leute dort und die Presse in einen Zustand wildester Erregung versetzte. Der König und der Hof vor allem waren „ganz aus dem Häuschen". Er suchte aus meinen Schwestern herauszuhören, ob sie irgend etwas wüßten, was vor sich ginge. Sie lachten ihm ins Gesicht und waren sehr darüber belustigt.

Der Auszug aus dem Brief Bismarcks an Schleinitz aus Rußland im Jahre 1858 wird Dich interessieren. Er zeigt, daß die Geschichte sich selbst wiederholt, und

[1] Viktoria und Margarete. Viktoria, Prinzessin zu Schaumburg-Lippe, Margarete, Prinzessin von Hessen.

die Zeiten den heutigen sehr ähnlich sind. Ich sah Großfürst Georg heute mit Minny von Griechenland. Er erzählte mir, nach seinen Nachrichten aus privater Quelle habe die Veröffentlichung der Duma große Befriedigung in russischen Provinzkreisen hervorgerufen, und die Sympathie für Deutschland und die Anerkennung für unsere Haltung Rußland gegenüber während des Krieges sei warm und lebhaft. Meine Schwestern und Tino [1] und die gesamte Familie senden Dir ihre herzlichsten Grüße. Vergiß, bitte, nicht die Rang-Order, welche das Avancement der Linie dem der Garde gleichstellt. Es wird glänzend befriedigen. Ich schließe einige neue Postkarten der Saalburg ein, die ich heute besuchte, sie ist fast vollendet und sieht im schönen Sommerwetter herrlich aus. Nun lebe wohl, mein lieber Niki, Gott helfe Dir und beschütze Dich und Deine gesamte Familie. Meine Gebete werden Dir immer folgen als von

Deinem ganz ergebenen Freund und Vetter
Willy.

25. VIII. 1905.

P.S. Gerade als ich meinen Brief beendet hatte, erhalte ich eine Botschaft vom Präsidenten Roosevelt. Da er mein Interesse an der Friedenskonferenz kennt, benachrichtigte er mich freundlich über die Lage und über die strittigen Punkte, hinsichtlich deren eine Meinungsverschiedenheit zwischen Japan und Rußland besteht, und über seine Vorschläge, um die Wünsche beider Kriegführenden sobald als möglich kennen zu lernen. Ich denke, daß seine Vorschläge sehr vernünftig und praktisch sind, und hoffe, daß sie Deinen Erwar-

[1] Konstantin, der spätere König von Griechenland.

tungen entsprechen. Soweit ich es ersehen kann, scheinen sie Rußland alle Vorteile eines ehrenvollen Friedens zu sichern. Aber Du hast natürlich allein zu entscheiden, da Du am besten die Stimmung Deiner Landsleute beurteilen kannst. Ich bitte Dich noch einmal um Verzeihung, daß ich ein so furchtbar langweiliger Mensch bin und Dich belästige. Aber Du weißt, daß alles aus einem freundschaftlich gesinnten Herzen kommt, das warm für Dich und Deine Wohlfahrt wie auch für die Deines Landes schlägt. Ich habe meiner Flotte befohlen, der britischen auf dem Fuße zu folgen, und wenn sie Anker legt, sich nahe der britischen Flotte zu halten und ihnen ein Diner zu geben und sie betrunken zu machen, um soweit als möglich ausfindig zu machen, um was es sich handelt, und dann wieder schnell wegzusegeln. Ich denke, das Erstaunen wird groß sein, da sowohl die Engländer als auch unser Volk glaubt, daß unsere Flotte in der Nordsee sein wird. Erzähle es niemanden, denn das Geheimnis muß gut bewahrt bleiben. Ta, Ta! Das ist das richtige Ende meiner Epistel.

Willy.

Bismarcks Briefwechsel mit Minister Frhr. von Schleinitz 1858—1861. „Für Rußland verlangt und erwartet jeder," schreibt Bismarck, „der nicht gerade ausschließlich von einem Amte lebt, nach Erlaß der Bauerngesetze irgendeine verfassungsmäßige Form der Beteiligung des Volkes und namentlich der höheren Schichten an der Regierung des Landes, die Gemäßigten in maßvoller Weise; aber man hört Stimmen, die an den Konvent erinnern und den Standpunkt der Girondisten schon überwunden haben. Man spürt die Tätigkeit von Wühlern, welche kein Mittel vernachlässigen, um Mißstimmung gegen den

Hof und das Kaiserliche Haus bis in die untersten Volksschichten zu verbreiten. Die nächste Umgebung des Kaisers ist leider nicht rein von Elementen, welche die übelsten Anhaltspunkte für dergleichen gewähren, und deren Handlungen sowie die Verantwortung für den ganzen Augiasstall amtlicher Mißbräuche künstlich dem Kaiser zugeschoben werden, dessen mildes Herz für manche ihm bekannte Persönlichkeit zu nachsichtig ist, dessen ehrliches Streben nach Besserung der Dinge sonst aber selbst von denen anerkannt wird, die ihm aus der Erfolglosigkeit desselben einen Vorwurf machen. Den armen Leuten, selbst den gemeinen Soldaten, wie man sagt, rechnet man die Geldausgaben des Hofes, die Beamten für die Großfürsten, die Häuserankäufe für die jüngsten Söhne des Kaisers, den Verbrauch bei Hofe vor und vergleicht damit ihre Armut. Leute in hohen Stellungen durch Amt und Geburt sprechen mit von Revolutionen als von Dingen, die wohl möglich wären, sie aber eigentlich wenig angingen, sondern nur den Kaiser beträfen, so daß es keinesfalls scheint, als ob sie in der Verteidigung des Thrones ihr Leben einzusetzen gedächten. Nun hat man sich hier zwar jederzeit durch scharfen Tadel in der Konversation für die Unterwürfigkeit entschädigt, die man der amtlichen Gewalt im praktischen Leben erweist, dabei aber war in früheren Zeiten der gesamte europäische Wind nicht so ungünstig für monarchische Autorität wie heutzutage und wie besonders seit vier Jahren in Rußland. Vielleicht geht das vorüber wie ein Wechselfieber, vielleicht aber reicht auch ein kleiner und zufälliger Funke hin, hier einen großen Brand anzuzünden. Von Offizieren hört man über Abnahme der Disziplin unter den Soldaten klagen und den Krieg als nötig bezeichnen, wenn nicht schlechter Geist einreißen soll. Bedrohlich sieht es überall aus in der Welt, und wenn man hier erlebt, daß Edelleute von anscheinend ruhigem und friedliebendem Temperament ganze Ladungen von Revolvern und Munition aufkaufen, um sich auf den Sommer zu rüsten, so weiß ich nicht, ob man nicht besser als Christenhund in Damaskus aufgehoben wäre, wie als Gentleman im Lande des Kaisers Nikolaus. Die Aussichten der Deutschen in Nordschleswig sind jedenfalls weniger unbehaglich als die des russischen Landjunkers, der gleich einer lebendigen Höllenmaschine mit Revolvern ausgestopft unter seinen Bauern lustwandelt. Der Kaiser ist gedrückt von dem Ernst der Situation im Innern und hat für auswärtige Politik nicht dasselbe Interesse wie sonst. Gestern sagte er mir mit tiefem Seufzen, daß die Mittwoche seine einzigen glücklichen Tage seien, weil die Geschäfte ihm dann 24 Stunden Ruhe ließen. Er fährt nämlich jeden Dienstag zur Jagd. Auch bei meiner neulichen Audienz war er niedergeschlagen; er schenkte mir seine und der seligen Kaiserin Photographie und knüpfte daran eine Beschreibung der Originale aller im Zimmer hängenden Familienporträts. Wenn Redensarten tödlich wären, so lebte in der Tat vom ganzen Hause Holstein-Gottorp keine männliche Seele mehr. Dem edlen Herzen des Kaisers läßt jeder Gerechtigkeit widerfahren, die „aber", die dann jedoch folgen, sind von der Art, daß ich in den Fall komme, fortzugehen oder um eine Änderung des Gespräches zu bitten. Sehr übel ist es, daß der Kaiser für alle die weitverzweigten und vielfachen Mißbräuche verantwortlich gemacht wird, die mit dem Namen Minna Iwanowna, zu deutsch Frau v. Burghof, Freundin des alten Adlerberg, zusammenhängen. Daß Gardeoffiziere in Gegenwart Fremder die Frage diskutieren würden, ob sie auf das Volk schießen werden oder nicht, hat der Kaiser Nikolaus gewiß auch nicht so schnell erwartet. Man hat hier eine zu gute Polizei von alters her, als daß der Kaiser nicht viel von allen diesen Dingen erfahren sollte, und der praktische Chef dieses Institutes, Timascheff, sieht allerdings sehr schwarz in betreff der nächsten Zukunft."

Rominten, 26. IX. 1905.

Liebster Niki!

Wittes Besuch gibt mir die angenehme Gelegenheit, Dir einige Worte zu senden. Dies macht mir immer großes Vergnügen, und ich wünsche nur, daß meine Zeilen Dich nicht allzusehr langweilen. Ich hatte sehr interessante Unterhaltungen mit Witte. Er macht auf mich den Eindruck eines Mannes von ungewöhnlichem Scharfsinn und Voraussicht, und er besitzt eine seltene Gabe der Energie. Er hat es fertig gebracht, mit Roosevelts ebenso energischer wie kluger Hilfe die Konferenz von Portsmouth zu einem sehr glücklichen Ende zu führen, und zwar so sehr, daß sie in der übrigen Welt als ein Signal und tatsächlicher Sieg Rußlands über Japan angesehen wird. Dies mag Dich interessieren, da zweifellos seine Feinde und unordentliche Leute in Rußland ihn von seinem Posten entfernen und glauben machen möchten, daß er nicht die Interessen seines Landes so gewahrt hat, wie er es hätte tun müssen. Große Männer, und er muß, wie ich glaube, zu ihnen gezählt werden, werden immer einem gewissen Neid und Lügen zu begegnen haben, welche den Anteil an Lob, das ihnen von ihren Bewunderern gespendet wird, aufwiegen. Aber die Tatsachen sprechen für solche Leute, und Portsmouth spricht für sich selbst.

Ich fand zu meiner großen Befriedigung, daß seine politischen Ideen vollständig mit der Grundlage übereinstimmen, auf der wir nach Austausch unserer Ansichten in Björkö verblieben sind. Er ist ein sicherer Anwalt eines russisch-deutsch-französischen Bündnisses, das, wie er mir sagte, glücklich von Amerika cotoyiert wird, um den Frieden und den Status quo in der Welt aufrecht zu erhalten, dessen Gleichgewicht durch den englisch-japanischen Bündnisvertrag gestört worden ist. Er war infolgedessen sehr angenehm überrascht, als ich ihm von unserem Werk in Björkö erzählte. Es ist das sehr natürliche Wachsen der Großmächte — sie sind die Repräsentanten des Kontinents —, das zur Folge haben wird, daß sie die übrigen kleinen Mächte in Europa in den Kreis dieses großen Blockes hineinziehen. Amerika wird auf Seiten dieser „Kombination“ stehen. Zunächst sind entschieden vom „Rassenstandpunkt“ aus die „weißen Mächte“ Gegner der gelben Mächte. Sodann vom politischen Standpunkt aus: Furcht vor Japan und im Hinblick auf die Philippinen, auf welche die Japaner sehnsüchtige Augen geworfen haben. Der Verlust derselben würde die Position der Amerikaner im Stillen Ozean schwächen. Drittens kommt der Gesichtspunkt des gefährlichen Wettbewerbs des japanischen Handels in Betracht, der durch sehr billige Arbeitskräfte unterstützt und nicht durch die Kosten eines langen Transports mit seinem Frachttarif und mit dem Weg durch den Suezkanal belastet wird. Die für eine Durchfuhr zu zahlenden Summen bedeuten eine schwere Steuer für den g a n z e n europäischen Handel. Genau so wie es mit dem Panamakanal der Fall sein wird.

Die kontinentale Vereinigung, die von Amerika flankiert wird, ist das einzige Mittel und die einzige Art, um wirklich den Weg zur ganzen Welt, welche John Bulls privates Eigentum wird, zu blockieren, und die er nach Herzenslust ausbeuten wird, nachdem er durch Lügen und Intrigen ohne Ende die übrigen zivilisierten Nationen zu seinem eigenen persönlichen Vorteil einander in die Haare gebracht hat. Wir sehen dies verderbliche Prinzip jetzt in der Marokkofrage in voller Tätigkeit, in welcher John Bull gleichzeitig sein Bestes tat, um die Franzosen gegen uns matt zu setzen, indem er so endlose Verzögerungen und Unruhe hervorrief. Aber Deine Alliierten sind von „Cowes" und „Brest"[1] und der Entente Cordiale so hypnotisiert, daß sie kaum etwas in der auswärtigen Politik unternehmen, ohne erst London zu fragen. Sieh, es würde gut sein, wenn Du Nelidoff[2] die Anweisung geben würdest, auf diese Anglomanie einen Dämpfer zu setzen und die Franzosen daran zu erinnern, daß ihre Zukunft bei Dir und uns liegt; wie ich höre, ist auch er etwas „angloman". Witte gab in liebenswürdiger Weise den Franzosen betr. Marokko den Rat, Vernunft anzunehmen, und ich habe Radolin[3] angewiesen, so „conciliant" als möglich zu sein, so daß ich hoffe, daß wir in wenigen Tagen zu irgendwelchen festen Verabredungen kommen.

Was die englisch-französische „Entente Cordiale[4]" betrifft, so kannst Du vielleicht Hinweise in meinen Briefen, die ich Dir vor zwei Jahren schrieb, finden, in

---

[1] In Brest und Cowes hatten die englische und die französische Flotte Besuche ausgetauscht.

[2] Russischer Botschafter in Paris.

[3] Deutscher Botschafter in Paris.

[4] Abgeschlossen 8. April 1904 zur Verständigung über die Marokkofrage, Ägypten usw.

denen ich Dich warnte, mit „Annäherungen“ an die beiden Regierungen und Länder zu beginnen, da sie gemeinsam gegen Deine Politik in Mazedonien nach den Verabredungen in Mürzsteg Widerstand leisteten. Ich zeigte dann, daß sie ihre frühere alte Politik aus der „Krim“ wieder angenommen haben, und nannten sie die „Krimkombination“. Die liberalen Westmächte haben sich vereinigt, wie ich es vorausgesagt habe, und stehen Dir nicht nur in der äußeren Politik, sondern noch viel hitziger und offener auf dem Felde der inneren und russischen Politik entgegen. Die französische und englische liberale Presse denunziert ganz offen und gemeinsam alle monarchischen und energischen Handlungen in Rußland — das „Zarentum“, wie sie es nennen, und unterstützt offen die Angelegenheit der Revolutionäre zur Ausdehnung und Aufrechterhaltung des Liberalismus und der „Aufklärung“ gegen das „Zarentum“ und den „Imperialismus“ gewisser rückständiger Länder. Darunter verstehen sie Dein und mein Land. Die Phrase, mit der die Franzosen immer von den Engländern eingefangen werden, lautet: „Zusammen die Interessen des Liberalismus in der Welt aufrecht zu halten und sie in anderen Ländern zu propagieren“, d. h. die Revolution in ganz Europa, namentlich in den Ländern, welche glücklicherweise noch nicht unter der absoluten Herrschaft dieser hitzköpfigen Parlamente sind, zu befestigen und zu unterstützen.

Alvensleben, der sich auf seiner Heimreise befindet, ist, wie ich leider sagen muß, an seiner Gesundheit gänzlich gebrochen und hat darum gebeten, auf seinen Posten verzichten zu dürfen. Mit Deiner freundlichen Bewilligung schlage ich vor, Dir Herrn von Schön, bisher Botschafter in Kopenhagen, zu senden. Er war früher eine lange Zeit Botschafter in Paris, ist mit einer eleganten, reizenden Dame verheiratet, er begleitete mich auf meiner Reise nach Tanger und nach dem Mittelmeer in diesem Jahre und ist ein treuer, ergebener, ruhiger und verschwiegener Mann, mein persönlicher Freund, der seit vielen Jahren mein vollstes Vertrauen besitzt. Er ist mit allen englischen Intrigen in Dänemark wohl vertraut, manchen konnte er begegnen. Er kennt Italien gut, spricht Französisch, Englisch, Italienisch ganz wie seine Muttersprache, ist sehr tätig und ein guter Lawn-Tennisspieler, wenn Du einen solchen gebrauchen kannst.

Der Besuch der britischen Flotte in Swinemünde[1] und Danzig lief ohne Kollision ab, das Publikum war höflich und gastfrei, aber ohne irgendwelchen Enthusiasmus. In Esbjerg[2] hatte ich einen meiner Freunde bei mir, der Englisch und Dänisch gut spricht. Er ging an Bord verkleidet als ein Kohlenhändler und dinierte oder soupierte oft mit den Offizieren. Sie erzählten ihm, daß sie nach der Ostsee ausgesandt waren, um den Kaisern zu zeigen, daß sie keine Macht hätten, irgend etwas zu beschließen, wie sie wollten, denn die britische Flotte würde ihnen das niemals gestatten!!!

Ein schönes Stück Unverschämtheit! Möge Deine Flotte bald wieder schöne Schiffe neuen Typs auf Stapel legen, die von Offizieren tüchtigen Leibes und klaren Geistes kommandiert und von geübten Männern befehligt werden.

---

[1] Baltische Übungsreise der britischen Flotte 27.—31. August 1905.

[2] Dänischer Hafen an der Westküste Jütlands.

Eine Neuigkeit, die vor wenigen Tagen aus Wien kam, wird Dich interessieren. Der amerikanische Gesandte Mr. Bellamy Storrer erzählte einem meiner Freunde, daß er wenige Tage vor Abschluß des Friedens mit dem König von England in Marienbad zusammentraf. Der König erzählte Storrer, daß von einem Frieden keine Rede sein könne, da Japan niemals zustimmen würde, seine Entschädigungsansprüche aufzugeben, die man ihm als Sieger schuldet. Er sagte dann, daß es äußerst notwendig wäre, daß Rußland, finanziell hilflos, für lange Zeit verkrüppelt sein und bleiben müsse. Storrer sagte, daß er in einer sehr schwierigen Lage war, als der König seine Meinung ganz laut vor einer großen Menschenmenge, die ihn begleitete und ihm zuhörte, erbat. Es scheint, als ob er sich davor fürchte, daß Amerika sich den übrigen Nationen anschließt, indem es Rußland Geld gibt, falls eine große internationale Anleihe ausgegeben wird, was er natürlich verweigern würde.

Würdest Du jetzt, wo der Friede[1] unterzeichnet wird, und die Ratifikationsurkunden gerade ausgetauscht werden sollen, es nicht für praktisch halten, wenn wir unsere Botschafter an den fremden Höfen identisch instruieren würden, ohne sie in das Geheimnis der Existenz eines Vertrages einzuweihen, daß sie in allen Dingen, die nicht besonders unsere Länder in ihrem eigenen Interesse berühren, also in allen Fragen der allgemeinen Politik zusammenarbeiten und einander von ihren Instruktionen und Plänen in Kenntnis setzen sollen? Diese gemeinsame Erklärung einer gemeinsamen Angelegenheit wird nicht ihren Eindruck auf die Welt verfehlen, daß unsere Beziehungen enger ge-

[1] Friede von Portsmouth.

worden sind, und wird so langsam unsere Alliierten, die Franzosen, auf die neue Orientierung vorbereiten, welche ihre Politik zwecks Eintritts in unsern Vertrag nehmen muß. Die Marokkofrage[1] wird in wenigen Tagen in dem Dir berichteten Sinne beigelegt sein, indem beiden Parteien ein guter Rat gegeben wird; ich habe die Instruktion erteilt, so kulant als möglich zu sein. Witte hat alle Damen und Herren hier durch seine amüsanten Erzählungen über Amerika und über seine Erfahrungen, die auch Dich sehr belustigen werden, entzückt. Nun lebe wohl, liebster Niki, herzliche Grüße an Alix, einen Kuß dem kleinen Knaben von

Deinem immer wohlgesinnten Freund und Vetter

Willy.

Neues Palais, 28. XI. 1905.

Liebster Niki!

Der Kanzler, dem ich einige Teile Deines Briefes vorlas, sagte mir, daß ein ganz reines Defensivbündnis unmöglich dem von Deinem Vater geschlossenen Vertrage mit Frankreich widerstreiten könne. Denn wenn es dies täte, so würde es bedeuten, daß durch den französischen Vertrag Rußland gebunden sei, Frankreich zu unterstützen selbst in einem Angriffskrieg gegen Deutschland. Aber eine derartige Möglichkeit, d. h. daß Rußland Frankreich bei einer agressiven Politik gegen uns unterstützt, haben wir bis jetzt niemals auch nur einen Moment in den Bereich der Erwägung gezogen, da Dein lieber Vater mir oft erzählte, er würde zu allen Zeiten sich offen irgendeinem

[1] Am 12. April 1905 hatte Deutschland den Mächten die Einberufung einer internationalen Marokkokonferenz vorgeschlagen.

Angriffskrieg widersetzen, abgesehen davon, daß er mit mir auf freundschaftlichstem und vertrautestem Fuße stand. Dies wird beleuchtet durch die Tatsache, daß im Jahre 1891 während der Manöver in der Nähe von Narva er mir offen seine Abneigung gegen das französisch-republikanische System ausdrückte, wobei er die Wiederherstellung der Monarchie in Paris verteidigte, für welches Unternehmen er meine Hilfe erbat. Wenn Dein französisches Bündnis gleich dem unsern ein reines Defensivbündnis ist, dann besteht zwischen diesen beiden keine Unvereinbarkeit. Eins schließt das andere nicht aus, so daß keine weitere Erklärung notwendig ist.

Anderseits kann ich begreifen, daß es für Dich sehr günstig ist, Dich nicht offen als Verbündeten zu verzeichnen in dem Augenblicke, wo die internationalen Revolutionäre über die Welt die infame Lüge verbreiten, daß ich meinen Einfluß auf Dich zugunsten einer Reaktion ausgeübt habe.

Mein heißer Wunsch ist, daß Du unversehrt durch die gegenwärtige Krisis hindurchgehst, und daß Dein Volk Deine edlen Absichten voll begreifen möge. Jetzt mußt Du abwarten und sehen, wie die Einrichtungen, die Du ins Leben gerufen hast, praktisch wirken; nur danach wird es später möglich sein, zu beurteilen, ob und welche Abänderungen erforderlich sind.

Was Deine Meinung über Witte betrifft, so kann ich natürlich nicht behaupten, ihn so gut zu kennen wie Du, aber sicherlich macht er auf mich einen Eindruck als ein Mann, der weit über dem Durchschnitt steht. Gleichzeitig freut es mich, daß Du Deinen Onkel Nikolaus Nikolajewitsch in Dein Vertrauen gezogen hast. Er scheint mir ein Element der Festigkeit zu verkörpern, und Festigkeit ist nötig, um Ordnung aufrecht zu erhalten. Ohne Ordnung kann eine junge Freiheit nicht leben.

Hinsichtlich Tattenbachs[1] und Marokkos sind Deine Informationen aus Frankreich unrichtig. Ich beabsichtige nichts und habe niemals irgendeinen besonderen Vorteil für Deutschland beabsichtigt, und Tattenbach hat niemals irgendeine Politik als die seinige verteidigt. Das wäre etwas Unerhörtes in meinen Diensten. Meine Vertreter in fremden Ländern verteidigen nur eine Politik, und das ist die meinige. Wir wünschen nur offene Tür zu sichern, d. h. ein Interesse, das wir mit allen andern seefahrenden und handeltreibenden Nationen gemeinsam haben. Es liegt kein Grund vor, warum es nicht zu einem gerechten Abkommen mit Frankreich auf dieser Grundlage kommen könnte. Ich vertraue darauf, daß Du, dessen ständige Absicht es ist, den Frieden zwischen allen Nationen herbeizuführen und ein Wohlwollen über die ganze zivilisierte Welt zu verbreiten, mir Deinen machtvollen Beistand leihen könntest, um die Konferenz[2] zu einer allgemeinen Verständigung zu bringen, die auf der Aufrechterhaltung der offenen Tür begründet ist. Ein Wort in dieser Richtung an Deinen Vertreter auf der Konferenz würde sehr vorteilhaft sein, um die Aufgabe meines Gesandten zu erleichtern. Mit herzlichem Gruß an Alix und an den Säugling verbleibe ich, mein lieber Niki, immer

Dein Willy.

Neues Palais, 30. XII. 1905.

Liebster Niki!

General Tatischeff hat mir Deinen Brief überbracht,

[1] Deutscher Vertreter in Marokko.

[2] Konferenz von Algeciras.

und sich selbst in seiner neuen Charge[1] vorgestellt. Es ist von höchster Wichtigkeit für mich, zu wissen, daß er sich Deines vollen Vertrauens erfreut. Ich will im Ernstfall mit Vergnügen mich seiner Dienste in meinen privaten Beziehungen zu Dir bedienen. Er ist hier willkommen und wird in der Rangordnung meines Hauptquartiers, zu dem er jetzt gehört, geführt. Der neue Gesandte von Schön[2] reist heute mit General von Jakobi ab. Ich kann für den Charakter des Generals in jeder Beziehung einstehen. Er war mein erster Adjutant, den ich überhaupt hatte, studierte mit mir in Bonn, diente im ersten Garderegiment beim 1. Bataillon, war später zum zweiten Male mein Adjutant, nachdem ich den Thron bestiegen hatte, verbrachte mehrere Jahre als Militärattaché in Rom und wurde später zu Mamas Regiment in Wiesbaden kommandiert, wo Du ihn sahst. Ich bin sicher, daß er Deines Vertrauens wert ist, da er das meinige besitzt. Ich kenne ihn seit 25 Jahren genau. Besten Dank für Deine freundlichen Zeilen und die Wünsche zum neuen Jahr, die ich herzlichst erwidere. Möge Gott Dich und Deine Familie segnen und behüten und den Frieden unsern Völkern bewahren. Das ist der ernste Wunsch

Deines stets sehr ergebenen Vetters, Freundes und Verbündeten

Willy.

Berlin, 29. I. 1906.

Liebster Niki!

General von Jakobi überbrachte mir Deinen Brief und Deine Wünsche, für die ich herzlich danke. Er

[1] Vom Zaren als Adjutant Wilhelms II. attachiert.
[2] Zum Botschafter in Petersburg ernannt.

war sehr glücklich über die freundliche Aufnahme, die er bei Dir wie auch in der Gesellschaft gefunden hat. Ich freue mich, von ihm zu hören, daß Du wohl und munter bist, wie auch Alix und die Kinder. Das gute Aussehen und die gute Haltung der von Dir inspizierten Truppen, welcher Zeremonie er beiwohnen durfte, machten auf ihn einen großen Eindruck. Aber er war sehr traurig, welch eine unglückliche Figur er beim Schießen spielte, da er nicht sein eigenes Gewehr führte und ein untüchtiger Schütze ist.

Der Gedanke eines großprahlerischen „Adjutanten" unseres Kollegen, des Holzhauers von Fallières[1], der sich in Deinem Gefolge befindet, verursachte mir eine unbegrenzte Belustigung. Aber abgesehen davon, daß es schrecklich komisch wirkt, ist es in einiger Hinsicht wenigstens auch ein nützlicher Gedanke. Je mehr Frankreich gänzlich zu Dir herübergezogen wird — vorausgesetzt, daß es gelingt — desto mehr befreit es sich von dem „Störenfried". Das marokkanische Geschäft wird, soweit ich sehen kann, völlig ohne Krieg in Ordnung kommen. Der entscheidendste Punkt ist, daß bisher keine andere Macht irgendeine Neigung gezeigt hat, Frankreich irgendwelche bewaffnete Hilfe zu leisten, falls es in Marokko einzufallen beabsichtigt. Ohne die Sicherheit einer bewaffneten Hilfe wird Frankreich sicherlich einen solchen Einfall nicht wagen. Irgendein Abkommen wird schließlich getroffen werden, um den Frieden für alle in Betracht kommenden Parteien mit Ehren zu sichern, der gleichzeitig für den Handel der ganzen Welt die Aufrechterhaltung der offenen Tür in Marokko gewährleisten wird. Daß die Franzosen sich weigerten, jetzt Rußland eine Anleihe

[1] Der französische Präsident.

zu gewähren, hat nicht so viel mit der marokkanischen Angelegenheit zu tun, da diese jetzt seit Eröffnung der Konferenz von Algeciras [1] sehr beruhigt worden ist, als vielmehr mit den Berichten der russischen Juden, welche die Führer der Revolution sind, an ihre Verwandten in Frankreich, welche die ganze Presse unter ihrem infamen Einfluß haben. Berlin ist ganz voll von Russen und vornehmen Familien, die aus den baltischen Provinzen geflohen sind. Etwa 50 000 Deiner Untertanen sind hier, 20 000 in Königsberg und weitere Tausende in den kleinen Provinzstädten Preußens, Posens, Schlesiens. Hauptsächlich die Adeligen aus den baltischen Provinzen sind in einer schlimmen Verfassung, da sie alle ihre Gutsitze, die verbrannt, ihr Eigentum, das geplündert, und ihre Wälder, die zum Teil zerstört sind, verloren haben. Viele Baroninnen sind als einfache Haushälterinnen zu andern Familien gegangen, und viele junge Gräfinnen und Baroninnen mußten in „Warenhäuser" als einfache Ladenmädchen gehen, nur um sich und ihre Mütter vom Verhungern zu retten. Unsere Großgrundbesitzer haben freiwillig einige Familien in ihren Landhäusern aufgenommen, und selbst die Kaiserin hat junge Mädchen in ihr Seminar aufgenommen, um die armen Mütter zu entlasten. Du hast keine Ahnung von den schrecklichen Verlusten und dem Unglück, das unter den Besten Deines kurländischen und livländischen Adels herrscht. Da manche meiner Offiziere, die in der Armee dienen, junge Damen aus diesen Familien geheiratet haben, und ihre hauptsächlichsten Unterstützungsmittel von ihren Schwiegereltern empfingen, sind diese armen Burschen auch plötzlich „vis-à-vis de rien" gestellt, da sie mit ihrer eigenen

[1] 16. Januar 1906.

Löhnung nicht leben können. Nach meiner Meinung werden viele Millionen nötig sein, um diese armen Menschen wieder auf die Beine zu bringen und ihnen zu helfen, ihr zerstörtes Heim wieder aufzubauen, welche Summen, wie ich vertrauensvoll hoffe, Deine Regierung zu ihrer Verfügung bereitstellen wird. Ein dahingehender Befehl von Deiner Seite würde einen ausgezeichneten Eindruck auf ganz Europa machen und die verzweifelten Gemüter dieser beklagenswerten Menschen wieder heben.

Während ich Dir diese Zeilen schreibe, empfange ich gerade die plötzliche und unerwartete Nachricht vom Tode Deines lieben Großvaters[1]. Was für ein wahrhaft edler und ritterlicher Monarch ist mit ihm dahingegangen. Geliebt von seiner ganzen Familie und seinen Untertanen, die auf ihn als ihren Vater blickten. Ich spreche Dir mein tiefstes Beileid zu diesem schweren Verlust, den wir Monarchen alle fühlen und beklagen, aus, da wir einen der Besten unter uns verloren haben. Deine arme Mutter wird in schwerem Leide sein, aber dankbar dafür, daß sie zugegen war, um die letzten Augenblicke mit ihrem angebeteten Vater zu verbringen. Ich werde selbstverständlich zur Beerdigung gehen.

General Saionzkowsky stellte sich mir vor und machte einen ausgezeichneten Eindruck auf mich. Ich war erfreut, ihn über die ausgezeichnete Haltung meines tapferen Wiborgregimentes zu beglückwünschen, das so tapfer für seinen Kaiser und für sein Land kämpfte. Nun lebe wohl, liebster Niki, herzlichen Gruß an Alix und an die Kinder von

Deinem immer wohlgesinnten Freund und Vetter

Willy.

[1] König Friedrich VIII. von Dänemark.

Berlin, 6. III. 1906.

Mein liebster Niki!

Die Rückkehr des Generals à la suite von Jakobi nach Tsarskoe gibt mir die gute Gelegenheit, Dir diese Zeilen durch ihn zu senden. Sie mögen meinen aufrichtigsten und herzlichsten Dank für Deine freundlichen Wünsche zu unserer silbernen Hochzeit und für das glänzende Geschenk, welches Du uns freundlich übersandtest, ausdrücken. Es ist wahrhaft glänzend, lieblich an Farbe und ausgesucht in der Arbeit. Die Ziffern der Edelsteine machen einen prächtigen Eindruck auf dem sanften Dunkelgrün des Steins. Sie erregten große Aufmerksamkeit unter unsern Gästen und wurden gebührend bewundert. Es war sehr freundlich von Dir, an unsere ehemalige Hochzeit zu denken und an unsere Feier, wie bei dieser Anteil zu nehmen. Ich war sehr erfreut, alle Deputationen, die Du mir sandtest, zu begrüßen. Besonders meine tapferen „Wiborger" waren das Zentrum bewundernder Neugier. Sie machten überall einen sehr guten Eindruck und wurden so viel wie nur möglich „fetiert". Die Feierlichkeiten waren sehr anstrengend und aufregend, aber Viktoria überstand sie glücklicherweise sehr gut, obwohl sie kurz vorher einen schweren Influenzaanfall gehabt hatte. Seit drei Tagen haben wir vollkommenen Sommer hier, und jeder ist draußen zu Fuß und zu Pferde. Man kann die Leute in den Gärten sitzen und auf den Terrassen der Cafés ihren Kaffee oder ihr Bier außerhalb der vier Wände trinken sehen. Ich glaube, daß dieses warme Wetter auch bald zu Euch kommen wird. Mit herzlichen Grüßen an Alix und an die Kinder und vielen Dank für Deine liebe Gabe verbleibe ich

Dein ergebener und wohlgesinnter Freund und Vetter

Willy.

Neues Palais, 14. VI. 1906.

Liebster Niki!

Aufrichtigen Dank für Deinen freundlichen Brief, den mir Tatischeff überbrachte, und den zweiten, den mir Wladimir heute übergab. Mein volles Mitgefühl mit Dir in diesen schwierigen Zeiten. Der beste Weg, über die Sorgen und Kümmernisse, welche die Lage Dir daheim bereitet, hinwegzukommen, ist, wie Du es tust, sich mit seinen schönen Gardetruppen zu beschäftigen, sie zu inspizieren und mit ihnen zu sprechen. Es macht Dir Vergnügen und befriedigt die Truppen, die zweifellos in schwierigen Augenblicken das Interesse, das Du ihnen entgegenbringst, anerkennen und sich als eine ergebene, vertrauenswürdige und tapfere Waffe in der Hand ihres Herrschers bewähren. Es freut mich, daß Deine Husaren Dich zufriedenstellen, der Du ja in ihren Reihen dienst. Es geht Dir genau wie mir, auch ich habe eine Neigung für meine Gardehusaren, die ich eine Zeitlang kommandierte. Ich sah sie gestern wieder, bevor die Garde-Kavallerie-Division ins Manöver zog. Es fiel sehr befriedigend aus, aber endete wie alle Inspektionen in diesem Jahre mit einem schweren Regenschauer.

Ich bin ganz Deiner Meinung über die anarchistische Frage. Der Angriff war feige und unfreundlich. Die Schwierigkeit, mit diesem Abschaum der Menschheit fertig zu werden, liegt, wie Du richtig bemerkst, darin, daß in einigen Ländern, vor allem in England, diese Bestien ungestört leben und hier gegen das Leben irgendeines Menschen sich verschwören dürfen. Ich höre, daß der spanische Premierminister den Prinz von Wales gebeten hat, Seiner Majestät dem König Eduard VII. den Wunsch der spanischen Nation auszudrücken, daß es notwendig erscheint, seine Regierung zu veranlassen, sich den kontinentalen Mächten bei der ernstlichen Unterdrückung dieser Mördersekten anzuschließen.

Diese Begebenheit zeigt, daß die von unsern beiden Regierungen über die Kontrolle dieser Burschen getroffenen Vereinbarungen völlig mißlungen sind. Da sie absolut straflos in London leben können, bringen sie dort ihre mörderischen Pläne zur Reife. Der richtige Platz für diese Freunde ist das Schafott, manchmal auch die Einsperrung auf Lebenszeit in ein Irrenhaus. Alle Kontinentalmächte sollten eine gemeinsame Einladung nach London schicken, um die englische Regierung zu bitten, sich ihnen in einer internationalen Verständigung anzuschließen, um diese Bestien zu bekämpfen. Ich sollte meinen, es wäre durch eine gemeinsame Übereinkunft möglich, zur Verteidigung des Lebens und der Kultur durch ein Gesetz die Fabrikation von Sprengstoff zur Füllung und zum Gebrauch von Bomben bei Todesstrafe zu verbieten. — Die Duma schafft sehr schwierige Situationen für Deine Regierung, und die Zeitumstände sind sehr kritisch. Aber man muß hoffen, daß in Bälde beide Mittel und Wege finden werden, um zu einem vernünftigen Modus vivendi zu kommen, so daß positive Arbeit zur Wohlfahrt des Landes geleistet werden kann. Wie ich erwartete, fiel Deine Wahl auf Iswolsky[1], der Dich sicherlich zufriedenstellen wird, und der als ein sehr kluger Mann leicht den Gang der russischen äußeren Politik nach den friedlichen Richtlinien ganz gemäß Deinen Wünschen leiten wird. Er gab Schön eine sehr verständige Antwort in der Bagdadbahnfrage, so daß, wie ich hoffe, meine Regierung

[1] Zum Minister des Äußeren ernannt.

imstande sein wird, mit ihm weiter auf der Grundlage gegenseitigen Vertrauens zu arbeiten, das sich aus der Gemeinsamkeit der Interessen ergibt. Unsere Interessen an der Bahn sind rein wirtschaftlicher und kommerzieller Natur für die Wohlfahrt der Menschheit. Es handelt sich um eine völlig gesetzliche Konzession an eine deutsche Gesellschaft, welche die Bahn erbaut und betreibt. Ich kann mir wohl denken, daß die Engländer, wie Du sagst, um Dich in Asien herumwedeln, aber da Du Dich entschlossen hast, ruhig ihre Vorschläge abzuwarten, bin ich sicher, daß, wenn ihre Angebote betreffs Zentralasiens Dir annehmbar erscheinen, eine Verständigung mit ihnen manche Reibungs- und Konfliktsstoffe beseitigen würde, was auch mir eine Genugtuung wäre.

Zweifellos wird jeder verstehen, daß der von der englischen Flotte gewählte Augenblick, um ihren selbst angebotenen Besuch abzustatten, äußerst störend und ungelegen für Dich und Dein Land kommt. Ich bin überzeugt, wie empört Du darüber bist, genau wie ich es im vergangenen Jahre über den uns abgestatteten Besuch war. Man will sicher damit versuchen, das Rückgrat Deiner ultraliberalen Partei zu stärken. Die Flotte hat bei ihrer Rückreise ihren Besuch in Pillau und Travemünde angezeigt. Ich werde sehr wachsam auf sie sein.

Ganz wie Du, sehe auch ich mit großer Freude unserer Begegnung Ende Sommer entgegen. Ich werde in den ersten Tagen des August neuen Stiles nach der Ostsee zurückkehren, wenn das Wetter gut ist, nach der Reede von Heringsdorf auf der Höhe von Swinemünde. Die Stelle ist sehr günstig und die Verbindung mit der Küste für An-Land-Gehen viel leichter als in Hela.

Der liebe alte Kaiser Franz Joseph, den ich vor kurzem besuchte, war noch verhältnismäßig rüstig, obwohl das Alter ihn etwas gebeugt hat. Er war auch sehr unwillig über die Haltung seines Parlaments. Die Stunden, die ich mit ihm verbrachte, waren bei seiner warmherzigen Freundlichkeit und Ritterlichkeit sehr angenehm. Ich besuchte ein sehr interessantes, altes, wiederhergestelltes Schloß, Franzenstein, das dem berühmten Forscher Graf Wilczeck gehört. Es ist ein Wunder gotischer Architektur, und seine Einrichtung aus dem 13. bis 15. Jahrhundert ist sehr harmonisch und lehrreich.

Tatischeff wird Dir von meiner Truppeninspektion während des Frühlings und den Manövern meiner zweiten Brigade berichten, welche das neue „Regiment" zum ersten Male zeigte, wie auch von den Evolutionen der Garde-Kavallerie-Division unter meinem Kommando, was alles ausgezeichnet auslief. Wladimir war hier und gab mir Deine freundlichen Zeilen, die mich als den Oberst des Wiborgregiments sehr stolz gemacht haben. Ich danke Dir nochmals für Deine große Freundlichkeit, die Du ihnen bewiesest, und die Ehre, die Du ihnen durch Deine Besichtigung gabst. Sie haben es wohl verdient, da sie sich tapfer benommen haben. Wladimir begleitete uns zu einer großen Viehschau in der Nähe von Berlin und schien sehr belustigt über die Produktion der preisgekrönten Kühe, Bullen, Schweine, Pferde, die einen großen Spektakel machten. Tausende von Bauern und kleinen Eigentümern jubelten uns in loyaler Ergebenheit zu. Der erstaunlichste Fortschritt zeigte sich in den Gruppen Elektrizitäts- und Spiritusgasmotoren für landwirtschaftliche Zwecke. Nun lebe wohl, liebster Niki, Gott schütze und behüte

Dich. Herzliche Grüße an Alix, auf Wiedersehen in Swinemünde, wo wir eine lustige Gesellschaft sein wollen.

Dein immer wohlgesinnter Freund und Vetter

Willy.

Pillau, 27. VII. 1906.

Liebster Niki!

In dem Augenblick, wo ich die Küste meines Landes erreiche, ergreife ich die erste Gelegenheit, Dir eine Zeile zu senden und Dir nochmals für die liebenswürdige Aufnahme zu danken und für die Freundlichkeit, die Du mir bewiesen hast. Die Stunden, die ich in Deiner Gesellschaft verbringen durfte, sind immer meinem Gedächtnis eingeprägt. Du warst zu mir wie ein lieber Bruder, ich werde immer mit der gleichen Wärme und gleichen Stärke Dein Gefühl erwidern, und Du kannst auf mich als einen sicheren Freund rechnen, der nur den einzigen Wunsch und die Hoffnung hat, Dich glücklich bei Deiner schweren Arbeit zu sehen, und der möchte, daß Dein Land sich bald wieder erholt. Das Bündnis zur gegenseitigen Hilfe im Falle der Not, das wir geschlossen haben, wird für Rußland sehr vorteilhaft sein, da es sich ruhig unter den Augen der Völker und im Vertrauen auf die Aufrechterhaltung des europäischen Friedens wieder herstellen wird und die Finanzkreise in fremden Ländern ermutigen kann, in Unternehmungen, die Rußland und seine weiten Wohlstandsquellen, die noch unberührt sind, erschließen sollen, Kapital zu investieren. In kommenden Zeiten wird vielleicht möglicherweise selbst Japan geneigt sein, sich dabei zu beteiligen. Dies würde das englische Selbstgefühl und seine Frechheit wesentlich abkühlen, da es nur allzu sehr sein Alliierter ist. Der 24. Juli 1905[1] ist ein Markstein in der europäischen Politik und schlägt ein neues Blatt in der Geschichte der Welt auf, das ein Kapitel des Friedens und des Einverständnisses unter den Großmächten des europäischen Kontinents sein möge, die sich untereinander in Freundschaft, Vertrauen und in der Befolgung der allgemeinen Politik auf den Bahnen einer Gemeinsamkeit der Interessen bewegen mögen. Im Augenblick werden die Nachrichten der neuen Gruppierung der Welt bekannt geworden sein. Die kleineren Nationen Holland, Belgien, Dänemark, Schweden, Norwegen werden alle zu diesem einen Schwerkraftzentrum hingezogen werden, ganz nach dem Naturgesetz von der Anziehung kleinerer Körper durch die größeren und kompakteren. Sie werden sich im Kreis um den großen Block der Mächte Rußland, Deutschland, Frankreich, Österreich, Italien drehen und das Vertrauen zu dieser Anlehnung haben. Die Doppelallianz, verbunden mit der Tripelallianz ergibt eine Quintupelallianz, die wohl imstande sein wird, alle unbotmäßigen Nachbarn in Ruhe zu halten und selbst mit Gewalt ihnen den Frieden auferlegen, wenn eine Macht so hirnverbrannt sein sollte, ihn zu stören. In der Unterhaltung mit dem ausgezeichneten Birilew[2] — Du hast wirklich eine Kapitalwahl mit ihm getroffen — erwähnte ich, daß, wenn Du einmal Dich für Deine Schiffstypen entschieden hast, Du soviel wie möglich gleichzeitig von ihnen bauen und nicht dabei die deutschen Privatwerften neben den

[1] Zusammenkunft des Kaisers mit dem Zaren in den finnischen Gewässern bei Björkö.

[2] Russischer Marineminister.

französischen vergessen solltest, da die deutschen Werften für ihr eigenes Land arbeiten würden, während andere Mächte von den Geheimnissen Deiner Baumeister und Ingenieure gegen Dich selbst und Dein Land Gebrauch machen würden. — Zwischen Björkö und Hochland begegnete ich meinem Kreuzer, der aus Schweden ungeschoren und ungewaschen und beinahe schwarz wie ein Schornstein kam, ein trauriges Bild des Leides, das ihm der Rauch des Torpedoboots auftat. Ich erhielt einige französische Zeitungen, in denen ich einen Rückblick auf die Festlichkeiten in Brest gelesen habe. Es sind nun schon zwölf Jahre her, daß wir Toulon und Kronstadt[1] hatten. Es war eine Ehe ... wie bei allen Liebesehen ist eine allgemeine Enttäuschung, namentlich seit dem Kriege 1904/05, eingetreten. Jetzt haben wir Brest und Cowes, das ist eine Geschäftsehe, und wie bei allen Geschäftsehen wird daraus eine „Vernunftehe". Ich denke wirklich kühl, für einen Verbündeten, über seine „Freundin und Alliierte". Es würde den Franzosen gut tun, wenn Du die Zügel ein wenig fester ziehen würdest. Ihre 10 Milliarden Francs, die sie in Rußland investiert haben, hindern sie natürlich, ganz abzufallen, aber die Sprache zeigt, bis zu welchem Grad die englischen Schmeicheleien schon die Franzosen gebracht haben. Hoffentlich werden sie nicht ganz aus ihrem Häuschen in Cowes gehen. Um die Metapher „Mariage" gegen „Marianne" (Frankreich) zu gebrauchen, muß man doch daran denken, daß sie mit Dir verheiratet ist,

[1] Zustandekommen der formulierten Entente zwischen Frankreich und Rußland. Bei dem Besuch des Admirals Gervais in Kronstadt 1891 hört der Zar stehend die Marseillaise an, trinkt auf das Wohl des französischen Präsidenten. Depeschenaustausch zwischen Alexander III. und Carnot.

und daß sie mit Dir im Bett liegen muß, um gelegentlich eine Umarmung oder dann und wann einen Kuß mir zu geben, aber nicht in das Schlafzimmer des ewig intrigierenden Touche-à-tout auf der Insel schleichen darf. Nun lebe wohl, mein liebster Niki! Vergiß nicht die Magna Charta (Habeas-Corpus-Akte) und die Belohnung für Dein prachtvolles Frontheer, das Du auf eine gleiche Stufe mit der Garde stellen mußt. Du versprachst es mir. Denke nicht an den Galgenhumor von Wladiwostok, oder an die Meuterei der Garde, erinnere Dich an die 10 Armeekorps auf dem Felde, die für Dich bluten, und an alle in den Provinzen daheim, die täglich für Dich gegen die Revolution kämpfen. Herzlichen Gruß an Alix

Dein sehr ergebener Freund

Willy.

P. S.: Wie Du mir erzählst, hat Boulygine bereits einen Gesetzentwurf nach Deiner Direktive ausgearbeitet, der den Ansichten entspricht, von denen ich Dir sprach. Es würde meiner Meinung nach dringend sein, daß er gleich auf einmal veröffentlicht wird, und daß die Mitglieder sobald als möglich erwählt werden, damit, wenn die Friedensbedingungen Dir unterbreitet werden, Du sie dem russischen Volk mitteilen kannst, das die Verantwortlichkeit ihrer Annahme oder Ablehnung tragen müßte. Dies würde Dich vor einem allgemeinen Angriff auf Deine Politik schützen, der von allen Seiten her kommen würde, wenn Du es allein tätest.

7. XI. 1907.

Liebster Niki!

Hintze[1] ist im Begriff, abzureisen, und dies gibt mir die günstige Gelegenheit, Dir diese Zeilen zu senden. Meine Wünsche begleiten Dich in das neue Jahr. Möge Deine stetige Arbeit für Dein Land und die Wohlfahrt Deines Volkes Erfolg haben und die durch die Diskussion erhitzten und durch unverantwortliche Aktion mißleiteten Gemüter zu beruhigen. Ich hoffe weiter, daß, wenn weisere Ratgeber unter Deinen Untertanen die Oberhand gewinnen und sie sich selbst im Zaum halten, wir uns auf der See irgendwo treffen können, und daß Heinrich dann glücklich sein wird, Dir die Flotte, die unter Deiner Flagge steht, zu zeigen. Ich denke, Du wirst sicher in ihrer Entwicklung seit dem Jahre 1901 bei Danzig einen Fortschritt herausfinden, nachdem die alten Schiffstypen sich verringert haben und neue hinzugekommen sind, so daß die ganze Flotte einen einheitlicheren Charakter trägt. Mit herzlichem Gruß an Alix und die Kinder, deren Bilder mich ungeheuer gefreut haben, namentlich das des Knaben, und mit dem Wunsch, daß Gott Dich segnen möge, verbleibe ich

Dein wohlgesinnter Vetter und Freund

Willy.

28. XII. 1907.

Liebster Niki!

Meine herzlichsten und wärmsten Wünsche für das Jahr 1908. Gott segne und beschütze Dich, Alix und die

[1] Damals deutscher Marine-Attaché in Petersburg, später Gesandter in Christiania, seit Juli 1918 Staatssekretär des Auswärtigen.

Kinder und bewahre mir die Hoffnung, das Vergnügen zu haben, Dich wieder einmal zu sehen. Durch meinen Besuch in England denke ich, eine Reihe von Mißverständnissen und Mißtrauen behoben zu haben, so daß die Luft gereinigt ist und der Druck auf dem Sicherheitsventil sich verringert hat. Eine ganz private und vertrauliche Nachricht für Dich allein. Ich fand das englische Volk sehr nervös bezüglich der Japaner[1], vor denen man Furcht und Mißtrauen zu bekommen beginnt. Die Fahrt der amerikanischen Stillen-Ozean-Flotte hat in London größten Ärger hervorgerufen, da man alles nur Erdenkliche versuchte, um es zu verhindern. London ist vor einem Übereinkommen zwischen Amerika und Japan bange, da man sich auf eine Partei von beiden stellen muß, und da es eine Frage der Rassen, nicht der Politik ist, und es sich nur um Gelb gegen Weiß handeln kann. Das Fallenlassen Japans würde unverzüglich den Verlust von Indien zur Folge haben, das die Japaner ganz ruhig unterminieren und revolutionieren usw. Die Japaner haben diese Entwicklung vorausgesehen und bereiten sich darauf vor. Vielleicht werden sie zuerst Indien angreifen und die Philippinen isolieren. Die britischen Marine- und Seeoffiziere sprechen offen zu meinen Offizieren über ihren Widerwillen gegen die „Gelbe" Allianz mit Japan, das sie hassen. Bei diesem Stimmungszustande urteile, welchen Eindruck die vor einigen Tagen gehaltene Rede Graf Okumas[3] gemacht hat! Die Wirkung ist, als ob eine Bombe

---

[1] Japan und Rußland hatten sich wieder versöhnt. (Vereinbarungen über die Mandschurei.)

[3] Einflußreichster japanischer Politiker seiner Zeit, wiederholt Minister des Äußeren.

aus Shimosa in London eingeschlagen hätte. Nun haben ihre Zeitungen zum ersten Male den Eindruck „Gelbe Gefahr“ gehabt, nach m e i n e m Bilde, das wirklich zur Wahrheit wird. Ein deutscher Herr, der kürzlich aus Mexiko zurückkam, berichtete mir, daß er selbst 10 000 Japaner in den Pflanzungen von Südmexiko gezählt habe, alle in Militäruniform mit Messingknöpfen. Nach der Arbeit bei Sonnenuntergang versammelten sie sich alle unter ihren Sergeanten und Offizieren, die sich wie einfache Arbeiter verkleidet hatten, in Rotten und Schwadronen und üben und exerzieren mit Holzstäben, was er oft beobachtet hat, wenn sie sich unbeobachtet fühlten. Es sind japanische Reservisten, welche Waffen bei sich versteckt haben und beabsichtigen, als ein Armeekorps den Panamakanal anzugreifen und die Landverbindung mit Amerika abzuschneiden. Es ist nicht unwahrscheinlich, daß England ein Geschwader nach dem Pazifik aussenden muß, was man aber nur sehr ungern tut. Inzwischen haben amerikanische und englische Journalisten ein kleines freundliches Nasenpflücken miteinander, was die Nervosität der Londoner Presse zeigt. Dies ist meine g e h e i m e Information für D i c h a l l e i n, so daß Du Zeit hast und Dich für Deine Pläne vorbereiten kannst. Es ist eine sichere Information und gut, wie Du jetzt wohl weißt, daß ich Dir niemals eine verkehrte gab. Der Hauptpunkt ist, Augen offen zu halten und vorbereitet zu sein. Die Entwicklung kann langsam gehen, doch können unvorhergesehene Zwischenfälle einen unerwarteten und plötzlichen Ausbruch hervorrufen, bevor die Frage reif ist, wie es sich bisweilen ereignet. Es ist erstaunlich, zu beachten, wie gut die Japaner sich für ein Ereignis vorbereiten. Sie gehen in ganz Asien vor, bereiten sorgfältig ihre Agitation gegen die weiße Rasse im allgemeinen vor. Denke an mein Gemälde, es wird zur Wahrheit! Wenn Frankreich mit England in dieser Angelegenheit zusammengeht, sind Saigon und Annam gewesen.

Willy.

Wilhelmshöhe, 8. VIII. 1908.

Liebster Niki!

Willst Du so liebenswürdig sein, gnädigst die ersten Abzüge meiner Photographie in der neuen russischen Uniform anzunehmen? Sie sind noch nicht veröffentlicht worden, und ich hoffe, Dein prüfendes Auge wird einige Fehler in der Ausführung finden. Onkel Bertie war ganz Sonnenschein in Cronberg, in sehr guter Laune. Er beabsichtigt, offiziell Berlin mit Tante Alix im nächsten Jahr zu besuchen. Der Zeitpunkt wird noch festgesetzt. Er sprach auch über die Türkei[1] und gab zu verstehen, daß man sie am besten allein lassen müsse, sich selbst zu organisieren und Mazedonien selbst zu reformieren, so daß die Mächte imstande wären, im Augenblick die projektierten Reformen fallen zu lassen, was ihn sichtlich zu beruhigen scheint. Ich hoffe, daß Deine Reise von gutem Wetter begünstigt ist, während wir hier unaufhörlichen Regenfall haben. Herzliche Grüße an Alix

Dein immer wohlgesinnter Vetter und Freund

Willy.

---

[1] Türkische Revolution Mitte Juli 1908. Herrschaft der Jungtürken. Sie haben zunächst das Vertrauen der Westmächte, weshalb man ihnen selbst die Reformen in Mazedonien überläßt.

Hubertusstock, 8. I. 1909.

Lieber Niki!

Herzlichen Dank für Deinen freundlichen Brief vom 25. Dezember, den Du mir durch Tatischeff sandtest. Ich war sehr erfreut, von Dir zu hören, und meine Frau und ich danken Dir aufrichtig für Deine freundlichen Wünsche zum neuen Jahr. Du hast ganz recht mit Deinen Worten, daß das alte Jahr ein ereignisreiches[1] war. Die Annexion von Bosnien und der Herzegowina[2] war eine doppelte Überraschung für jeden, aber besonders für uns, da wir über die Absichten Österreichs sogar noch später als Du in Kenntnis gesetzt worden waren. Ich halte es für meine Pflicht, Deine Aufmerksamkeit hierauf zu lenken, aus der Erwägung heraus, daß Deutschland angeklagt worden ist, Österreich zu diesem Schritt aufgeputscht zu haben. Diese Anschuldigung ist eine widersinnige und ebenso unwahr, wie es in dem Falle mit der Sandjakeisenbahn[3] war. Ich entnehme mit Freude aus Deinem Brief, daß das Volk in Rußland dies jetzt zu erfassen beginnt.

Tatsache ist es, daß Österreich diesen Schritt, ohne uns vorher zu Rate zu ziehen, unternommen hat.

[1] Rußland hatte in einer Note vom 24. III. 08 an Österreich das Mürzstegprogramm von 1903 für erloschen erklärt und ein neues Reformprogramm für Mazedonien aufgestellt. Es folgen Zusammenkünfte der Staatsoberhäupter: Fallières in London, Nikolaus II. und Eduard VII. in Reval 25.—26. Mai 1908. Wachsendes Einvernehmen zwischen England und Rußland. Im August zweite Revaler Begegnung Nikolaus' II. mit Fallières.

[2] 5. Oktober 1908.

[3] Im Januar 1908 hatte Graf Ährental die Absicht Österreichs kundgetan, durch das Sandschak von Novibasar eine Eisenbahn zu bauen, die eine direkte Verbindung zwischen Graz und Saloniki hergestellt hätte.

Daß wir dem Lauf der Dinge als Alliierte ohne Zögern folgen mußten, stand außer aller Frage. Wir konnten nicht mit seinen Gegnern rechnen. Du wirst der erste sein, um unser loyales Verhalten zu billigen.

Aber dies besagt nicht, daß wir unsere alten freundschaftlichen Beziehungen zu Rußland abzubrechen beabsichtigen. Ich selbst bin fester als je davon überzeugt, daß Deutschland und Rußland wie nur irgend möglich zusammen vereinigt sein müssen. Diese Vereinigung würde ein mächtiges Bollwerk für die Aufrechterhaltung des Friedens und der monarchischen Institutionen bedeuten. Du kennst meine Ansichten in dieser Richtung. Daß meine Freundschaft aufrichtig und ehrlich ist, habe ich Dir durch Taten beweisen können, als während der Zeit der Widerwärtigkeit, durch die Rußland neuerdings hindurchgegangen ist, ich schwere Verantwortung auf mich für Deine Sache genommen habe.

Wenn ich die freundlichen Beziehungen zwischen unsern beiden Ländern abwäge, so halte ich es vor allem für das wichtigste, daß alles, was auch immer sie kränken möge, aus dem Wege geräumt wird. Du bist, wie ich hoffe, gewohnt, das, was ich Dir erzähle, als ganz offen, wie ich in dieser Hinsicht denke, anzusehen. Kürzlich stellte man es so dar, als ob wir Dein Übereinkommen mit England betreffs Asiens [1] übel aufgenommen hätten und damit unzufrieden wären. Dieselben Gerüchte sind über den Besuch, den Onkel Bertie Dir in Reval abstattete, in Umlauf gebracht worden. Alles Unsinn! Wir verstehen voll und ganz, daß Rußland im Augenblick es vermeiden muß, einen

[1] Abkommen Englands mit Rußland über Persien, Tibet, Afghanistan.

Konflikt mit England zu bekommen, und daß aus diesem Grunde es sich beugt, um einige tatsächliche Streitfragen sanft hinwegzuglätten.

Abgesehen davon, hast Du mir wiederholt die ausdrückliche Versicherung gegeben, daß Du nicht in ein Übereinkommen von mehr als allgemeiner Natur eintreten wirst. Ich habe Dein Wort, was brauche ich sonst noch? Wir sind ebenso eifrig wie Du, unsere Beziehungen zu England zu verbessern. Ich sehe dem Besuch, den Onkel Bertie mir im nächsten Monat in Berlin abstatten wird, entgegen, nicht nur, weil ich mich darüber freue, ihn und Tante Alix wieder einmal hier zu haben, sondern auch, weil ich erwarte, daß dieser Besuch nützliche Ergebnisse für den Frieden der Welt haben wird.

Nun, mein lieber Niki, weder Deine Verabredung mit England betreffs Zentralasiens, noch Deine Zusammenkunft in Reval hat irgendwelche Besorgnis oder Verstimmung in Deutschland hervorgerufen. Die Ursache ist eine ganz andere. Es ist eine offene Tatsache, daß seit den letzten beiden Jahren die russische Politik sich schrittweise mehr und mehr von uns zurückzieht und sich immer enger zu einer Kombination mit den uns unfreundlich gesinnten Mächten entwickelt. Diese Tripelentente zwischen Frankreich, Rußland und England wird von der ganzen Welt als eine vollendete Tatsache ausgegeben. Englische und französische Zeitungen lassen keine Gelegenheit vorbei gehen, um darzustellen, daß die Tripelentente direkt gegen Deutschland gerichtet ist, und nur zu oft stimmt die russische Presse mit in den Chorus ein. Andererseits zeigte sich in manchen Fällen der jüngsten russischen Politik ein Mißtrauen gegen Deutschland, z. B.

in Persien und China, ein Mißtrauen, das völlig unberechtigt war. Wie bei andern Fragen, an denen wir interessiert sind, so z. B. in der Bagdadeisenbahnfrage, wo wir erwarteten, auf Rußland zählen zu können, ließ es uns in seiner Politik einen weiten Spielraum. Ist es daher überraschend, daß eine gewisse Entfremdung zwischen beiden Ländern entstanden ist?

Ich brauche Dir nicht zu versichern, daß alle diese Fragen mich sehr schwer treffen, und ich halte es für meine Pflicht, Deine Aufmerksamkeit auf die Lage zu lenken, wie sie wirklich ist, und auf die Gründe, welche dazu führen, bevor es zu spät ist.

Die Tendenz der russischen Politik, die Anlehnung an England und Frankreich vorzuziehen, trat besonders in der gegenwärtigen Krisis hervor. Deine Regierung trat an meine bezüglich der bosnischen Frage heran, erst nachdem ein Programm für eine beabsichtigte Konferenz aufgestellt und in Paris und London genehmigt worden war. Dies Programm wurde in der französischen Presse veröffentlicht, *bevor* wir uns beide verständigt hatten. Französische Zeitungen, so gut wie englische und russische, stimmten einen jubilierenden Chorus über diesen Abschluß der neuen Tripelentente an. Wie die Dinge standen, als Iswolsky nach Berlin kam, hatte meine Regierung keine freie Wahl, sondern mußte strikteste Zurückhaltung hinsichtlich mehrerer wichtiger Punkte üben, die einen Teil der russischen Wünsche bildeten. Wir konnten unsern Alliierten nicht drängen, einem Programm zuzustimmen, von dem wir wußten, daß er es nicht annehmen würde, ganz abgesehen von der Erwägung, daß dieses Programm ganz ohne uns aufgestellt worden war. Unsere Mitarbeit war in einer Weise aufgehoben, daß die außenstehende Welt es als eine beabsichtigte Demonstration beurteilte. Wäre ein anderer Kurs eingeschlagen worden, so hätten wir Deiner Regierung raten können, dieses Programm nicht vom Stapel zu lassen. Wir hätten vorläufige vertrauliche Unterhandlungen zwischen den Kabinetten vorgeschlagen, da solche Unterhandlungen uns mehr als eine Gelegenheit gegeben hätten, Rußland wertvolle Dienste zu leisten. Hätte Rußland uns zur rechten Zeit um Rat gefragt, so würden die Dinge nicht in die furchtbare Verwirrung gekommen sein, in der sie sich jetzt befinden, noch auch in ein so kritisches Stadium. Unter gegenwärtigen Umständen sehe ich nicht ganz klar, was ich tun könnte, außer Worten der Mäßigung beiden Parteien zu geben, was ich bereits getan habe. Ich halte es auch für meine Pflicht, Dir ganz offen zu sagen, daß ich unter dem Eindruck stehe, daß Deine Ansichten über Österreichs Absichten zu pessimistisch sind, und daß Du überängstlich bist, mehr als es nötig ist. Wir hier haben auf jeden Fall nicht die leisesten Zweifel, daß Österreich nicht beabsichtigt, Serbien anzugreifen. Dies würde Kaiser Franz Joseph nicht ähnlich sehen, der ein weiser und gerechter und wirklich wahrhaftiger Mann ist. Wir glauben auch nicht, daß Ährental derartige Pläne in seinem Innern hegt. Natürlich müssen die kleinen Balkanstaaten klug und loyal sein und alle Herausforderung vermeiden und mit ihren kriegerischen Vorbereitungen haltmachen. Diese kleinen Staaten sind ein schrecklicher Schaden. Quantités négligeables! Aber die leiseste Ermunterung von irgendeiner Seite macht sie wahnsinnig. Die Reden, die in der Skupschtina am 2. d. M. gehalten wurden, haben infolge ihrer revolutionären Tendenz einen sehr schlechten Eindruck auf mich gemacht. Vor sechs Jahren wurde dieses kleine Volk mit Widerwillen und Abscheu von der ganzen Welt als Mörder seines Königs betrachtet.

Ich hoffe von ganzem Herzen, daß ungeachtet der zahlreichen und ernsten Schwierigkeiten, die zu überwinden sein werden, eine friedliche Lösung erreicht wird. Alles, was ich in dieser Richtung tun kann, wird sicherlich geschehen. Nimm mein Wort darauf.

Hintze wird Dir diesen Brief überbringen; hoffentlich findet er Euch alle munter und gesund, wozu ich noch wünsche, daß der Herr Euch Frieden, Gedeihen und Glück im neuen Jahre geben möge.

Viktoria und ich senden herzliche Grüße an Alix und freuen uns, daß mein Weihnachtsgeschenk ein Erfolg war. Lebe wohl, mein lieber Niki,

Dein wahrer und ergebener Freund und Vetter

Willy.

Neues Palais, 3. IV. 1909.

Liebster Niki!

Willst Du freundlich für Dich und die liebe Alix unsere Gabe als Zeichen unverminderter Liebe und Freundschaft annehmen? Das eine mit dem griechischen Portikus und dem Springbrunnen stellt einen Teil von Charlottenburg dar, das in dem Garten von Peterhof kopiert wurde, und ist für Alix bestimmt. Der runde Tempel ist der Freundschaftstempel, der von Friedrich dem Großen im Park von Sanssouci gebaut wurde, und allen großen historischen Menschenpaaren, die ihre Freundschaft standhaft bis zum Tode hielten und für sie starben, geweiht wurde. Dies mag Dir ein Symbol unserer nahen Beziehungen zueinander, wie ich sie auffasse, sein. Ostern steht jetzt vor der Tür, und daher möchte ich Dir noch einmal aufrichtig für die loyale und edle Art, in der Du freundlich in den Weg einleitetest, den Frieden[1] bewahren zu helfen, danken. Es ist der Dank für Deine hochgesinnte und selbstlose Initiative, daß Europa von den Schrecken eines allgemeinen Krieges verschont geblieben ist, und daß die heilige Osterwoche von menschlichem Blut unbesudelt bleiben wird, das sonst vergossen sein würde. Du magst Deine Ostern mit dem erhabenen Bewußtsein feiern, daß überall in Europa Tausende von Familien auf ihren Knien dem Herrn für den Frieden danken, seinen Segen auf Dein Haupt erflehen. Ich beabsichtige, nach Ostern nach Corfu zu reisen und über Venedig dorthin zu fahren. Ich wünschte, ich könnte Dir diesen lieblichen Ort zeigen, ein kleines Paradies auf Erden, keine Touristen und leicht von der See direkt zu erreichen. Ein glückliches Osterfest mit besten Wünschen an Alix und den Knaben verbleibe ich

Dein wohlgesinnter Freund

Willy.

P.S. Auf meiner Heimreise werde ich wahrscheinlich Onkel Artur auf Malta besuchen.

Corfu, 8. V. 1909.

Mein liebster Niki!

Da Hintze zu Deinem Geburtstag heimkehrt, ergreife ich froh die gute Gelegenheit, Dir diese Zeilen zu

[1] Rußland, das noch unter den Folgen des japanischen Krieges und der Revolution litt, hatte sich nach längerem Sträuben die vertragswidrige Annexion von Bosnien und der Herzegowina durch Österreich-Ungarn kompensationslos gefallen lassen.

senden. Von meinem ganzen Herzen wünsche ich Dir noch manche glückliche Wiederkehr dieses Tages. Möge der Himmel Dich, Dein Weib und Kind segnen und beschützen. Mögest Du glücklich in Deiner Arbeit für Dein Land und für die Wohlfahrt Deines Volkes sein.

Vor wenigen Wochen, als die Dinge gefährlich zu werden drohten, hat Deine weise und entschlossene Entscheidung den Frieden allen Völkern gesichert. Ich war sehr befriedigt darüber, daß Du durch meine helfende Mitwirkung Deine Aufgabe erfüllen konntest.

Ich erwartete natürlich, daß Du und ich allgemeinen Beifall finden würden, und ich wage zu denken, daß wir die Dankbarkeit aller wohlgesinnten Leute geerntet haben. Aber zu meinem Bedauern und Erstaunen hat die Presse im allgemeinen in niedrigster Art und Weise gegen mich gearbeitet. Nach einigen Zeitungen sollte ich der Anstifter zu Annexionen sein, und man beschuldigte mich unter anderem Gefasel und Unsinn, daß ich Rußland durch meine Friedensvorschläge erniedrigt habe. Du weißt es natürlich besser, doch muß dem Rechnung getragen werden, daß die Zeitungen meist erst die öffentliche Meinung schaffen. Einige von ihnen irren infolge ihrer Unkenntnis und aus Mangel an richtiger Information, sie sehen kaum weiter als auf Nasenlänge. Aber gefährlicher und gleichzeitig verabscheuungswerter ist jener Teil der Presse, der das schreibt, wofür er bezahlt wird. Die Schurken, welche so schmutzige Arbeit leisten, fürchten nicht unterzugehen. Sie werden immer fortfahren, eine Nation zu Feindseligkeit gegen die andere aufzustacheln, und wenn sie schließlich durch ihre höllischen Verbrechen den so gewünschten Zusammenstoß herbeigeführt haben, dann sitzen sie ruhig da und bewachen das Feuer, das sie angezündet haben, wohlversichert, daß der Gewinn der ihrige ist, unbekümmert, wie der Ausgang auch sein möge. Auf diese Weise ist in 99 von 100 Fällen das, was man gewöhnlich „öffentliche Meinung" nennt, eine reine Fälschung.

Als Herrscher, die vor Gott für die Wohlfahrt der Nationen die Verantwortung tragen, die unserer Sorge anvertraut sind, haben wir daher die Pflicht, genau die Entstehung und die Entwicklung der „öffentlichen Meinung" zu studieren, bevor wir ihr einen Einfluß auf unsere Handlungen einräumen. Sollten wir finden, daß sie ihren Ursprung aus schmutzigen, rinnsteinartigen Quellen der erwähnten infamen Presse schöpft, so wird und muß es unsere Pflicht sein, diese Art öffentliche Meinung zu korrigieren und ihr Widerstand zu leisten.

Persönlich stehe ich Zeitungsklatsch völlig teilnahmslos gegenüber, aber ich kann mich doch eines gewissen Gefühls der Angst nicht enthalten, daß, wenn nicht einmal entgegnet wird, die schmutzigen und unflätigen Lügen, die so ungestraft über meine Politik und mein Land im Umgang sind, dahin gelangen, eine Verbitterung zwischen unseren beiden Völkern infolge ihrer ständigen und unwidersprochenen Wiederholung zu schaffen. Öffentliche Meinung wünscht klare Information und Führung.

Als ich nach Corfu ging, erhoffte ich einen ruhigen Feiertag, aber auch dies sollte nicht sein. Eine neue Revolution brach in Konstantinopel[1] aus. Wir armen

[1] Die mißglückte Gegenrevolution Abdul Hamids im Februar 1909 und noch einmal im April 1909, die zur Gefangennahme Abdul Hamids führte.

Herrscher sind scheinbar nicht berechtigt, wie andere einfache Sterbliche unsern Feiertag zu haben. Die Wirren im Osten machten mich zeitweilig sehr ängstlich, auch heute noch. Der Osten ist ein regelrechter Nachtalp, eine „Schachtel mit Überraschungen". Ich wäre sehr dankbar, wenn Du mir freundlich Deine Meinung über die allgemeine Lage in der Türkei schreiben könntest. Ein Austausch unserer Ansichten ist dringend notwendig, wenn uns nicht frische Ereignisse wiederum überraschen sollen.

Die Ereignisse des letzten halben Jahres sind ein lebendiger Beweis für die absolute Notwendigkeit, so zu handeln, da sie klar zeigen, daß es sehr gewinnbringend gewesen wäre, wenn wir sofort bei Ausbruch der Krisis miteinander in Verbindung getreten wären. Wenn Du und ich, was mein heißester Wunsch ist, in loyaler und offener Mitarbeit zur Aufrechterhaltung des Friedens uns vereinigen, so bin ich vollkommen davon überzeugt, daß der Frieden nicht nur erhalten werden kann, sondern nicht einmal gestört sein wird. Es ist nicht der Schatten eines Zweifels daran, daß der Frieden die Lebensinteressen, die Sicherheit und Wohlfahrt unserer Völker so gut wie unserer Dynastien garantiert.

Nimm freundlich als Geburtstagsgabe eine Aquarellskizze, die von einem geschickten Corfioter Maler gemalt ist und das Achilleion, vom Olivenhain am Fuße des Hügels gesehen, darstellt. Wir verbrachten eine reizende Zeit hier unter blauem Himmel, von süßen Wohlgerüchen und dem wunderbaren Aufblühen zahlreicher Blumen umgeben, und saßen den ganzen Tag außerhalb des Hauses auf den Marmorterrassen im Schatten herrlicher Palmbäume. Ich hoffe, daß ich

Dir noch einmal dieses Paradies zeigen kann, wenn einmal Deine Jacht Dich zufällig ins Mittelmeer führt. Wir machten zahlreiche reizende Ausflüge per Auto mit Teapicnic auf das Land, einfach entzückend. Die Insel ist lieblich, das Volk ruhig, einfach, höflich, Reisende gibt es hier nicht. Heute verlassen wir es mit schwerem Herzen auf unserer Rückreise nach Malta, Brindisi und Tota. Wir sahen oft den König und die Königin, und ich sah auch zu meiner Freude oft meine Schwester. Nun lebe wohl, herzlichen Gruß an Alix und die Kinder, namentlich an meinen Jungen. Möge Gott Dich segnen und behüten auf Wiedersehen und ich verbleibe

Dein immer wohlgesinnter Freund und Vetter

W i l l y.

N e u e s P a l a i s, 20. X. 1909.

L i e b s t e r N i k i!

Da Tatischeff Berlin verläßt, um Dich auf Deiner Reise durch unser Land zu begleiten, so sende ich Dir eine kurze Zeile, um Dich zu begrüßen. Möge Deine Reise vergnüglich und Dein Aufenthalt in Italien angenehm und vom Wetter so begünstigt sein wie bei uns. Unsere Manöver liefen sehr gut ab und waren sehr erfolgreich, wie er Dir berichtet haben wird. Disziplin und Marschleistungen der Infanterie waren ausgezeichnet und brillant. Die Gegend war interessant, aber sehr schwierig, da sie sehr hüglig und schwach bewaldet ist. Die Feldküchen, die nach Deinen Modellen kopiert waren, haben sich sehr praktisch erwiesen und fanden sehr reichlichen Zuspruch. Ein sehr anregendes Bild für die Zuschauer war in den letzten Tagen der Manöver die Anwesenheit des Zeppelinluftschiffes, das vom Militärluftschiff begleitet war, welches um den Zeppelin manöverierte. Mein Jagdaufenthalt in Rominten war von so ausnahmsweise schönem Sommerwetter begleitet, wie wir uns dessen seit längerer Zeit nicht erfreut haben. Ich erlegte 21 Hirsche, darunter 6 Kapitalhirsche. Das St.-Johannis-Hospital, das ich in dem kleinen Grenzstädtchen Kittkehnen, gegenüber Waschtyner, erbaute, hat sehr gut den Erwartungen entsprochen, und während meines Besuches sah ich mehrere russische Patienten, die wir dort verpflegen konnten. Es freut mich, über das neu eingerichtete Röntgenkabinett, das ich dem Hospital stiftete, zu hören, daß man dort eine große Anzahl von russischen Patienten hatte, die dorthin kamen, um durchleuchtet zu werden, und wir haben eine Menge Gutes damit getan. Du hast durch Stremankoff, den Gouverneur von Suwalki, eine Summe gespendet, er kam liebenswürdigerweise herüber und besichtigte auch die Hospitäler, wofür ich Dich bitte, meinen wärmsten Dank entgegenzunehmen. Er folgte meiner Einladung nach Rominten und speiste mit uns. Er ist ein sehr netter, ruhiger, angesehener Herr, hält gute Nachbarschaft mit seinen russischen Kollegen jenseits der Grenze, die mit ihm in Verbindung stehen. Ich dachte, es würde Dir Freude machen, zu wissen, was für einen fähigen und guten Vertreter Du diesseits Deiner Grenze hast, den ich regelmäßig besuche, da er allgemein von meinen Leuten respektiert wird. — Vor zwei Tagen wurde meine Tochter in der Friedenskirche konfirmiert und sie machte jedem mit der mutigen Art, mit der sie ihr Bekenntnis las, Freude. Die ganze Gemeinde war tief gerührt, und ich war sehr stolz auf sie, denn sie zeigte ein tiefes Gefühl und einen Ernst in der Beschäftigung mit dem Problem des Lebens und der Religion, was tiefen Eindruck auf die versammelte Geistlichkeit machte, um so mehr, als sie es ganz allein abgefaßt und jedem verboten hatte, ihr dabei zu helfen. Der schöne Sommer dauert noch an, die Rosen sind ausgeschlagen und die Blumenbeete ganz farbig, wie im August. Die beifolgenden Karten stimmen genau mit der Abendbeleuchtung. Mit besten Grüßen verbleibe ich liebster Niki

Dein stets ergebener Vetter und Freund

Willy.

Berlin, 11. I. 1910.

Liebster Niki!

Vielen Dank für Deinen freundlichen Brief mit den Bildern, die mir Heinrich überbrachte; ich habe mich sehr darüber gefreut. Was für eine ausgezeichnete Idee von Dir, einen Zweistundenmarsch in einer Soldatenausrüstung zu machen und für Dich ausfindig zu machen, was es bedeutet, solche Last im Felde zu tragen. Es freut mich sehr, von Dir zu hören, daß Du mit der Anwesenheit und der Haltung meiner Abordnungen zur Beerdigung des armen Onkels Micha[1] zufrieden bist. Ich danke Dir herzlich für die freundliche Aufnahme, die Du ihnen gewährtest. Sie waren sehr dankbar für die Erlaubnis, die Ehrenwache an seiner Bahre zu halten.

Heinrich hat alle Botschaften, die Du ihm für mich anvertrautest, treu erledigt. Im ganzen teile ich Deine Ansichten. Ich kann vollkommen verstehen, daß die Entwicklung im fernen Osten Deine ganze Aufmerksamkeit in Anspruch nimmt.

[1] Großfürst Michael † 18. XII. 1909, Bruder Alexanders II.

Die Heinrich gemachte Mitteilung Deiner Entscheidung, 4 Armeekorps von unserer Grenze fortzuziehen, hat mich sehr befriedigt, um so mehr als Heinrich mir erzählte, daß Du, indem Du ihm Deine Entscheidung mitteiltest, in herzlichsten Ausdrücken der traditionellen Freundschaft unserer beiden Länder und ihrer Waffenverbrüderung, die schon vor einem Jahrhundert begonnen hat, gedacht hast. Du weißt wohl, wie ich diese geheiligten Beziehungen stets im Herzen trage und bewahren werde, und ich brauche Dir nicht zu sagen, wie dankbar ich über Deine lieben und mich rührenden Worte bin.

Ich hoffe, daß Dich dieser Brief zum Neujahrstage erreichen wird, und ich ergreife diese Gelegenheit, um Dir und Alix die besten Wünsche für ein glückliches neues Jahr, das Gott Euch allen schenken möge, zu erwidern.

Ich hoffe, wieder von Dir zu hören, sobald Du den Zeitpunkt für unsere Zusammenkunft in den deutschen Gewässern endgültig festgestellt hast. Heinrich meinte, daß es Anfang August zur Zeit Deiner und meiner Rückkehr aus Norwegen Dir am besten passen würde. Was für ein Vergnügen, der Gedanke, Dich, liebster Niki, wiederzusehen. Herzlichen Gruß Alix und den Kindern, besonders dem Knaben, lebe wohl, ich verbleibe

Dein immer wahrer und ergebener Freund und Vetter

Willy.

Neues Palais, ??

Liebster Niki!

Laß mich Dir im Vertrauen eine wichtige Angelegenheit vorlegen. Es ist die Frage, ob Du vielleicht einen

Wechsel in der Person des Adjutanten, der die Ehre hatte, Dir von hier aus beigeordnet zu sein, haben möchtest. Da Du bei unseren früheren Zusammenkünften immer mit großer Hochschätzung von Kapitän von Hintzes Qualitäten sprachst, und da er sich voll unseres Vertrauens erfreut, möchte ich nicht irgendeinen andern Schritt ergreifen, bevor ich von Dir gehört habe, oder wenigstens nicht ohne Deine Billigung handeln.

Laß mich, bitte, ganz uneingeschränkt und freimütig wissen, was Du darüber denkst. Solltest Du der Meinung sein, es wäre für mich wünschenswert, Hintze zu ersetzen, so würde ich zuerst mit Dir über die Wahl seines Nachfolgers in Verbindung treten. Deine Wünsche sind in dieser Hinsicht von höchster Wichtigkeit für mich, da ich es für absolut notwendig erachte, daß der Offizier, der von mir Dir beigeordnet ist, Dein vollstes Vertrauen erlangt.

Es freut mich, vom Kanzler zu hören, daß er über verschiedene Fragen mit Sasonow, einen Meinungsaustausch gehabt hat, was zu beiderseitiger Befriedigung führen möge.

Wir denken noch an den freundlichen Besuch, den Du uns hier gönntest, und hoffen, daß die Heimreise Alix nicht allzusehr angestrengt hat. Herzlichen Gruß an sie und die Kinder von

Deinem ergebenen Vetter und Freund

Willy.

Neues Palais, 24. XII. 1910.

Lieber Niki!

Ich danke Dir aufrichtig für Deine freimütige Antwort betreffs Hintzes. Ich entnehme mit tiefem Bedauern aus Deinem Brief, daß er Dein Vertrauen nicht länger hat, ich habe daher beschlossen, ihn zurückzurufen.

Als seinen Nachfolger möchte ich Dir Generalmajor à la Suite von Lauenstein vorschlagen, der gegenwärtig die Infanteriebrigade in Hannover kommandiert. Er war mein persönlicher Adjutant, bevor er dies Kommando übernahm. Du wirst Dich seiner von der Zeit her wahrscheinlich erinnern, als er Militärattaché in Petersburg war. Er hatte auch die Ehre, Dein Heer in den Krieg zu begleiten, und wie ich höre, war er unter Deinen Offizieren sehr beliebt. Er ist ein sehr befähigter Soldat und dazu vor allem äußerst verläßlich und vertrauenswürdig. Er schreibt ein glänzendes Deutsch und war infolgedessen Mitglied der drei Komitees, welche die Reglementsreform für unsere Infanterie, Artillerie und Kavallerie durchgeführt haben. Alle drei sind aus seiner Feder hervorgegangen. Ich setze unbeschränktes Vertrauen in ihn, und in der Hoffnung, daß Du meinen Vorschlag billigst, sehe ich Deiner Antwort entgegen.

Ich hatte Osten-Sacken gestern zum Frühstück eingeladen. Er scheint bei vollem Wohlbefinden zu sein und war sehr guter Laune. Es freut mich sehr, daß Du ihn zum Ritter des St.-Andreasordens gemacht hast, und ich danke Dir herzlichst für Deine äußerst freundliche und sympathische Anspielung auf die Beziehungen unserer beiden Länder in dem Briefe, den Du an den lieben alten Herrn bei dieser Gelegenheit gerichtet hast.

Ich erhielt einige entzückende Karten von Alix mit den Kindern als Gruppenbild. Bitte, sprich ihr meinen besten Dank dafür aus. Ich sende Dir einen Jagddolch und Alix eine Salatschüssel für die Sakuska[1]-Tafel, die in meiner Majolikamanufaktur hergestellt und in Dresden versilbert wurde.

Mit den besten Wünschen für ein glückliches neues Jahr, das ein Jahr des Friedens sein möge. Mit herzlichem Gruß an Alix und die Kinder verbleibe ich

Dein wohlgesinnter Freund und Vetter

Willy.

Neues Palais, 12. I. 1911.

Liebster Niki!

Dieser Brief wird Dir durch General Graf Dohna, der kürzlich aus Indien zurückkehrte, überbracht werden. Er war beim Durbar[2] anwesend und wird Dir lebendige Schilderungen der glänzenden Szenen, an denen er teilnahm, geben. Seine Frau, die seit einigen Monaten in Petersburg weilt, um das Heim für ihren rückkehrenden Gatten einzurichten, wird, wie ich zuversichtlich hoffe, Dir und Deinem Hofe so angenehm wie er sein. Sie schrieb sehr glückliche Briefe über die Freundlichkeit, die ihr von der Hofgesellschaft bewiesen wurde. Da er erst eben aus den Tropen zurückgekehrt ist und der Wechsel Eures Klimas mit Minus 20 Grad für ihn ein sehr plötzlicher ist, so lenke ich Deine Güte darauf, an ihn zu denken, wenn Zeremonien im Freien im Winter auf dem Programm stehen, zumal er ein sehr schwächlicher Mensch ist. Da er

[1] Russischer Name für das eigenartige, reiche, zweite Frühstück, das in Rußland üblich ist.

[2] Indische Krönungsfeier des Königs von England zum Kaiser von Indien. Georg V., König von England, folgte seinem Vater am 6. V. 1910.

kahlköpfig ist, meine ich, daß er eine warme Perücke beim Fest der Wasserweihe trägt. Du kannst bestimmen, welche Farbe sie haben soll!

Ich sende Dir nochmals meine aufrichtigsten Glückwünsche für ein glückliches neues Jahr, indem ich mich mit Dir in Deinen Hoffnungen und Gebeten zum Himmel vereinige, daß er uns ein friedliches Jahr schenken möge, wobei ich wohl weiß, daß unsere Gefühle in dieser Hinsicht die gleichen für unsere beiden Länder sind. Ich hoffe, daß Ihr das Weihnachtsfest gut verlebt habt, und daß sich kein Unfall mit meinen Geschenken ereignete. Besonders hoffe ich, daß die kleinen Mädels sich nicht den Magen in ihrer eigenen Küche verdorben haben. Ist die elektrische Eisenbahn vom letzten Jahre noch heil? Ich war sehr traurig, als ich vom Tode des alten Generals Stroukow hörte. Er war ein prächtiger Mann, mein alter lieber Bekannter und mein treuer Freund. Mit herzlichen Wünschen auch für Alix und die Kinder, von denen ich durch Olga ein so reizendes Telegramm hatte. Ich bleibe immer

Dein sehr ergebener Freund und Vetter

Willy.

Corfu, 21. IV. 1911.

Liebster Niki!

Da Euer Osterfest naht, bitte ich, Dir meine wärmsten Osterwünsche durch diese Zeilen senden zu dürfen. Es ist eine Zeit, in der man immer seine Taten und Gedanken noch einmal wieder überschaut, bevor man zur Beichte geht, und darnach geht man zurück in sein Leben mit frischen Entschlüssen und mit gefestigten Überzeugungen. Zu diesen letzteren zähle ich unsere gegenseitigen Beziehungen und unsere feste Freundschaft füreinander, die wir so glücklich in Wolfsgarten und Potsdam bekräftigten. Du kannst immer auf mich und auf mein aufrichtiges Interesse an Dir, Deiner Familie und Deinem Lande zählen.

Wir verlebten hier eine reizende Zeit unter Blumendüften, blauem Himmel und Sonnenschein. Nur in der vorletzten Woche war es kalt und regnerisch. Wir waren anläßlich einer zufälligen Versuchsgrabung sehr überrascht und sehr interessiert durch die ganz unerwartete Entdeckung riesiger Skulpturen, die scheinbar einem Tempel, der bis ins sechste oder siebente Jahrhundert vor Christus zurückgeht, zugehören. Ich verbrachte mehrere Tage in der Sonne liegend und bei dem Zutagefördern der verschiedenen Objekte, was sehr anregend war und auch Dir ungeheures Vergnügen gemacht haben würde.

Ich sende Dir beigeschlossen einige Bilder von unserm Haus und Garten mit der Statue des Achilles, die ich auf der Terrasse aufstellen ließ. Außerdem füge ich einen kürzlich in der deutschen Presse veröffentlichten Artikel bei, der von einem intimen Freunde Onkel Berties, einem englischen Politiker, geschrieben wurde, mit der Absicht, die Deutschen zu überzeugen, besser von Onkels Politik zu denken, als es bisher der Fall war. Sein Name ist nicht bekannt. Wie Du für Deine Person sehen wirst, ist es sehr auffallend, daß die große Sorge, welche Onkel für die Zukunft Englands hegte, die Möglichkeit einer engeren Freundschaft zwischen Rußland, Deutschland und Österreich bildete, die er als gefährlich für England ansieht und demgemäß mit allen ihm zu Gebote stehenden Mitteln zu verhindern suchte. Das ist die Erklärung für die ständig von der englischen Presse gebrauchte Redensart: „Gleichgewicht der europäischen Mächte“, d. h.: isoliere die drei Kaiser voneinander, oder wir sind verloren; denn sie würden den ganzen europäischen Kontinent um sich versammeln, und d. h.: gegen unsere englischen Interessen. Ich fahre nach London zur Denkmalsenthüllung auf Georgs Einladung und hoffe, mehr darüber ausfindig zu machen. Mit herzlichem Gruß an Alix verbleibe ich

Dein wohlgesinnter Freund und Vetter

Willy.

Wilhelmshöhe, 8. VIII. 1911.

Liebster Niki!

Ich muß Dich leider wiederum mit einer Bitte belästigen, die sich auf General Lauenstein bezieht, der die Ehre hatte, Deiner erlauchten Person als Adjutant zugeteilt zu werden. Als ich ihn für diesen Posten mit Deiner Genehmigung auswählte, zog er sofort meine Aufmerksamkeit auf den Umstand, daß seine Frau in sehr leidendem Zustande war. Ich kenne sie persönlich und weiß davon. Doch hoffte ich ihn zu bestimmen, daß er seinen Posten antreten würde, da Du so äußerst liebenswürdig über ihn geschrieben hast. Die Frau hat nun kürzlich ihr drittes Kind bekommen, was ihre Gesundheit so angegriffen hat, daß die Ärzte übereinstimmend der Ansicht sind, daß es ganz außer aller Frage ist, daß sie das Klima in St. Petersburg nicht vertragen kann. Demgemäß hat Lauenstein erneut um die Erlaubnis gebeten, von diesem Posten entbunden zu sein. Ich habe mit großem Bedauern meine

Einwilligung gegeben, da es unmöglich für ihn ist, ein Leben zu führen, das ständig von dem seiner Familie getrennt ist.

Ich bin sicher, daß Du meinen auf Grund so ernster Erwägungen gefaßten Entschluß billigen wirst.

Ich schlage Dir vor, als seinen Nachfolger Generalleutnant à la suite Graf Dohna-Schlobitten zu senden, der jetzt die Garde-Kavallerie-Division kommandiert. Ich darf Dich wohl daran erinnern, daß ich ihn Dir während meines letzten Besuchs in Potsdam vorstellte, der so freundliche Erinnerungen bei mir hinterlassen hat. Graf Dohna stand damals im Begriff, meinen Sohn auf seiner Reise nach Indien[1] zu begleiten, und würde auch in seinem Stab während seines Aufenthaltes in Sarskoje gewesen sein, dem ursprünglich ersten Abschnitt der Reise, die er damals unternahm.

Dohna ist ein geborener Kavallerist, Frontsoldat, erstklassiger Pferdekenner, passionierter Reiter und Sportsmann und Allerweltskerl. Er ist immer bei allen in seinen verschiedenen Ämtern beliebt gewesen, so als Rittmeister bei den ersten Garde-Dragonern, später als Oberst meiner Gardehusaren, dann als Leiter der Brigade und schließlich als Führer der Garde-Kavallerie-Division. Nicht zum wenigsten gewann er die Achtung und Sympathie jedes Offiziers in Indien sowie auch die des Oberstkommandierenden der Streitkräfte, der ihn zum Krönungsdurbar eingeladen hatte, wozu ich ihm die Erlaubnis erteilt hatte. Er wird Dir nach seiner Rückkehr sicherlich lebhafte Schilderungen der einzigartigen Festlichkeiten und des unerreichbaren orientalischen Glanzes geben. Seine Frau ist eine gute Ge-

---

[1] Reise des Kronprinzen nach Indien 1911 zu den Krönungsfeierlichkeiten.

sellschafterin und eine alte Freundin meiner Frau seit langer Zeit. Sie erfreut sich einer ausgezeichneten Stellung in der Berliner Hofgesellschaft.

Dohna besitzt mein völliges Vertrauen. Ich vertraue, daß meine Wahl Deine Billigung finden wird. Wir sind durch den plötzlichen und schnellen Tod des armen Knesebeck sehr betrübt. Er war 11 Jahre lang Privatsekretär meiner Großmutter und 21 Jahre lang Privatsekretär meiner Frau. Ein treu ergebener und vertrauter aufrichtiger Freund und ein vollendeter Edelmann. Mit herzlichen Grüßen an Alix und die Kinder (was macht die Eisenbahn?) verbleibe ich

Dein stets ergebener Freund und Vetter

Willy.

Rominten, 3. X. 1912.

Liebster Niki!

Darf ich Deine Aufmerksamkeit und ebenso Dein Interesse auf einen Plan, der mich schon seit mehreren Jahren beschäftigt hat, lenken? Während meiner Reise in Rominten habe ich genau die Entwicklung der beiderseitigen Grenzländer in meiner Nachbarschaft studiert. Ich bin zu dem Entschluß gekommen, daß die Bezirke auf beiden Seiten unserer Grenze vielversprechend sind und eine hoffnungsvolle Zukunft erwarten lassen. Aber sie müssen aufgeschlossen sein und möglichst miteinander in Beziehungen treten. Auf der beigeschlossenen Eisenbahnkarte ist eine Linie in Rot gezeichnet. Sie stellt eine neue Eisenbahn dar, die gebaut werden soll und um die große Romintener Heide verläuft, um den Holztransport leichter als bisher zu gestalten. Die Linie zweigt von Goldap ab, geht bei Pablindzen vorbei nach Szittkehnen, wo sie die Zweiglinie nach Eydtkuhnen trifft. Die Linie wird Steinbrüche und Kiesgruben aufschließen und eine große Menge Holz aus dem Romintener Forst befördern. Nun wage ich, Deine Aufmerksamkeit auf den Gedanken zu lenken, ob es nicht praktisch für Deine Regierung wäre, eine Eisenbahn von Suwalki nach Pablindzen zu erbauen und hier an unsere Eisenbahnlinie anzuschließen. Das würde den Handel zwischen diesen beiden Bezirken ausgezeichnet entwickeln. Pablindzen ist ein Ort, über den schon ein lebhafter Verkehr sich hin und her entwickelt hat, und der noch größer zu werden verspricht, falls hier eine Linie gebaut wird. Der Plan ist mit Deinen Behörden seit sehr langer Zeit erörtert worden. Ich hatte namentlich über ihn mit Exz. de Stremanko gesprochen, der auch daran sehr interessiert war und ihn auch für sehr notwendig im Interesse des Gouvernements Suwalki hält. Er versprach mir, daß er Dir über diesen Plan in günstigem Sinne berichten würde, und er traf Vorbereitungen, tätigen Anteil an seiner Förderung zu nehmen, als er von seinem Posten sich zurückzog, und damit war die Sache zu Ende. Es ist sehr schade, da die Grenzbevölkerung an der weiteren Entwicklung dieser Frage sehr interessiert ist. Er war ganz mit allen Einzelheiten dieser Fragen auf beiden Seiten der Grenze vertraut und stand hier mit meinen Behörden in ständigem Verkehr. Alles dies ist jetzt zum Stillstand gekommen, da sein Nachfolger noch keine Schritte ergriffen hat, um sich mit seinen Kollegen jenseits der Grenze in Verbindung zu setzen, obwohl er bereits seit zwei Jahren im Amte ist. Darum baten mich die Leute von allen Seiten, Dir direkt diese Angelegenheit vorzulegen, was ich hiermit getan habe. Ich bitte Dich um Verzeihung, wenn ich Dich mit einem so elenden kleinen Grenzdetail belästige, aber da ich 24 Jahre unter diesen Leuten lebe, habe ich zusammen mit ihnen die Dinge wachsen sehen, und sie haben Vertrauen zu mir gefaßt. Es sind einfache, ruhige, arbeitsame Leute und wie alle Grenzdistrikte ein wenig vergessen. Und da es ein gutes Werk ist, solchen armen Leuten zu helfen, versuche ich mein Glück mit Dir. Ich hatte gute Jagd, etwa 19 Hirsche, aber mit Ausnahme von zwei Tagen scheußliches Wetter. Heute Schneefall und Hagel. Herzlichen Gruß Alix und den Kindern und Weidmannsheil für Dich.

Dein stets wohlgesinnter und ergebener Vetter und Freund

Willy.

Berlin, 3. I. 1913.

Liebster Niki!

Der Bote reist heute mit meinem Geschenk für Dich, Alix und die Kinder ab. Ich hoffe, daß sie Euch als glücklichen Empfängern gefallen mögen. Gleichzeitig sende ich Dir meine herzlichsten Glückwünsche zum Neujahrstag und für ein neues friedliches Jahr. Ich spreche die ernstliche Hoffnung und das Vertrauen aus, daß das Jahr 1913 ein friedliches sein möge, wie Du mir am Neujahrstag telegraphiertest. Ich denke, daß im ganzen sich die Aussichten dafür befestigen, und daß die Erörterungen in London [1], die gut vorwärts kommen, weiter in versöhnlichem und freundschaft-

---

[1] Es handelt sich um die Londoner Botschafterkonferenz zur Beilegung der Streitfragen, die sich aus dem Balkankrieg ergeben hatten.

lichem Geist gehalten werden, nach welcher Richtung die auswärtige Politik Deiner Regierung geschickt mit allen andern Mächten zusammen arbeitet.

Ich danke Dir für Deinen Brief, den mir Tatischeff überbrachte, der Dir bei seiner Rückkehr auch meine Antwort überbringen wird. Ich vertraue darauf, daß auch diese Angelegenheit zu einem befriedigenden Ende geführt wird, und die Schwierigkeiten, die entstanden sind, überwunden werden.

Dein Kriegsminister General Suchomlinow stattete mir auf seiner Rückkehr aus Leipzig einen Besuch ab, er war sehr liebenswürdig und interessant in seinen Schilderungen der Taten während seines Feldzuges 1877.

Bis jetzt hatten wir hier einen warmen schneelosen Winter, der hübsche lange Ausritte fast jeden Tag gestattete, vorausgesetzt, daß es nicht regnet. Lebe wohl, liebster Niki, herzliche Grüße an Alix, die Kinder, vor allem den Knaben, ich hoffe, daß es ihm besser geht.

Dein immer wohlgesinnter Freund und Vetter

Willy.

Berlin, 3. II. 1913.

Liebster Niki!

Herzlichen Dank für Deine freundlichen Wünsche und die prächtige Gabe, die Du mir freundlich sandtest. Was war das für eine große Überraschung für mich, als ich mein Geburtstagszimmer betrat und die beiden großen Gemälde erblickte. Es war wirklich eine reizende Idee von Dir, mir diese beiden schönen Originale, die von hohem künstlerischen und historischem Wert für uns hier sind, zu übersenden, da sie die Bilder so mancher hier wohlbekannter Persönlichkeit zeigen. Diese Gemälde machten mir wirklich eine große Freude, und ich bitte Dich, meinen herzlichsten Dank noch einmal dafür entgegenzunehmen.

Es freut mich, aus Deinem Briefe zu ersehen, daß der liebe Knabe gute Fortschritte macht, aber ich bin traurig darüber, daß Alix' Gesundheitszustand nicht befriedigend ist. Sicherlich waren die Wochen, die sie mit der Pflege des Knaben verbrachte, sehr anstrengend für sie, aber ich hege die Zuversicht, daß Ruhe und eine Kur oder ein Aufenthalt in der Krim sie bald wieder herstellen werden. Ich hoffe inbrünstig mit Dir, daß die Balkanunruhen[1] bald ohne weitere Komplikationen beigelegt werden, und bin begierig, mit Dir zu diesem Zwecke zusammen zu wirken. Natürlich hat Österreich als naher Nachbar dieser Landstriche Interessen zu wahren. Aber ich stehe unter dem Eindruck, daß es so handeln wird, ohne etwas für sich selbst zu beanspruchen, sondern nur Sicherheiten zu schaffen wünscht, daß keine Grenzveränderungen auf der Karte eintreten, die es in Zukunft in Gefahr bringen. Adalbert ist wieder aus dem Bett, und morgen wird Dona ihr Quartier wieder bei mir aufschlagen. Gott sei Dank, daß alles so gut ablief. Mit herzlichem Gruß an Alix und die Kinder verbleibe ich

Dein immer wohlergebener Freund und Vetter

Willy.

---

[1] Der Krieg zwischen der Türkei und den Balkanstaaten war nach kurzer Pause wieder aufgeflammt.

Berlin, 18. III. 1913.

Liebster Niki!

Ich möchte Dich benachrichtigen, daß wir jetzt endgültig den Tag für die Hochzeit unserer Tochter Sissy[1] auf den 24. Mai festgesetzt haben.

Der Hauptzweck meines Briefes ist, Dir und Alix meine herzlichste Einladung zu den Hochzeitsfeierlichkeiten zu übermitteln. Wir beide würden ganz entzückt sein, wenn Du uns das Vergnügen Deiner Anwesenheit machen würdest, und ich hoffe von ganzem Herzen, daß Du Rußland für einige Tage verlassen kannst, um viele Deiner Verwandten zu sehen, da wir auch Deine liebe Mutter, Tante Alix[2], Georg und May[3] Waldemar[4] usw. eingeladen haben, damit alle Geschwister sich wiedertreffen, wie auch Tante Thyra[5].

Es freut mich, daß alle Deine Festlichkeiten so gut vorübergegangen sind, und daß Dein Knabe dabei anwesend sein konnte und zufriedenstellende Fortschritte gemacht hatte. Ich will hoffen, daß er bald wieder ganz hergestellt ist. Nach Ostern kommen die Cumberlands zu Besuch, und dann fahren wir auf einen Monat nach Homburg, da die verfluchten Balkanwirren mir die Möglichkeit genommen haben, in dem himmlischen Paradies Corfu zu weilen.

Mit herzlichem Gruß von Viktoria und mir an Alix und alle Kinder, verbleibe ich

Dein stets wohlgesinnter Vetter und Freund

Willy.

---

[1] Hochzeit der Prinzessin Viktoria Luise mit dem Herzog von Cumberland.

[2] Die Exkönigin Alexandra von England.

[3] Georg V. und der Königin Mary.

[4] Prinz Waldemar von Dänemark.

[5] Prinzessin Thyra von Dänemark.

Berlin, 30. I. 1914.

Liebster Niki!

Herzlichen Dank Dir, der lieben Alix und den Kindern für Eure freundlichen Wünsche und das reizende China-Porzellan, das sie begleitete. Gott sei Dank konnte ich meinen Geburtstag recht glücklich verleben, namentlich infolge der Anwesenheit meiner lieben Sophie und Georgs [1], welche die Reise aus Athen zurücklegten, um den Tag mit mir zu verleben. Ich bin sehr erfreut, daß Du noch freundliche Erinnerungen an den Besuch wahrst, den Du uns im letzten Sommer anläßlich Sissys Hochzeit abstattetest; sei auch Du versichert, daß wir alle hier herzlich Deine freundlichen Gefühle und Erinnerungen erwidern.

Es freut mich, zu hören, daß Euch allen Euer netter Aufenthalt in der Krim so gut getan hat, und daß namentlich Alix und der Knabe nach ihrer Reise nach dem sonnigen Süden sich so viel besser befinden.

Ich erinnere mich an das Interesse, das Du vor einigen Tagen daran nahmst, als Du Homburg besuchtest und die Kathedrale hier im Bau sahst. Ich erlaube mir daher, Dir ein Buch über die Kapelle im neuen Schloß zu Posen zu übersenden, dessen Veröffentlichung von mir veranlaßt wurde. Sie ist in altem byzantinischem Stil erbaut und brauchte sieben Jahre zu ihrem Bau und wurde in unserer Gegenwart im letzten August geweiht. Sie ist erbaut, teils nach den Motiven der Ravennakirche (Grabmal Theoderich des Großen), teils nach dem Mon Reale und der Capella Palatina in Palermo.

Die Sendung Ridulskys, welcher die Halsbinde für

[1] Königin Sophie von Griechenland und ihr Sohn Georg.

Alix' Dragoner überbrachte, war ein sehr freundlicher Gedanke und wurde von dem Regiment sehr hoch aufgenommen. Er ist bei mir zum Frühstück. Mit herzlichem Gruß an Alix und die lieben Kinder verbleibe ich

Dein wohlgesinnter Vetter und Freund

Willy.

Berlin, 26. 2. 1914.

Liebster Niki!

General Graf Dohna, der die Ehre hat, Dein Adjutant zu sein, teilt mir mit, daß er die Absicht hat, den Dienst im Monat Mai zu verlassen. Durch den Tod seines Vaters ist er Erbe eines sehr großen und ausgedehnten Grundbesitzes und eines sehr schönen Schlosses in Finkenstein, das vor 100 Jahren das Hauptquartier Napoleons I. vor der Schlacht von Eylau war. Er ist absolut nötig für die persönliche Leitung seines Besitzes, und zu meinem großen Bedauern muß ich seinen Wünschen willfahren. Als Ersatz für ihn beabsichtigte ich, Dir mit Deiner freundlichen Genehmigung Exz. Generalleutnant v. Chelius zu senden. Er war mein Regimentsadjutant, als ich die Leibgardehusaren kommandierte, war mehrere Jahre in Rom Militärattaché, befehligte mein altes Leibhusarenregiment als Oberst mit großer Auszeichnung und stand seitdem in meinen persönlichen Diensten. Er ist ein ganz phänomenaler Musiker und spielt Klavier so gut wie Rubinstein, d'Albert oder ein anderer großer Künstler. Er ist ein sehr angenehmer Mensch und absolut zuverlässig und wird mich nächsten Monat nach Corfu begleiten. Er spricht fließend französisch, englisch, italienisch und altgriechisch und ist einer meiner engsten persönlichen Freunde. Mit herzlichen Grüßen an Alix und die Kinder verbleibe ich

Dein immer wohlgesinnter Vetter und Freund

Willy.

ANHANG

TELEGRAMMWECHSEL ZWISCHEN WILHELM II. UND NIKOLAUS II.

(1904—1907)

Die folgenden Telegramme, die in den Jahren 1904 bis 1907 zwischen Wilhelm II. und Nikolaus II. in chiffrierter englischer Sprache gewechselt worden sind, wurden nach der russischen Märzrevolution in der sogenannten „Persönlichen Feldkanzlei Seiner Majestät" (des Kaisers Nikolaus) aufgefunden. Von dem russischen Historiker Prof. E. Tarle bearbeitet und eingeleitet, wurde der englische Originaltext dieser Telegramme von W. Burzeff im Juliheft 1917 seiner Zeitschrift „Byloje" (Die Vergangenheit) veröffentlicht. Von hier nahmen diese Telegramme ihren Weg in die Presse der neutralen und feindlichen Länder, und nach einigem Zögern erteilte auch die deutsche Zensurbehörde ihre Genehmigung dazu, daß einige Auszüge aus ihnen auch in der deutschen Presse veröffentlicht wurden. Indessen ist dieser Telegrammwechsel in Deutschland noch nicht vollständig bekannt geworden, und da er eine wichtige historische Ergänzung zu den in diesem Buch gebotenen Briefen bildet, so bringen wir nachstehend eine genaue und vollständige Übersetzung der englischen Originale zum Abdruck.

Kiel, 16. VI. 1904.

Sr. Majestät dem Kaiser,

Onkel Alberts Besuch verlief natürlich gut. Er ist sehr lebhaft und unternehmend und außerordentlich freundlich. Sein Wunsch nach Frieden ist sehr ausgesprochen. Dies ist der Grund, weshalb er mit Vorliebe überall in der Welt seine Dienste anbietet, wo er Zusammenstöße sieht. Wetter ist einfach scheußlich. Herzliche Grüße für Alix. Sympathisiere aufrichtig mit Deinen neuen Verlusten an Schiffen und Mannschaften.

Willy, A. d. A.

Nordfjord, 20. VI. 1904.

Sr. Majestät dem Deutschen Kaiser,

Peterhof.

Kondoliere zum Tode des Grafen Keller, ein tapferer Soldat und Gentleman. Habe meinem Schwager das von Dir bestimmte Datum übermittelt. Er wird sich natürlich an Dich wenden. Mein Schwager Hohenzollern wird die Japaner auf ihrer Seite beobachten. Wir haben schönes Wetter hier. Herzlichen Gruß für Alice.

Willy.

Peterhof, 21. VI. 1904.

Sr. Majestät dem Kaiser.

Nordfjord.

Danke Dir für Beileid. — Sah Witte, der mir das Ergebnis seines Vertrages mit Graf Bülow überbrachte. Hoffe, Du genießt Deine Kreuzerfahrt. — Habe alle Truppen des 1. Armeekorps besichtigt. Herzlichen Gruß von uns beiden.

Nicky.

Molde, 5. VI. 1904.

Sr. Majestät dem Kaiser.

Ein russischer Dampfer, der sich Kreuzer Smolensk nennt, hat den deutschen Lloyddampfer „Prinz Heinrich“ angehalten, und alle Postsäcke, die für Japan bestimmt waren, mitgenommen. — Dieser Akt, ein Bruch des Völkerrechts, wird großes Erstaunen und Unwillen in Deutschland hervorrufen in Anbetracht der freundschaftlichen Gefühle, die unser Land Rußland gezeigt hat. Und bei Wiederholung würde es, fürchte ich, dazu führen, die Sympathie, die noch in Deutschland für Dein Land herrscht, außerordentlich herabzusetzen.

Willy.

Peterhof, 7. VII. 1904.

Sr. Majestät dem Kaiser,

Berlin.

Entschuldige meine späte Antwort. Konnte nicht früher antworten, da erst eben von einer Inspektionsreise der 22. Division zurück bin. Ich bedaure diese aus Übereifer hervorgerufene Ausschreitung der „Smolensk“. Maßnahmen sollen getroffen werden, um ähnliche Fälle zu verhindern. Wäre sehr traurig, wenn eine Episode imstande wäre, die ausgezeichneten Beziehungen zwischen unseren beiden Ländern zu zerstören. Ich nahm Deinen Flügeladjutanten Graf Lambsdorff mit mir. Dein Wiborg-Regiment hat sich sehr gut präsentiert. Ich sagte ihnen, ich sei sicher, daß sie sich ihres Chefs würdig erweisen würden.

Nicky.

Drontheim, Hohenzollern, 8. VII. 1904.

Sr. Majestät dem Kaiser,

Peterhof.

Tausend Dank. Ganz zufriedengestellt. Hoffe mein Regiment bereit, sich würdig zu verhalten. Herzliche Grüße für Alice.

Willy.

Drontheim, 10. VII. 1904.

Sr. Majestät dem Kaiser,

Peterhof.

Ich höre soeben von der Hamburg-Linie, daß ein russischer „Kreuzer“ ihren Dampfer „Scandia“ unter Besetzung mit russischen Offizieren und Mannschaften abgebracht hat, nach unbekanntem Bestimmungsort. Dieser Akt ist ein offener Bruch des internationalen Seerechts und grenzt beinahe an Seeräuberei. Ich meine, es ist höchste Zeit, daß die Kapitäne der sogenannten Kreuzer Instruktionen erhalten, die sie davor warnen, Handlungen, wie die soeben angeführten, zu begehen, da sie dazu angetan sind, internationale Komplikationen herbeizuführen.

Wilhelm.

Peterhof, 11. VII. 1904.

Sr. Majestät dem Kaiser,

Drontheim.

Den Kapitänen sind bereits Befehle gegeben, keine Schiffe mehr anzuhalten, aber es ist nicht so leicht, ihnen Instruktionen zu übermitteln, solange sie draußen kreuzen. Dampfer „Scandia“ soll sofort nach Ankunft im ersten Hafen freigelassen werden. Während dieses Krieges hörten wir, daß enorme Mengen von Kontrebande von Europa nach Japan verschifft würden. Natürlich wünschten wir aus dem Gefühle der Selbsterhaltung, diesem Treiben ein Ende zu machen. Ich hoffe, Du ersiehst hieraus, daß in Rußland auch nicht im geringsten die Absicht bestand, in Deutschland ein bitteres Gefühl hervorzurufen. Ich bedaure nochmals aufs äußerste, was geschehen ist.

Nicky.

Drontheim, 11. VII. 1904. 8 Uhr 20 Min. abends.

Sr. Majestät dem Kaiser,

Peterhof.

Innigsten Dank! Nachrichten über Freigabe der „Scandia“ werden außerordentlich dazu beitragen, das Gefühl von Bestürzung und Unruhe zu beseitigen, das sich über das Land verbreitete, besonders in den Handelskreisen Deutschlands. Möchtest Du doch bald gute Nachrichten vom Kriegsschauplatz haben! Herzliche Grüße für Alice. Recht kaltes Wetter hier.

Willy.

Hubertusstock, 8. X. 1 Uhr 25 Min. mittags.

Sr. Majestät dem Kaiser,

Reval.

Der Oberst meines Wiborger Regiments telegraphiert mir die Tatsache Deiner freundlichen Anerkennung ihrer Bravour durch die Sendung einer großen Anzahl von Ordensauszeichnungen. Als Chef nehme ich Anlaß,

Dir herzlichst für diese Tat zu danken und meine Freude auszudrücken über das heldenhafte Verhalten der Wiborger! Ich ersehe aus den Zeitungen, daß die Flotte zu Schießübungen an den so wohl bekannten Höhenzügen bei Reval sich aufhält, wo wir so entzückende Tage verlebten. Ich hoffe, sie werden durch Dich gründlich lernen und Fernrohrvisiere einführen, wie sie die Japaner an ihren Geschützen haben, die aber der Port-Arthur-Flotte fehlten. Ich nehme an, daß wenn starker Frost einsetzt, die Flotte ihren Stützpunkt in Libau nehmen wird, oder in der Nähe der dänischen Küste, in der Kicege-Bay z. B. Für ihre Bewegungsübungen und Geschwaderausbildung wäre dies ein sehr praktischer Platz für den Winter, so daß sie für den Frühling bereit sein werden für ihre Fahrt nach dem Osten, d. h. in voller Kenntnis ihrer Führer, ihrer Schiffe und ihrer Geschütze, um dann die russische Vorherrschaft zur See wieder herzustellen. Ich bin, wie jedermann in meinem Lande, voll begeisterter Bewunderung für den tapferen Stössel, seine heldenhafte Garnison. Möge Gott ihnen helfen auszuhalten! Die Schiffe im Hafen sind natürlich die Hauptanziehung für die Japaner. Ich hoffe, sie werden einen Versuch auf die japanische Flotte machen. Wenn es ihnen gelingt, die vier Linienschiffe, die den Japanern verblieben sind, zu überrennen, zu zerschmettern oder sie zu beschädigen, auf die Gefahr, selbst dabei zugrunde zu gehen, so werden sie ihre Pflicht getan haben: die Stärke der japanischen Seemacht erschüttert und den Weg für den siegreichen Erfolg der Ostseeflotte bei ihrer Ankunft frei gemacht, der dann leicht zu gewinnen ist gegen den beschädigten Gegner, dem es unmöglich ist, seine Schiffe auszubessern oder rechtzeitig neue zu bauen. Dann ist die Seegewalt wieder in Deiner Hand, und die japanischen Landtruppen sind Deiner Gnade ausgeliefert. Dann befiehlst Du den allgemeinen Vormarsch Deiner Armee, und der Feind — Halali! Schebekow brachte gerade Deinen Brief, als ich mein Telegramm beendete. Vielen herzlichen Dank. Ich habe bereits Befehl gegeben, daß Hamburg-Amerika-Linie in keiner Weise belästigt wird, sondern freien Spielraum hat, nach Belieben zu handeln. Es ist sehr vernünftig, das Geschwader hier zu behalten, bis die Schiffe gründlich „akklimatisiert" und alle Schiffseinheiten zur gemeinsamen Ausfahrt fertig sind. Es ist zweifellos, daß das Erscheinen einer starken frischen Flotte mit einer großen Anzahl von Einheiten — selbst wenn einige alte Schiffe dabei sind — sich bewähren und zu Deinen Gunsten entscheiden wird. Die Hauptsache ist, daß die Schiffe in Port Arthur an die Japaner herangehen und versuchen, sie zu versenken, zu rammen oder so viel wie möglich zu beschädigen, um so die Basis für die baltische Flotte vorzubereiten, die bei ihrer Ankunft dann nur noch den Rest der feindlichen Schiffe zu zerstören hat. Ebenso, glaube ich, würde es praktisch für Dich sein, eine Reihe von Kriegsschiffen bei Privatfirmen zu bestellen, wie die Japaner es in England getan haben. So daß, wenn in ein oder zwei Jahren die Friedensverhandlungen beginnen, Du über frische Reserven verfügst, um Deinen Willen durchzusetzen und Dich ganz unabhängig von fremder Einmischung zu machen. Beste Grüße für Alice.

Willy.

Neues Palais, 8. X. 1904.

Sr. Majestät dem Kaiser,

Zarskoje Selo.

Ich habe zuverlässige Informationen, daß früherer japanischer Minister in Petersburg, Kurino, wieder in Europa aufgetaucht ist. Er ist in Paris und scheint bevollmächtigt, zu versuchen, Frankreich und England — l'Entente cordiale — dazu zu bringen, zugunsten Japans den Frieden zu vermitteln. Es scheint auch, als ob die Chinesen von Japan gedrängt werden, ihrerseits Friedensvermittlung anzubieten. Dies zeigt, daß Japan dem Ende seiner Leistungsfähigkeit in Menschen und Geld entgegengeht. Und jetzt, wo sie Vorteile über die mandschurische Armee gewonnen haben, bilden sie sich ein, aufhören zu können und die Früchte ihrer Anstrengungen einzuheimsen; indem sie andere Mächte veranlassen, sich in diese Angelegenheit einzumischen und durch eine Friedenskonferenz die Mandschurei zu gewinnen. Da ich Deine Ansichten über die weitere Entwicklung des Krieges kenne, da ich weiß, daß auch nach einem schlimmen Rückschlag Du natürlich niemals die Hand zu einem solchen Vorgehen reichen wirst, so hielt ich es für meine Pflicht, Dir mitzuteilen, was hinter den Kulissen vorzugehen scheint. Ich glaube, daß die Fäden all dieser Machenschaften über den Kanal führen.

Willy.

Zarskoje Selo, 10. X. 1904.

Sr. Majestät dem Kaiser,

Neues Palais.

Da ich auf Jagd war, konnte ich Dein interessantes Telegramm nicht früher beantworten. Vielen Dank für die Information über Japans Machenschaften in einigen europäischen Ländern. Ich habe auch schon davon gehört, aber ich bin nicht ganz sicher, ob die Fäden dieser Machenschaften über den Kanal gehen oder über den Atlantik. Du kannst sicher sein, daß Rußland diesen Krieg bis zum Ende ausfechten wird, und bis der letzte Japs aus der Mandschurei herausgetrieben ist. Nur dann kann von Friedensverhandlungen die Rede sein, und zwar ausschließlich zwischen den beiden Kriegführenden. Möge Gott uns helfen! Herzlichen Dank für Deine loyale Freundschaft, an die ich über alles glaube.

Nicky.

Neues Palais, 14./27. X., 4.28 nachts.

Sr. Majestät dem Kaiser,

Zarskoje Selo.

Seit geraumer Zeit bedroht die englische Presse Deutschland, damit es unter keinen Umständen gestatte, daß an Dein baltisches Geschwader, das jetzt auf der Ausreise ist, Kohlen gesandt werden. Es ist nicht ausschlossen, daß die japanische und die englische Regierung einen gemeinsamen Protest gegen unsere Versorgung Deiner Schiffe mit Kohlen einlegen, verbunden mit einer Aufforderung, jede weitere Tätigkeit einzustellen. Das durch eine solche Kriegsdrohung angestrebte Ergebnis wäre, daß Deine Flotte völlig festgelegt, und daß es ihr durch Kohlenmangel unmöglich gemacht würde, ihr Ziel zu erreichen. Dieser neuen Gefahr würden Rußland und Deutschland gemeinsam zu begegnen haben. Deinen Bundesgenossen Frankreich hätten sie dabei an die Verpflichtungen zu erinnern, die er in dem Zweibundvertrage mit Dir übernommen hat, an den casus foederis. Es ist ausgeschlossen, daß Frankreich angesichts einer solchen Aufforderung versuchen sollte, seiner selbstverständlichen Verpflichtung gegen seinen Verbündeten auszuweichen. Obwohl Delcassé ein geschworener Anglophile ist, wird er klug genug sein, um zu begreifen, daß die englische Flotte ganz außerstande ist, Paris zu schützen. Auf diese Weise würde eine machtvolle Vereinigung der drei stärksten Festlandmächte gebildet werden, die anzugreifen sich die anglojapanische Gruppe zweimal überlegen würde.

Die Klagen Englands wegen unserer Kohlenversorgung für russische Schiffe sind um so weniger gerechtfertigt, als England seit dem Beginn des Krieges — nachdem es Japan zwei Panzerschiffe, „Nishin" und „Kasuga", unter englischen Offizieren und Bemannungen geschenkt hat — ständig die japanische Flotte mit ihren Kohlen versorgt und ihnen nicht weniger als 30 Dampfer verkauft hat. Die Seeschlachten, die Togo liefert, werden mit Cardiffkohlen geliefert. Es würde natürlich für uns viel angenehmer sein, wenn die Engländer so klug wären, dies alles zu bedenken und uns allein und in Frieden lassen. Aber ich werde nie einen Augenblick vor einer ungerechtfertigten Drohung zurückweichen.

Ich bedauere den unglücklichen Zwischenfall in der Nordsee. Wenn die Flotte nächtliche Angriffe fürchtet, so meine ich, daß Scheinwerfer allein genügen würden, um die Schiffe vor Überraschungen zu schützen, wenn alle außerhalb des Geschwaders liegenden Sektoren beleuchtet werden. Aber der Gebrauch der Geschütze sollte — besonders in europäischen Gewässern — so viel als möglich eingeschränkt werden. Meine Nachrichten aus London besagen, daß die Presse und die Straße Lärm schlagen, daß die Admiralität sich etwas aufregt, daß aber Regierung, Hof und Gesellschaft mit großer Ruhe das Ereignis als einen bedauerlichen Unfall betrachten, der aus zu großer Nervosität entstanden ist.

Ich habe sichere Nachricht aus Italien, daß der Terni-Schiffbautrust (Terni, Odero, Orlando) drei schnellaufende Hochseepanzerschiffe von je 12000 t baut, für eine fremde, nicht genannte Macht, wahrwahrscheinlich Japan. Dies erinnert mich an meinen früheren Vorschlag, daß Du nicht vergessen solltest, ebenfalls neue Linienschiffe zu bestellen, um einige fertig zu haben, wenn der Krieg vorüber ist. Sie werden während der Friedensverhandlungen eine vorzügliche Überredungskraft ausüben. Unsere Privatfirmen würden sich sehr freuen, Aufträge zu erhalten.

Ich habe Lambsdorff Deinem Gefolge zugeteilt, wie Du dies freundlicherweise für mich mit Schebekow getan hast. Ich bin sehr dankbar für Deine freundliche Anerkennung meines Verhaltens gegen Dich und gegen Rußland und versichere Dir, Du kannst Dich stets auf meine unbedingte und treue Loyalität verlassen. Beste Grüße an Alix.

Willy.

Zarskoje Selo, 16./28. X.

Sr. Majestät dem Kaiser,

Neues Palais.

Dein Telegramm trifft in einem sehr ernsten Augenblick ein. Natürlich kennst Du die ersten Einzelheiten des Nordseezwischenfalls aus dem Telegramm unseres Admirals. Selbstverständlich ändert dies vollständig den Charakter des Ereignisses. Ich habe keine Worte, um meine Entrüstung über Englands Verhalten auszudrücken. Es scheint, daß die Festlandmächte in ähnlichen Fällen Gefahr laufen, daß seine (Englands) öffentliche Meinung eine verständigere Haltung seiner Regierung überwältigt. Letztere muß ihr folgen. Die Minister des Landes unternehmen gewagte Schritte und senden freche Noten mit ganz unannehmbaren Bedingungen. Das ist die Folge davon, daß man nach der Eingebung des ersten Augenblicks handelt! Heute befahl ich Lambsdorff, meinem Londoner Botschafter den Vorschlag zugehen zu lassen, die ganze Frage einer internationalen Untersuchungskommission zu unterbreiten, wie im Protokoll der Haager Konferenz bestimmt ist. Ich stimme völlig Deinen Beschwerden bei über Englands Verhalten hinsichtlich der Kohlenversorgung unserer Schiffe durch deutsche Dampfer, während es sich darauf versteht, die Neutralität auf seine eigene Art zu wahren. Es ist sicherlich hohe Zeit, dem ein Ende zu machen. Das einzige Mittel wäre, wie Du sagst, daß Deutschland, Rußland und Frankreich sich sogleich über eine Abmachung verständigen sollten, um die englisch-japanische Anmaßung und Unverschämtheit zunichte zu machen. Möchtest Du die Umrisse eines solchen Abkommens niederlegen und abfassen und es mir mitteilen. Sobald es von uns angenommen ist, wird Frankreich genötigt sein, sich seinem Verbündeten anzuschließen. Diese Verbindung hat mir oft vorgeschwebt. Sie wird den Frieden und die Ruhe der Welt bedeuten. Beste Grüße von Alix.

Nicky.

Neues Palais, 17. X. 1904. 9 Uhr abends.

Sr. Majestät dem Kaiser,

Zarskoje Selo.

Besten Dank für Telegramm. Sandte heute abend Brief einschließlich gewünschtem Vertragsentwurf durch kaiserlichen Feldjäger. Hörte aus privater Quelle, daß Fischer aus Hull schon ausgesagt haben, daß sie zwischen ihren Booten fremde Dampfer gesehen haben, die nicht zu ihrer Fischerflotte gehörten. Was für welche, wußten sie nicht! So, da hast Du also das falsche Spiel! Ich denke, der englische Botschafter in Petersburg sollte davon Kenntnis haben. Weshalb dies dem englischen Publikum bis jetzt vorenthalten wurde? Aus Furcht vor „Blamage"! Beste Grüße für Alice.

Willy.

Neues Palais, 2./15. XI. 1904. 4 Uhr 33 Min. nachm.

Sr. Majestät dem Kaiser,

Zarskoje Selo.

Von zuverlässiger Quelle in Indien höre ich vertraulich, daß Expedition à la Tibet für Afghanistan schleunigst ausgerüstet wird. Es ist beabsichtigt, dieses Land ein für allemal unter britischen Einfluß zu bringen, wenn möglich direkte Suzeränität. Die Expedition soll Ende dieses Monats abgehen. Der einzige nicht englische Europäer in afghanischen Diensten, der Direktor der Waffenfabrik des Emirs, ein Deutscher, ist ermordet worden, als Auftakt zu der Aktion! Die Verluste der Japaner vor Port Arthur sind nach meinen Informationen 50 000 Mann. Deshalb beginnen sie des Krieges müde zu werden nach den allzu großen Verlusten, und haben in Paris und London um Vermittlung gebeten, und deshalb lassen diese beiden Länder ihre Presse von neuem die Möglichkeit ihrer Friedensvermittlung ventilieren. Japan erhofft Port Arthur und die Mandschurei von ihnen mit Hilfe eines Kongresses. Ich bearbeite Antwort Deines freundlichen Briefes, die, wie ich hoffe, Deinen Wünschen begegnen wird. Herzliche Grüße für Alice.

Willy.

Neues Palais, 6./19. XI. 1904. 10 Uhr 30 Min. morg.

Sr. Majestät dem Kaiser,

Zarskoje Selo.

Lambsdorff fährt heute abend mit Brief ab. Meine Nachrichten über Indien im letzten Telegramm sind durch die Rede Lord Selbournes, der die afghanische Frage erwähnte, bestätigt. Ich höre aus zuverlässiger privater Quelle, daß Autoritäten in Tokio über die zukünftigen Aussichten des Krieges nervös werden. Sie haben ihren Verdruß darüber ausgedrückt, daß sie bei Liaojang keinen wirklichen Erfolg gewannen, trotz enormer Verluste, weil sie ohne große Reserven waren. Der ununterbrochene Zuzug von frischen Bataillonen aus Rußland übertrifft weit ihre Erwartungen, da sie die sibirische Eisenbahn nicht für fähig hielten, ununterbrochene Transporte zu bewältigen. Sie fangen deshalb an, zu begreifen, daß sie wohl am Ende sind mit ihren Soldaten und besonders Offizieren, daß Deine Armee täglich an Stärke, Soldaten und Schlagfertigkeit zunimmt, und daß die Kriegslage langsam aber sicher sich gegen sie wendet. Ein japanischer General ging sogar soweit, zu sagen: „Die Suppe, die wir eingebrockt haben, müssen wir jetzt ausessen!“ Meine Vermutungen, daß die Japaner heimlich versuchen, andere

Mächte zur Friedensvermittlung zu veranlassen, weil sie jetzt auf der Höhe ihrer Erfolge sind, haben sich daher als richtig erwiesen. Lansdowne hat Hayashi gebeten, England die Bedingungen mitzuteilen, unter denen Japan Frieden schließen will. Sie wurden von Tokio telegraphiert, waren aber so anmaßend, daß selbst der aufgeblasene Lansdowne sie zu stark fand und Hayashi dringend empfahl, sie abzuschwächen. Als sie ein saures Gesicht schnitten und Schwierigkeiten machten, fügte Lansdowne hinzu: „Natürlich wird, England dafür sorgen, daß ein mittelalterliches Rußland aus der Mandschurei, aus Korea usw. ausgeschlossen wird, so daß im Grunde Japan alles bekommen wird, was es verlangt!" Das ist das Ziel, das die Engländer im Auge haben, wenn sie von freundschaftlichen Vermittlungen sprechen. Frankreich ist, wie ich aus Japan höre, schon über diese Pläne unterrichtet und natürlich Partei für dieses Vorgehen, da es, wie immer, in der neuen „Entente cordiale" auf seiten Englands ist. Sie werden Dir ein kleines Stück Persien als Entschädigung anbieten, natürlich weit vom Golfe entfernt — ça va sans dire — da England die Absicht hat, ihn selbst zu annektieren, aus Furcht, Du möchtest an das warme Meer herankommen, was Dir rechtlich eigentlich zukommt, da Persien dazu bestimmt ist, unter russische Kontrolle und Herrschaft zu kommen. Das würde Rußland ein glänzendes Absatzgebiet eröffnen, das Dir England vorzuenthalten wünscht. Wahrscheinlich haben Dir Deine Diplomaten all dies schon überbracht, aber ich halte es trotzdem für meine Pflicht, Dir alles, was ich weiß, mitzuteilen, da es ganz authentische Nachrichten von absolut zuverlässiger Quelle sind. Lansdownes Worte sind ebenfalls authentisch. Nun, Du siehst, die Zukunft Deiner Armee hellt sich auf, und bald wird sich das Blatt gegen den Feind wenden. Möge Gott Dir vollen Erfolg bescheren, während ich fortfahre, überall für Dich zu wachen. Herzlichen Gruß für Alice.

Willy.

Zarskoje Selo, 7./20. XI. 1904, 7 Uhr 50 Min. abends.

Sr. Majestät dem Kaiser.

Neues Palais.

Graf Lambsdorff brachte mir heute Deinen freundlichen und sehr interessanten Brief. Nimm auch meinen herzlichen Dank für Dein gestriges Telegramm, da es mir viel Neues brachte. In den allernächsten Tagen sende ich Dir meine Antwort. Ich hoffe, diese Angelegenheit wird bald zu unserer beider Vorteil geregelt sein. Alix sendet herzliche Grüße.

Nicky.

Zarskoje Selo, 10./23. XI. 1904. 12.30 mitt.

Sr. Majestät dem Kaiser.

Bevor ich den letzten Entwurf des Vertrages unterzeichne, halte ich es für ratsam, ihn den Franzosen zu zeigen. Solange er nicht unterzeichnet ist, kann man kleine Abänderungen des Textes vornehmen, während nach unser beider Genehmigung es aussehen könnte, als wollten wir Frankreich den Vertrag aufzwingen. In diesem Fall könnte ein Mißerfolg eintreten, was sicher auch nicht Dein Wunsch ist. Deshalb erbitte Deine Zustimmung, französische Regierung mit diesem Vorschlag bekannt zu machen. Nach Eintreffen ihrer Antwort werde Dir sofort telegraphisch Nachricht geben.

Nicky.

Zarskoje Selo, 10./23. XI. 1904, 12.30 a. p.

Sr. Majestät dem Kaiser.

Neues Palais.

Da ich höre, daß der Kaiser von Österreich wegen einer zwischen Rußland und Österreich unterzeichneten Vereinbarung an Dich geschrieben hat, halte ich es für meine Pflicht, Dich auch von meiner Seite aus zu informieren. Von dem Wunsche beseelt, unsere Bemühungen zu verstärken, Ruhe und Frieden auf dem Balkan zu erhalten, entsprechend dem Abkommen von 1897, haben der Kaiser und ich uns entschlossen, eine geheime Erklärung zu unterzeichnen zur Aufrechterhaltung einer loyalen und ausdrücklichen Neutralität im Fall, daß eines der beiden Reiche ohne eigenes Verschulden in Kriegszustand mit einem dritten Lande, das den status quo bedroht, geraten sollte. Natürlich betrifft diese Erklärung keines der kleineren Balkanländer und wird so lange gelten, als Rußland und Österreich ihre Friedenspolitik im Südosten Europas fortsetzen. Da ich Deine Bemühungen zur Erhaltung des allgemeinen Friedens kenne, bin ich überzeugt, daß dieses Abkommen Deine Sympathie und freundliche Unterstützung finden wird.

Nicky.

Moschen bei Kujau, 13./26. XI. 1904, 9 Uhr 33 Min. morgens.

Sr. Majestät dem Kaiser.

Zarskoje Selo.

Besten Dank für Telegramm. Du hast mir einen neuen Beweis Deiner Loyalität gegeben dadurch, daß Du Frankreich nicht ohne meine Zustimmung benachrichtigen willst. Trotzdem ist es meine feste Überzeugung, daß es im höchsten Grade gefährlich wäre, Frankreich zu informieren, bevor wir beide den Vertrag unterzeichnet haben. Es würde gerade den entgegengesetzten Erfolg unserer Wünsche zeitigen. Nur die absolut sichere Erkenntnis, daß wir beide durch den Vertrag gebunden sind, uns gegenseitig zu unterstützen, wird Frankreich dazu bringen, England zu bestimmen, ruhig und friedlich zu bleiben, aus Furcht, daß sonst Frankreichs Stellung aufs Spiel gesetzt wird. Sollte Frankreich jedoch wissen, daß ein russisch-deutscher Vertrag nur geplant ist, aber noch nicht unterzeichnet, so wird es sofort seinen Freund (wenn nicht geheimen Verbündeten) England benachrichtigen, mit dem es durch die Entente cordiale verbunden ist. Das Bekanntwerden dieser Information würde zweifellos einen sofortigen Angriff der beiden verbündeten Mächte, England und Japan, gegen Deutschland zur Folge haben, sowohl in Europa wie in Asien. Ihre enorme Übermacht zur See würde kurze Arbeit mit meiner kleinen Flotte haben, und Deutschland würde vorübergehend verstümmelt werden. Dies würde die Wagschale des Gleichgewichts der Welt zu unserem gegenseitigen Schaden verschieben, und später, wenn Du Deine Friedensverhandlungen beginnst, würde es Dich allein der liebevollen Gnade Japans und seiner ausgelassen jubilierenden Freunde ausliefern. Es war mein besonderer Wunsch und — wie ich verstand — auch Deine Absicht, dies gefährdete Gleichgewicht der Welt aufrecht zu halten und zu verstärken, gerade durch das Abkommen zwischen Rußland, Deutschland und Frankreich. Das ist nur möglich, wenn unser Vertrag vorher eine Tatsache ist, und wenn wir absolut d'accord sind. Eine vorzeitige Information

Frankreichs wird zu einer Katastrophe führen! — Solltest Du es trotzdem für unmöglich halten, daß Du mit mir einen Vertrag schließt ohne vorherige Zustimmung Frankreichs, dann halte ich es für besser, von jeglichem Vertrage abzusehen. Selbstverständlich werde ich absolutes Stillschweigen über unsere Vorbesprechungen bewahren, ebenso wie Du, und ebenso wie Du nur Lambsdorf eingeweiht hast, so habe ich nur mit Bülow darüber gesprochen, der absolutes Schweigen versprach. Unsere gegenseitigen Beziehungen und Gefühle würden dieselben bleiben, und ich werde versuchen, mich Dir weiter nützlich zu machen, soweit es meine Sicherheit erlaubt. Dein Neutralitätsabkommen wurde mir vom Kaiser von Österreich übermittelt, und ich danke Dir für Dein Telegramm, das mir dasselbe mitteilt. Ich halte es für sehr vernünftig und billige es durchaus. Herzlichen Gruß

Willy.

Zarskoje Selo, 15./28. XI. 1904, 10 Uhr nachts.

Sr. Majestät dem Kaiser.

Neues Palais.

Besten Dank für Telegramm. In Beantwortung sende ich Dir einen erläuternden Brief über die Angelegenheit. Ich denke, ein Brief ist sicherer als ein langes Telegramm, das zu entziffern nur unnötige Aufmerksamkeit auf sich zieht. Ich bin der festen Überzeugung, daß wir sehr bald zu einer vollständigen Meinungsübereinstimmung in dieser Frage, die uns beide sehr interessiert, kommen werden. Besten Dank für Deine offene und freundliche Unterhaltung mit Schebekow, die er mir berichtete.

Nicky.

Neues Palais, 27. XI. (10. XII.) 1904, 10 Uhr 22 Min. abends.

Sr. Majestät dem Kaiser.

Zarskoje Selo.

Dein Brief vom 7. d., für den ich bestens danke, hat sich gerade mit dem meinen vom selben Datum gekreuzt. Wir müssen nun vor allen Dingen zu einem dauernden Abkommen über die Kohlenfrage kommen. Diese Frage wird täglich akuter. Erst heute hatte ich ernste Nachrichten von Port Said und Capetown. Es ist keine Zeit mehr zu verlieren. Es darf keine dritte Macht auch nur die leiseste Ahnung von unseren Absichten haben, bevor wir die Übereinkunft über die Kohlenfrage getroffen haben. Sonst würden die Folgen äußerst gefährlich werden. Ich setze vollstes Vertrauen in Deine Loyalität.

Willy.

Zarskoje Selo, 28. XI. (11. XII.) 1904, 5 Uhr 5 Min. a. m.

Sr. Majestät dem Kaiser,

Neues Palais.

Herzlichen Dank für Brief. Bin vollständig einverstanden, daß unsere beiden Regierungen jetzt zu einem dauernden Übereinkommen in der Kohlenfrage kommen müssen. Lambsdorff sollte heute Alvensleben deswegen sehen. Du kannst Dich vollständig auf meine Loyalität verlassen, ebenso auf meinen Wunsch nach einer schnellen Erledigung der ernsten Frage.

Nicky.

Zarskoje Selo, 29. XI. (12. XII.) 1904, 7 Uhr 45 Min. a. m.

Sr. Majestät dem Kaiser,
Neues Palais.

Ich habe meinem Minister des Auswärtigen befohlen. dem Grafen Alvensleben eine Note zu übermitteln, die meine vollste Zustimmung zu Deinem Wunsch, die Kohlenfrage betreffend, ausdrückt. Bin glücklich, Dir dies mitzuteilen.

Nicky.

Nach Erkundigungen in der Kohlenangelegenheit höre ich, daß zwei Agenten der Hamburg-Amerika-Linie jetzt in Petersburg sind, um wegen des Verkaufs der Kohlenschiffe zu verhandeln, daß aber Deine Leute sich weigern, zu kaufen, unter dem Vorwand, daß sie keine Mannschaften haben, um die Kohlenschiffe zu bemannen. Dies kann nicht wahr sein, und ich vermute, daß der Wunsch, um jeden Preis Frieden zu haben, ausschlaggebend ist in den Köpfen derjenigen, die für Unmöglichkeit plädieren. Denn man könnte doch sicher ein paar hundert Seeleute mit Offizieren und dazugehörigen Ingenieuren von der Schwarzmeerflotte nehmen, die ja doch auf alle Fälle unbeschäftigt bleibt — und sie direkt per Schiff durch den Suezkanal nach Madagaskar schicken. Sie könnten an Bord der Kohlenschiffe untergebracht werden, lange bevor das dritte Geschwader in Madagaskar ankommt. Roshestwensky hat sowieso auf dieses letztere zu warten, wenn er eine Schlappe vermeiden will, denn das zweite Geschwader ist den japanischen Seekräften unterlegen. Es ist ein Glück für Dich, daß die Franzosen immer, ja sogar gegen ihre eigenen Interessen während des deutschen Krieges, den Standpunkt des Seerechts vertreten haben, daß kriegführende Schiffe in neutralen Häfen beliebig lange verbleiben können, ohne entwaffnet zu werden. Auf diese Weise kann die französische Regierung ohne weiteres das zweite Geschwader in Madagaskar belassen bis zur Ankunft des dritten. Die russische Besatzung der Kohlenschiffe würde somit Zeit genug haben, bis Nossibe zu kommen und sich dort an Bord einzurichten. Die frische Bemannung der Kohlenschiffe würde Roshestwensky gerechtfertigten Grund geben, in Nossibe zu bleiben, bis er durch das dritte Geschwader verstärkt worden ist. Sollte Dir irgend jemand raten, daß Roshestwensky die Japaner angreift vor der Ankunft der Verstärkung, so könntest Du die betreffende Person fragen, ob sie bereit sei, die Verantwortung für den Erfolg auf sich zu nehmen.

Willy.

Sr. Majestät dem Kaiser,

Berlin.

Admiral Roshestwensky telegraphierte gestern zum drittenmal, daß zwei Hamburg-Amerika-Kohlenschiffe bis jetzt noch keinen Befehl von ihrer Gesellschaft erhalten hatten, über Madagaskar hinauszugehen unter deutscher Flagge. Das Abkommen betreffend Versicherung gegen Kriegsgefahr ist mit der Gesellschaft durch Mendelsson-Bank geregelt worden. Die Hamburg-Amerika-Linie fürchtet sich jedoch, Befehle auszugeben, bevor sie Instruktionen vom Kanzler erhalten hat. Willst Du freundlichst die notwendige Erlaubnis geben, da ohne dieselbe die Weiterfahrt des Geschwaders ganz unmöglich wird?

Nicky.

Berlin, 15. II. 1905, 12 Uhr 55 Min. mittags.

Ich schrieb Dir zu Beginn dieser Kohlenangelegenheit, daß ich nichts dagegen tun würde. Ich kann keine Instruktionen dafür erlassen, da es ein Privatunternehmen ist. Die Hamburg-Amerika-Linie kennt die Lage und muß nach eigener Verantwortung handeln. Von diesem Standpunkt aus habe ich angeordnet, daß Ballin nochmals telegraphisch mitgeteilt wird, daß, was mich und meine Regierung betrifft, er nach Belieben handeln kann, wie er es für richtig hält. Natürlich auf seine eigene Gefahr.

Willy.

Sr. Majestät dem Deutschen Kaiser,

Berlin.

Micha kam heute zurück, entzückt von Deiner Liebenswürdigkeit und Gastfreundschaft. Er wiederholte mir alles, was Du wünschtest, ihm zu sagen. Am zweiten Tage nach Ankunft seines Briefes ließ der amerikanische Botschafter Mr. Meyer mich bitten, ihn zu empfangen. Ich empfing ihn gestern. Er war vom Präsidenten beauftragt, mir den Vorschlag zu unterbreiten, von dem Du mir schriebst. Ich stimmte unter der Bedingung zu, daß vollste Geheimhaltung gewahrt bliebe, bis Japan seine Einwilligung gegeben hätte, vorbereitende Verhandlungen mit uns zu eröffnen. Selbstverständlich würden die Erörterungen abgebrochen werden, falls die Bedingungen unvernünftig wären. Herzlichen Gruß von beiden.

Nicky.

Juli 1905 (mit Bleistift).

Aus einem schwedischen Hafen im Bottnischen Meerbusen nördlich von Stockholm, etwa 100 Meilen von Wasa.

Ich werde bald auf meiner Rückreise sein und kann den Eingang ins Finnische Meer nicht passieren, ohne Dir herzliche Grüße und Wünsche zu senden. Sollte es Dir Vergnügen machen, mich zu sehen — entweder an der Küste oder auf Deiner Yacht — so bin ich natürlich zu Deiner Verfügung. Ich werde als einfacher Tourist kommen ohne Festlichkeit.

Sr. Majestät dem Deutschen Kaiser,
Hernoesand.

Begeistert über deinen Vorschlag. Paßt Dir Begegnung in Bjoerkesund bei Viborg, einem kleinen hübschen Ort, wo wir an Bord unserer Yachten bleiben? In diesen ernsten Zeiten kann ich nicht weit weg gehen von meiner Hauptstadt. Selbstverständlich soll unsere Begegnung ganz einfach und gemütlich sein. Sehe mit großem Vergnügen unserer Zusammenkunft entgegen.

Nicky.

Nyland, 7./20. VII. 1905, 1 Uhr 25 p. m.

Sehr glücklich. Würde es Dir passen, wenn ich auf Deinem Ankergrund — Bjoerkesund — Sonntag, den 23., abends ankomme? Meine Yacht hat 6½ m Tiefgang. Wäre dankbar für zuverlässigen Lotsen, um uns durch Einfahrt zu bringen. Erbitte Nachricht, wo Du ankerst. Habe diese Sache geheim gehalten, so daß selbst meine Herren an Bord nichts ahnen. Ebenfalls zu Hause niemand benachrichtigt. Bin sehr glücklich, Dich sehen zu können. Hoffe, meine Nordlandsgesellschaft, die mich seit 15 Jahren immer begleitet, wird Dich nicht stören. Herzlichen Gruß.

Willy.

Sr. Majestät dem Deutschen Kaiser,
Nyland.

Werde Sonntag, 10. (23.), nachmittags Björkesund sein. Habe Befehl wegen zuverlässigen Lotsen gegeben. Ankerplatz ist zwischen Björkeinsel und Kavitza. Habe unsere geplante Begegnung bis jetzt geheim gehalten. Bin glücklich, Dich zu sehen. Wünsche Dir ruhige Überfahrt. Herzlichen Gruß. Nicky.

Nyland, 8./21. VII. 1905, 1 Uhr 25 p. m.

Sehr verbunden. Hoffe, am 10. abends 7 Uhr anzukommen. Bitte, laß Lotsen uns bei Hochland treffen. Kein Mensch hat die leiseste Ahnung außer meinem Kapitän, der Befehl absoluten Schweigens hat. Alle meine Gäste sind der Meinung, wir gehen nach Visby in Gothland. Bin überglücklich, Dich wiederzusehen. Habe wichtige Neuigkeiten für Dich. Die Gesichter meiner Gäste werden sehenswert sein, wenn sie plötzlich Deine Yacht erblicken. Ein prächtiger Spaß! Tableau! Welchen Anzug für Begegnung?

Willy.

Sr. Majestät dem Deutschen Kaiser,
Nyland.

Dampfer mit Lotsen erwartet Dich am Südende von Hochlandinsel 23. Juli bei Sonnenaufgang. Mischa begleitet mich. Herzlichen Gruß. Nicky.

Danzig, 16./29. VII. 1905, 1 Uhr 28 p. m.

Meine Frau sendet viele Empfehlungen und Dank für Dein freundliches Telegramm. Reutertelegramme melden heute früh Fahrt der englischen Kanalflotte nach der Ostsee. Sie gucken in unsere Häfen hinein, ohne feierlichen Antrittsbesuch zu machen! Entweder England ist in Sorge wegen unserer Begegnung, oder sie wollen mich erschrecken! Das wird meinem Gespräch in Kopenhagen mehr Gewicht geben. Du wirst heute Brief von mir haben. Ich wage es, Dir zu raten, die Boulyginevorlage sobald wie möglich zu veröffentlichen, so daß die Vertreter des russischen Volkes bald gewählt werden. Inzwischen, bis sich das vollzogen hat, wird die Friedenskonferenz angefangen haben, und die Bedingungen für beide Teile werden bekannt geworden sein. Bei der augenblicklich in Rußland herrschenden Stimmung werden die mißvergnügten Massen versuchen, die ganze Verantwortung für alle ungünstigen Folgeerscheinungen auf Deine Schultern zu legen und die Erfolge auf Wittes persönliches Verhalten zurückzuführen. Als erste Arbeit für die Volksvertreter wäre es ausgezeichnet, wenn Du ihnen den Friedensvertrag, nachdem er formuliert ist, zur Abstimmung vorlegtest. Auf diese Weise läßt Du dem Lande das Odium der Entscheidung, und zu gleicher Zeit gibst Du dem russischen Volk eine Stimme in der Angelegenheit seines eigenen Geschickes, was es sich so sehnlichst wünscht. Die Entscheidung wäre dann sein Werk, und Du schlössest der Opposition dadurch den Mund. Herzlichen Gruß für Alice.

Willy.

Sr. Majestät dem Kaiser,

Danzig.

Ich war tief gerührt über Deinen freundlichen Brief und danke für Telegramm. Habe auch schon von dem geplanten Erscheinen der britischen Kanalflotte in der Ostsee gehört.

Dein Besuch in Kopenhagen kommt zu rechter Zeit. Hoffe, Du wirst befriedigt sein von dem Resultat Deiner Gespräche dort. Erwarte ungeduldig kurze Nachricht über Besuch. Herzlichen Gruß für Viktoria von uns beiden. Wünsche guten Erfolg.

Nicky.

Saßnitz (Rügen), 2. VIII./22. VII., 1 Uhr nachts.

Mein Besuch verlief gut, die ganze Familie, namentlich auch Dein lieber alter Großvater, erwiesen mir außerordentliche Freundlichkeit.

Nach meiner Ankunft erkannte ich bald aus den Presseberichten, dänischen und fremden, daß eine sehr starke Strömung von Mißtrauen und Besorgnis gegen meinen Besuch erzeugt worden war. Besonders von England, aber auch von Frankreich. Der König war so eingeschüchtert und die öffentliche Meinung so aufgewiegelt worden, daß ich nicht in der Lage war, die Fragen zu berühren, die ich, wie wir ausgemacht hatten, ihm gegenüber erwähnen sollte.

Der britische Gesandte, der mit einem meiner Herren dinierte, erging sich in sehr heftigen Ausdrücken gegen mich, beschuldigte mich der gemeinsten Pläne und Intrigen und erklärte, jeder Engländer wisse und sei überzeugt, daß ich auf einen Krieg gegen England und auf Englands Vernichtung hinarbeite. Du kannst Dir vorstellen, was für Unsinn ein Mann wie dieser in die

Köpfe der dänischen Königsfamilie, des Hofes und des Volkes eingeträufelt haben mag.

Ich tat alles, was in meiner Macht stand, um die Mißtrauenswolke zu verscheuchen, indem ich mich ganz uninteressiert verhielt und keinerlei Anspielungen auf ernste politische Fragen machte. Auch scheute ich mich in Anbetracht der sehr großen Zahl von Kanälen, die von Kopenhagen nach London führen, und bei der Möglichkeit einer Indiskretion am dänischen Hofe, irgend etwas über unsere Vereinbarung bekannt zu geben, da es sofort nach London mitgeteilt worden wäre, was natürlich gänzlich unzulässig wäre, solange die Vereinbarung noch geheim bleiben soll. Wie ich einem langen Gespräch mit Iswolsky entnehmen konnte, sind jedoch der gegenwärtige Minister des Äußeren, Graf Raben, und eine Anzahl einflußreicher Personen bereits zu der Überzeugung gelangt, die Dänen erwarteten im Falle eines Krieges und eines bevorstehenden Angriffs einer fremden Macht auf die Ostsee (da sie offenbar vollkommen außerstande sind, auch nur den Schein der Neutralität einer Invasion gegenüber aufrechtzuerhalten), daß Rußland und Deutschland sofort militärische Schritte und entsprechende Flottenbewegungen unternehmen würden, um ihre Interessen zu wahren. Indem sie die Hand auf Dänemark legten und es während des Krieges besetzten, würden sie gleichzeitig den Besitz und den Fortbestand von Dynastie und Land gewährleisten.

Die Dänen beginnen sich langsam mit dieser Alternative abzufinden und sich darauf einzustellen. Da dies gerade das ist, was Du gewünscht und gehofft hast, hielt ich es für angebracht, dieses Thema den Dänen gegenüber nicht zu berühren, und unterließ auch jede

Anspielung. Denn es ist besser, wenn der Gedanke sich in ihren Köpfen entwickelt und ausreift, und wenn es ihnen selbst überlassen bleibt, die Schlußfolgerung zu ziehen. Sie verfallen dann aus eigenem Antrieb darauf, sich an uns anzulehnen und mit unseren beiden Ländern zusammenzuhalten. „Tout vient à qui sait attendre."

Die Angelegenheit, daß Karl nach Norwegen geht, ist bis in die kleinsten Einzelheiten geregelt, da England zu allem zugestimmt hat, und es läßt sich nichts mehr an der Sache ändern. Ich sprach mit Karl über seine Aussichten und fand ihn sehr besonnen und ohne alle Illusionen über seine Aufgabe.

Was sagst Du zu dem Programm der Festlichkeiten Deiner Alliierten in Cowes?! Die gesamten Krimveteranen sind eingeladen, mit ihren früheren Waffenbrüdern zusammenzutreffen, die mit ihnen gegen Rußland gekämpft haben! Sehr taktvoll fürwahr! Es zeigt, daß ich recht hatte, als ich Dich vor zwei Jahren vor der Neubildung der alten Krimkombination warnte. Sie wird jetzt wieder eifrigst aufgewärmt. Das Wetter prächtig. Beste Grüße an Alix.

Willy.

Sr. Majestät dem Kaiser,

Saßnitz.

Herzlichen Dank für interessante Einzelheiten. Bin froh, daß Dein Besuch gut verlief. Du hast recht, keinem Menschen etwas von unserem Bündnis zu sagen. Da die Frage, daß Karl nach Norwegen geht, erledigt ist, nehme ich an, daß nichts mehr getan werden kann. Erwarte Bericht von Iswolski wegen dänischer Neutralität in ihrer letzten Gestalt. Herzlichen Gruß von Alexandrine. Nicky.

W i l h e l m s h ö h e, 7./20. VIII. 1905, 11.34 morgens.

Mein Botschafter meldet mir soeben, daß Du die Veröffentlichung des Dekrets befohlen hast, das die Einberufung der „Großen Duma“ betrifft. Die Statuten seien in den Grundzügen unserem Staatsrat ähnlich, was ihr die Eigenschaft einer beratenden Körperschaft verleihe. Ich bitte Dich, meine wärmsten Glückwünsche zu diesem großen Schritt nach vorwärts in der Entwicklung Rußlands anzunehmen.

Aus den Zeitungen ersehe ich, daß im allgemeinen die Friedensverhandlungen befriedigend fortschreiten, aber daß einige Punkte vorliegen, die gewisse Schwierigkeiten für die Einigung bieten. Ehe Du Deine endgültige Entscheidung für den Frieden oder für die Fortsetzung des Krieges triffst — die letztere würde von weitreichenden Folgen sein, die in ihrem Endergebnis schwer vorauszusehen sind, und unzählige Menschenleben, Blut und Geld kosten — wäre es, wie mir scheint, ein ausgezeichnetes Verfahren, wenn Du diese Frage erst der Großen Duma vorlegen würdest. Da diese das russische Volk vertritt, wäre ihre Antwort die Stimme Rußlands.

Wenn sie sich für den Frieden entscheidet, so bist Du durch das Volk ermächtigt, auf Grund der Deinen Delegierten in Washington unterbreiteten Vorschläge Frieden zu schließen. Wenn so Rußland selbst seine Ehre für gewahrt hält, so kannst Du Dein Franz I.: „Alles ist verloren außer der Ehre.“ Niemand Schwert in die Scheide stecken mit den schönen Worten in Deiner Armee, in Deinem Lande oder in der übrigen Welt hat ein Recht, Dich für diese Handlung zu tadeln.

Wenn anderseits die Duma die Vorschläge für unannehmbar erachtet, und die japanische Regierung sich weigert, auf einer anderen Basis zu verhandeln, dann wiederum ist es Rußland selbst, das durch die Stimme der Duma Dich, seinen Kaiser, auffordert, den Kampf fortzusetzen. Dadurch würde sie die volle Verantwortung für die gesamten Folgen auf sich nehmen und Dich ein für allemal vor der Welt und vor der Geschichte in Zukunft vor dem Vorwurf schützen, daß Du Tausende von vaterlandsliebenden Söhnen, ohne das Land zu fragen oder gar gegen ihren Willen, geopfert hättest.

Dies wird Deiner persönlichen Tat eine große Wucht und Kraft verleihen, da Du Dich durch den Willen der Gesamtheit Deines Volkes getragen fühlen wirst, das entschlossen ist, bis zum bitteren Ende zu kämpfen, ohne Zeitaufwand, Verluste und Entbehrungen zu scheuen. Nur unter solchen Bedingungen läßt sich der Krieg ja fortsetzen.

Ich würde an Deiner Stelle nicht diese erste und günstigste Gelegenheit vorübergehen lassen, mit dem Empfinden und Wollen Deines Landes in bezug auf Krieg und Frieden enge Fühlung zu gewinnen, indem Du dem russischen Volke die langgewünschte Möglichkeit gibst, die Entscheidung über seine Zukunft selbst zu treffen oder an dieser Entscheidung teilzunehmen, wozu es ein positives Recht hat. Du würdest auch der Duma sogleich eine gute Gelegenheit geben, zu arbeiten, zu zeigen, was sie vermag, und darzutun, ob sie die Erwartungen, die jeder auf sie setzt, erfüllt.

Die Entscheidungen, die zu treffen sind, sind in ihren Folgen so furchtbar ernst und so weitreichend, daß es ganz unmöglich ist für irgendeinen sterblichen Herrscher, die Verantwortung dafür auf seine eigenen Schultern zu nehmen, ohne die Hilfe und den Rat seines Volkes! Möge Gott mit Dir sein! Vergiß nicht die Beförderung der Linientruppen gegenüber der Garde.

Willy.

Sr. Majestät dem Kaiser.

Wilhelmshöhe.

Nimm wärmsten Dank für freundliches Telegramm, das mich tief gerührt hat. Konnte nicht früher antworten, da sehr beschäftigt mit Manöver in der Nähe von Zarskoje Selo. Das Interesse, das Du für die bevorstehende Einberufung der Duma zeigst, freut mich sehr. Ich glaube, daß die Loyalität und der gesunde Sinn meines Volkes eine große Hilfe für die Entwicklung Rußlands in dieser beratenden Körperschaft sein wird. In den letzten drei Monaten habe ich viel über die Frage von Krieg und Frieden nachgedacht. Ich erhalte täglich Telegramme, Briefe, Adressen usw., in denen ich angefleht werde, keinen Frieden unter harten Bedingungen zu schließen. Es gibt zwei Punkte, für die jeder gute Russe bereit ist, bis zum Ende zu kämpfen, wenn Japan darauf bestehen sollte: keinen Zoll unseres Landes und keinen Rubel Kriegsentschädigung! Und dies sind gerade die Bedingungen, in denen Japan nicht gewillt ist, nachzugeben. Es gibt aber auch nichts, was mich bestimmen wird, in diesen beiden Fragen nachzugeben. Deshalb ist für den Augenblick keine Aussicht auf Frieden. Du weißt, wie ich Blutvergießen verabscheue. Trotzdem ist es einem schmählichen Frieden doch vorzuziehen, der einem den Glauben an sich und sein Vaterland zerstören würde. Vielleicht wird diese Frage morgen schon entschieden werden. Ich bin bereit, die ganze Verantwortung auf **mich** zu nehmen, da mein Gewissen rein ist, und da ich weiß, daß die große Masse meines Volkes hinter mir steht. Ich bin mir des Ernstes der Lage, in der ich mich in diesem Augenblick befinde, voll bewußt, aber ich kann nicht anders handeln. Danke Dir für das Interesse, das Du an meinen Sorgen nimmst. Herzlichen Gruß von Alix. Nicky.

Sr. Majestät dem Kaiser.

Aus Schloß Rominten, 11. September, 12 Uhr 20 Min. mittags.

Auf Deinen freundlichen Befehl wird Witte am 26./13. hier sein. Weiß er über unseren Vertrag Bescheid? Soll ich ihm etwas darüber sagen, falls er nichts weiß? Herzlichen Gruß für Alice. Hier vier Hirsche geschossen. Nichts besonders Starkes. Wetter kalt und schön. Waidmannsheil.

Sr. Majestät dem Kaiser,
Rominten.

Bis jetzt ist der Großfürst Nikolaus, der Kriegsminister, der Chef des Generalstabs und Lambsdorff über Vertrag unterrichtet. Habe nichts dagegen, daß Du Witte einweihst. Genieße meinen Aufenthalt auf dem „Polarstern". Trockenes schönes Wetter. Herzlichen Gruß von Alix. Waidmannsdank. Nicky.

Homburg, Schloß, 4. September, 9 Uhr 30 Min. morgens.

Witte ist, wie ich höre, auf Rückreise. Würdest Du ihm erlauben, mich en passant zu besuchen auf seinem Wege nach Rußland? Ich beabsichtige, ihm Orden zu verleihen wegen des Zustandekommens des Handelsvertrages, den er letztes Jahr mit Bülow abgeschlossen hat. Glückliche Fahrt! Unsere Manöver sehr interessant in prächtiger Gegend, aber sehr naß. Herzlichen Gruß für Alice. Willy.

Kabeltelegramme von Washington brachten mir Nachricht über die Verständigung auf der Konferenz wegen der Friedenspräliminarien, durch die der endgültige Abschluß des Friedens, wie es scheint, endlich gesichert ist. Darf ich meine herzlichen Glückwünsche ausdrücken, daß eine Lösung gefunden ist, die Rußland gestattet, mit vollen Ehren aus dem Kriege herauszukommen, dank sowohl der Tapferkeit Deiner Armee wie Deiner Beharrlichkeit, mit der Du Rußlands Rechte und nationale Ehre verteidigt hast? Ich höre, daß Japan alle Deine Forderungen bewilligt hat. Präsident Roosevelt hat, wie ich höre, übermenschliche Anstrengungen gemacht, um Japan soweit zu bringen. Er hat wirklich ein großes Werk für Dein Land und für die ganze Welt getan. Um so mehr da, wie ich hörte, England sich absolut weigerte, einen Finger zu rühren, um auf seinen Verbündeten Japan einzuwirken und Roosevelts Wünschen zu entsprechen. Also nochmals herzliche Glückwünsche. Ich bin froh. wenn ich Dir in dieser Zeit von irgendwelchem Nutzen war. Herzliche Grüße an Alix.

Aus Glücksburg (Ostsee), 29. September.

Der Wortlaut des Vertrages steht, worüber wir in Björkö einig waren, nicht im Widerspruch mit der franko-russischen Allianz — vorausgesetzt natürlich, daß die letztere nicht direkt gegen mein Land gerichtet ist. Auf der anderen Seite können die *Verpflichtungen* Rußlands Frankreich gegenüber nur soweit gehen, wie Frankreich dies durch sein Verhalten verdient. Dein Verbündeter hat Dich offenkundig im Stich gelassen während des ganzen Krieges, während Dir Deutschland in jeder Weise half, soweit es in seinen Kräften stand, ohne die Gesetze der Neutralität zu verletzen. Das bringt Rußland moralisch in Verbindlichkeiten uns gegenüber; do ut des.

Inzwischen haben die Indiskretionen Delcassés der Welt gezeigt, daß, obgleich Frankreich Dein Verbündeter ist, es mit England eine Verständigung abgeschlossen hat und im Begriff stand, Deutschland mit britischer Hilfe mitten im Frieden zu überfallen, während ich alles tat für Dich und Dein Land, *seinen Verbündeten*. Dies ist ein Versuch, den ich nicht noch einmal wagen darf, und gegen dessen Wiederholung *ich von Dir erwarten muß, mich zu schützen*. Ich bin ganz Deiner Ansicht, daß es Zeit, Arbeit und Geduld kosten wird, um Frankreich soweit zu bringen, sich uns beiden anzuschließen. Aber die vernünftigen Leute werden sich in Zukunft durchzusetzen wissen! Unsere Marokkoangelegenheit ist zur völligen Genugtuung geregelt, so daß die Luft frei ist für ein besseres Verständnis zwischen uns. Unser Vertrag ist eine sehr gute Basis, um darauf weiter zu bauen. Wir haben uns die Hände gereicht und *vor Gott gelobt, der unser Gelübde gehört hat*. Deshalb glaube ich, daß der Vertrag gute Wirkung haben wird.

Aber solltest Du irgendwelche Änderungen wünschen in dem Gerüst oder in den Bedingungen oder in den Vorkehrungen für die Zukunft oder für unvorhergesehene Ereignisse, z. B. die glatte Ablehnung Frankreichs, die unwahrscheinlich ist —, so bin ich gern bereit, Vorschläge entgegenzunehmen, die Du für gut hältst! Bis diese mir vorgelegt und von uns genehmigt sind, muß dem Vertrage von uns zugestimmt werden so, wie er ist. Deine gesamte einflußreiche Presse Nowosti, Nowoje Wremja, Russj usw. ist seit 14 Tagen heftig antideutsch und proenglisch geworden. Zum Teil sind sie wahrscheinlich durch große Summen britischen Geldes gekauft worden. Dennoch macht dies mein Volk äußerst vorsichtig und richtet großen Schaden an in den frisch geknüpften Beziehungen zwischen unseren beiden Ländern. Alle diese Vorfälle zeigen, daß die Zeiten getrübt sind, und daß wir klaren Kurs zum Steuern brauchen. Der Vertrag, den wir unterzeichneten, ist ein Mittel, geradeaus zu gehen, ohne Dein Bündnis zu stören. Was unterschrieben ist, ist unterschrieben, und Gott ist unser Zeuge! Ich erwarte Deine Vorschläge. Herzlichen Gruß für Alix.

Willy.

Sr. Majestät dem Kaiser,

Glücksburg, Hohenzollern, 30. September, 8¾ Uhr morgens.

Da Fritz Leopold am Sonntag eintrifft, um sich hier vorzustellen, nachdem er mehrfach im Feuer gewesen ist, möchte ich ihn mit dem St.-Georgskreuz 4. Klasse auszeichnen. General Lanewitsch meldete mir seine Kaltblütigkeit und tadellose Führung bei mehreren Affären im letzten Mai. Herzlichen Gruß.

Nicky.

Aus Kiel, 13. Oktober (30. September) 1905,
1 Uhr 45 Min. nachmittags.

Sr. Majestät dem Kaiser.

Peterhof.

Sehr gerührt und dankbar für Deine gütige Absicht. Ich beneide ihn um diese begehrte Auszeichnung. Herzlichen Gruß. Scheußliches Wetter. Willy.

Aus dem Neuen Palais, 15. Oktober,
2 Uhr 27 Min. nachmittags.

Bin so froh, meinen Schwager aus dem Kriege zurück und bei Dir zu wissen. Nochmals tausend Dank für die große Auszeichnung mit dem Georgskreuz! Es scheint, daß der Erzunheilstifter von Europa in London wieder am Werke ist. Die Enthüllungen Delcassés, die ihn und seine Regierung allerdings schauderhaft kompromittieren, zeigen einen geplanten Krieg gegen unsere friedliche Nation. Wie Räuber im Walde! Er hat Benckendorff — Deinen Botschafter — in geheimer Mission mit Instruktionen zu Deiner Mutter nach Kopenhagen geschickt, um sie dafür zu gewinnen, Dich für eine Politik gegen mich zu beeinflussen. Das Auswärtige Amt in London ist über seine Reise unterrichtet, die von Deiner Botschaft abgeleugnet wird. Ich könnte natürlich falsch unterrichtet sein, aber das sonderbare Benehmen Englands läßt mich glauben, daß es nichts schaden kann, wenn ich Dich für alle Fälle unterrichte. Es ist sonderbar, daß Dein Botschafter sich zu solchen Tricks hergibt. Man kommt ja doch dahinter, und sie rufen nur neue Erregung hervor, und davon hatten wir wirklich in letzter Zeit genug. Herzlichen Gruß. Wetter scheußlich. Willy.

Sr. Majestät dem Kaiser,

Neues Palais.

4./17. X. 1905.

Vielen Dank für Dein Telegramm. Benckendorff ist mit meiner Erlaubnis dort auf Einladung meiner Mutter, da er Freund der dänischen Familie ist. Was für eine Art Unterhaltung geführt wurde, weiß ich nicht. Aber ich kann Dir die Versicherung geben, daß mich absolut nichts beeinflussen wird, ausgenommen das Interesse, die Sicherheit und die Ehre meines Landes! Benckendorff ist ein loyaler Untertan und ein echter Gentleman. Ich weiß, daß er sich nie zu falschen Kniffen hergeben würde, selbst wenn sie von dem großen Unheilstifter kommen sollten. Delcassés Enthüllungen sind außerordentlich, aber ich glaube, Bülows Unterhaltung mit einzelnen Zeitungskorrespondenten hat nicht viel dazu beigetragen, die Lage aufzuklären. Ich werde Dir bald schreiben. Prinz Leopold sieht braun sehr gut aus. Herzlichen Gruß von uns beiden.

Nicky.

Sr. Majestät dem Kaiser,

Hamburg.

Sehr freundlich von Dir, Witte sehen zu wollen, um ihn auszuzeichnen. Genießen unsere Kreuzfahrt, haben schönstes Wetter. Herzliche Grüße von allen.

Nicky.

Neues Palais, 13./26. XI. 1905.

Dank für Brief. Werde erst antworten nach Rücksprache mit Kanzler. Deine Information über Tattenbach ist inkorrekt. Er hat die ganze Zeit „en concert“ mit seinem befreundeten Kollegen gehandelt, und beide haben bereits seit geraumer Zeit Fez verlassen. Ich bin ganz Deiner Meinung, daß Komplikationen in Europa und seiner Umgebung mit allen Mitteln vermieden werden sollten. Es ist keine Gefahr, daß welche in Marokko oder wegen Marokko entstehen sollten. Mazedonien und der Balkan scheint mir viel gefährlicher, und die Flottendemonstration gegen die Türkei in diesem Moment könnte zu unerwarteten Konsequenzen führen, sobald die „amour propre“ der islamitischen Welt den Druck auf ihren Herrn übel aufnehmen sollte. Der „Krimkonzern“ ist hier am Werk.

Willy.

Abgesandt 19. November 1905.

Sr. Majestät dem Kaiser,

Neues Palais.

Vielen Dank für Deinen freundlichen Brief, der mir großes Vergnügen bereitete. Unser Bündnis mit Frankreich ist ein defensives. Ich denke, daß die Erklärung, die ich Dir sandte, in Kraft bleiben könnte, bis Frankreich unsere neue Verständigung angenommen hat. Ich werde selbstverständlich alles tun, was in meiner Macht steht, um die Marokkokonferenz zu einer allgemeinen Verständigung zu bringen. Herzlichen Gruß von uns beiden.

Nicky.

Abgesandt 25. November 1905.

Sr. Majestät dem Kaiser,

Berlin.

Flügeladjutant Schebekow muß einen neuen Posten erhalten. Ich schlage vor, ihn durch Oberst Tatischeff von meinen Gardehusaren zu ersetzen. Er ist lange bei Onkel Wladimir gewesen, war oft in Berlin, spricht sehr gut deutsch. Ich beabsichtige, ihn an meinem Namenstage zum General à la suite zu ernennen und mit Deiner Billigung ihn Deiner Person zu attachieren. Gleichzeitig möchte ich wissen, ob Du es notwendig findest, daß wir wieder besondere Militärattachés ernennen, außer Lamsdorf und Tatischeff. Herzlichen Gruß von Alize. Nicky.

Neues Palais, 30. November (13. Dezember) 1905, 8 Uhr 20 Min. morgens.

Oberst Tatischeff, von dem Du vorschlägst, ihn meiner Person zu attachieren, soll willkommen sein. Bezüglich Deiner Frage wegen besonderer Militärattachés neben denen „à la suite“ von uns beiden halte ich es für praktisch, sie zu ernennen. Früher war es immer so. Es bringt die persönlichen Attachés in eine zu heikle und schwierige Position, wenn sie ihrem Geschäft nachgehen sollen und zugleich zum Stabe des Herrschers gehören. Sie müssen für diese Ehre allein reserviert bleiben und nur solche offiziellen militärischen oder vertraulichen Informationen aufnehmen und loyal überbringen, die sie von ihrem Herrscher empfangen, oder mit Erlaubnis ihrer Herrscher von den offiziellen militärischen Stellen. Es müssen Personen von tadellosem Charakter sein, denen die Souveräne unbeschränkt vertrauen dürfen, und die das volle Vertrauen der Offiziere des betreffenden Hauptquartieres genießen. Das setzt voraus, daß sie absolut nichts zu tun haben dürfen, was mit dem gewöhnlichen Geschäft des üblichen Militäragenten zusammenhängt. Werders Stellung bei Deinem Großvater ist ein gutes Beispiel, wie es sein sollte. Herzlichen Gruß an Alix.

Willy.

Sr. Majestät dem Kaiser,

Berlin.

Graf Lambsdorff muß wegen Ministerwechsel fort. Ich beabsichtige, ihn durch Iswolski zu ersetzen. Es tut mir leid, ihn nicht in Berlin lassen zu können. Aber ich brauche seine Dienste hier. Bin sicher, Du wirst das verstehen. Bin nach Peterhof übersiedelt, da wirkliches Sommerwetter eingesetzt hat. Sah Tatischeff heute. Er brachte Deine freundliche Botschaft. Herzliche Grüße von uns beiden.

Nicky.

Straßburg, 10. Juni, 6 Uhr 45 Min.

Sr. Majestät dem Kaiser,

Peterhof.

Dank für Informationen wegen Iswolski, die ich durchaus verstehe. Hier ist der Sommer auch eingekehrt. Kastanien und Flieder sind in voller Blüte. Und die Luft sehr warm. Herzliche Grüße an Alix.

Wilhelm.

Du weißt, wie freudig ich unserer Begegnung Anfang August entgegensah. Leider entwickeln sich die Dinge so ernst, daß ich entschlossen bin, die Duma allernächstens aufzulösen. Ich bin sicher, daß Du begreifen wirst, daß ich unter diesen Umständen mein Land nicht verlassen kann. Mit großem Bedauern muß ich vorläufig meinen Besuch in Deinen Gewässern aufschieben. Dieser unfreiwillige Aufschub verstärkt nur noch meine Ungeduld, Dich zu sehen. Beste Grüße von uns beiden.

Nicky.

Hamburg (Trondhjem), 7./20. Juli 1906,
10 Uhr 55 Min.

Ich bedaure unendlich, daß wir uns nicht treffen können, verstehe aber vollkommen Deine Gründe, die Dich hindern, in diesem Augenblicke Dein Land zu verlassen. Ich hoffe sehr, daß wir uns später in ruhigen Zeiten wieder treffen können. Gott sei mit Dir und behüte Dich. Herzlichen Gruß an Alice.

Willy.

Wilhelmshöhe, 3./16. VIII. 1906, 6 Uhr 52 abends.

Onkel Berties Besuch ist sehr befriedigend verlaufen. Er sieht gut aus und scheint in prächtiger Stimmung zu sein. Wir waren uns darüber einig, daß die Aufrechterhaltung freundschaftlicher Beziehungen zwischen unseren beiden Ländern nicht nur ein Segen für sie sei, sondern ebenso für alle andern Nationen. Ich hoffe aufrichtig, daß der Gedankenaustausch zwischen Onkel Bertie und mir, der sich nur um die Befestigung des Weltfriedens drehte, Dir und Deinem großen Reich von Nutzen sein wird.

Willy.

Wilhelmshöhe, 4. August 1906.

Ich sende mein herzlichstes Dank für Dein freundliches Telegramm. Die Aufrechterhaltung freundschaftlicher Beziehungen zwischen Deutschland und England ist eine absolute Notwendigkeit für die Welt. Ich bin froh über dies Resultat von Onkel Berties Besuch.

Nicky.

Sr. Majestät dem Kaiser,

Berlin, 23. August 1906.

Nach Empfang von Tatischeffs Bericht bezüglich Deiner Ansicht über Boris Gegenwart bei dem Manöver habe ich ihn von der Grenze zurückgerufen.

Treueste Grüße. Nicky.

Travemünde, 17./30. VI., 11 Uhr 25 abends.

Ich erhielt durch Tatischeff Deinen freundlichen Vorschlag, ungefähr am 6. August nach Swinemünde zu kommen und Peterhof am 4. zu verlassen. Ich bin sehr dankbar für diese Absicht, aber wenn es Dir möglich wäre, schon am 3. anzukommen, so würde ich diesen Tag vorziehen, da ich bereits für den 6. August ein Inspektionsprogramm für mich festgesetzt habe, das nicht gut geändert werden könnte, ohne die öffentliche Aufmerksamkeit zu erwecken. Ich hörte nämlich von Kapitän Hintze, daß es Dir möglich wäre, zwischen dem 23. Juli und 14. August zu kommen, so daß ich hoffe, der 3. wird Dir nicht unbequem sein. Bitte, laß mich wissen, ob Dir der 3. paßt. Dann werde ich durch Kapitän Hintze Einzelheiten für unsere Begegnung vorschlagen, welcher ich in freudiger Erwartung entgegensehe. William.

Sr. Majestät dem Kaiser,

Travemünde.

Peterhof, 11 Uhr 30 Min. abends, 18. Juni/1. Juli 1907.

Willige mit Vergnügen ein, am 3. August neuen Stils anzukommen. Mir ist das ebenso angenehm. Werde dankbar sein für nähere Einzelheiten, die durch Hintze kommen. Wünsche Dir angenehme Fahrt.

Nicky.

W i l h e l m s h ö h e, 15./2. VIII. 1907.
Aufgegeben 2 Uhr 15 Min.

Begegnung mit Onkel Bertie befriedigend. Onkel in guter Laune und friedlich gesinnt. Die . . . . . in Mazedonien haben augenscheinlich Eindruck auf ihn gemacht. Er hält gemeinschaftliche Vorstellungen in Athen für notwendig. Vom König über gegenwärtigen Stand der Dinge in Rußland befragt, war glücklich, ihm mitteilen zu können, daß ich von Dir gehört, alles ginge gut. Die Heimschickung der Duma durch Dich habe dieselbe Bedeutung wie die Verabschiedung des portugiesischen Parlaments durch seinen Vetter Karl. Nach mehreren regnerischen Tagen haben wir seit gestern schönes Wetter. Unternahmen gestern morgen Autofahrt durch die stillen Wälder der Umgegend, hoffe sehr, daß Du Alix in guter Gesundheit angetroffen hast. Herzlichen Gruß an sie.

PERSONEN-VERZEICHNIS

L

M

N

O

P

R

www.ingramcontent.com/pod-product-compliance
Lightning Source LLC
Chambersburg PA
CBHW060806310726
48980CB00002B/250

* 9 7 8 3 8 4 6 0 7 7 9 2 4 *